身近なことばの語源辞典

西谷裕子〈著〉
米川明彦〈監修〉

小学館

はじめに

ふだん何気なく使っている言葉で、その意味がどこからきているのか、ふと疑問に思うことはありませんか。本書はそんな身近な言葉の語源を探ってみました。

たとえば、「にっちもさっちも」はそろばん用語から、「関の山」は東海道の宿場町、関《せき》宿《じゅく》の祭りの山車のこと、「いたちごっこ」は手の甲をつまみ合う子どもの遊びから、「差し金」は歌舞伎や人形浄瑠璃の小道具からなどなど、その由来は実にさまざまです。

言葉は生き物といわれるように、種々の変遷を経て今日に至っているものも多く、今となっては推測するしかない場合もありますが、源流をたどることで、遠い昔の人々の思いや暮らしが見えてきます。語源を知ることによって、言葉が単なる伝達手段以上のものであり、愛《いと》おしい存在であることを再認識していただければ幸いです。

最後に、監修していただいた米川明彦先生に心から御礼申し上げます。

二〇〇九年深秋

西谷裕子

I 生活

II 社会

III 文化

IV 様相

V 人間

VI 自然

コラム

本書の構成

本書は、日常よく使う言葉の中から約二〇〇〇語を選び、言葉の由来や歴史的変遷について解説したものである。収録語は、生活・社会・文化・様相・人間・自然の六つの分野に分け、さらに食べ物、衣類など四〇余りのテーマに分類して掲載した。

【見出し語】

①見出し語は、テーマごとに五十音順で配列し、で示した。例 **青柳**《あおやぎ》

②「後釜に座る」「切り盛り」のように、もとは調理や台所に関する言葉で、現在は本来の意味から転じた意味で使われている言葉については、**もとは** ○○からの言葉 として各章の最後に（ ）の見出しでまとめた。例 **歪**《いびつ》

③見出し語の表記に漢字が使われている場合は、下に見出し語全体の読みがなを付した。

④複数の分類に属する言葉は、空見出しを立て、親見出しの掲載ページおよび分類を示した。

玄関《げんかん》 ⇩193ページ（仏教）

【解説文】

①語源については、通説あるいは定説とされているものを中心に諸説を取り上げた。

②意味、語源のほか、表記やその言葉が広まった歴史的背景などについても記述した。

③外来語の見出しは、解説の冒頭に、言語名と原つづりを［ ］内に示した。言語名は、英語は英、特に米国で使われる語はアメリカ、中国語は中、フランス語はフランス、イタリア語はイタリアなどと記した。

④原則として、歴史的仮名遣いは現代仮名遣いに改めた。

⑤語源の記述に際して参考とした資料は、巻末（335ページ）の「主な参考文献」に掲載した。

【図 版】

解説文の理解を助けるための図版を適宜掲載した。図版に出典のあるものについては、〈 〉内に出典名を示した。

【コラム】

コラムとして、語源に関する一三のテーマを取り上げた。コラムの掲載ページは、目次の最後に示した。

ブックデザイン　高瀬はるか

本文イラスト　井上千賀子
井上宏
川田清美
河野貞治
下地一丸
須貝稔
とぐちえいこ
平沢茂太郎

カバー図案　菊寿堂いせ辰

I
生活

食べ物・飲み物

青柳《あおやぎ》

鮨《すし》だねや椀だねなどにする、バカ貝のむき身のこと。昔、バカ貝がよくとれることで知られた上総《かずさ》（千葉県）の青柳村にちなんでこの名がある。ちなみに、バカ貝の名は、水からあげるとすぐにオレンジ色の足（斧足《ふそく》）を出すが、その様子が馬鹿が舌を出しているように見えることに由来。

当たりめ《あたりめ》

⇩121ページ（忌み言葉の由来）

安倍川餅《あべかわもち》

焼いた餅を湯にひたして、砂糖入りの黄粉《きなこ》をまぶしたもの。安倍川は静岡県中部を流れる川のこと。江戸時代、安倍川付近の茶店で東海道を往き来する旅人に売られたことからの命名。一説には、徳川家康に献上した折、名を尋ねられ、「安部川に流れる金の粉をすくい上げ、まぶして作るので金《き》な粉《こ》餅という」と答えたところ、喜んだ家康から「安倍川餅」の名をもらったとも伝えられる。

アラカルト

［フランス à la carte］ レストランなどで、客が献立表の中から一品ずつ自由に選んで注文する料理。コース料理に対して、一品料理をいう。直訳すれば、献立表（carte）によって、の意。

荒巻《あらまき》

内臓を取り除き、そこに塩を詰めて作った甘塩の鮭のこと。もと、鮭を荒縄で巻いたところからいうもの。その年に捕れた新しい鮭で作ることから、「新巻」とも書く。

イクラ

［ロシア ikra］ サケやマスの成熟卵を塩漬けにした食品。卵巣から一粒ずつほぐしたものをいい、そのままのものは筋子《すじこ》という。本来は、魚の卵の意。一九〇四～〇五年、日露戦争に出兵したロシア人がキャビアの代用品として食べたのが始まりといわれる。昭和初期、日本でキャビア（カビア）として売られていたのはイクラであった。

稲荷鮨 いなりずし

油揚げを甘辛く煮て、そこに酢飯を詰めたもの。五穀をつかさどる宇賀御魂《うがみたまの》命《みこと》の別名を稲荷といい、その使いとされる狐の好物が油揚げであることにちなんで「稲荷鮨」という。天保（一八三〇〜四四）のころ、名古屋が発祥の地とされる。別名「信太《しのだ》鮨」というのは、泉州（大阪府和泉市）の信太の森にすむ白狐《びゃっこ》が女に化けて、京の陰陽師《おんみょうじ》、安《あ》倍保名《べのやすな》と結婚し、子の晴明《せいめい》をもうけたが、正体がばれて泣く泣く子と別れ、森に帰ったという伝説に基づくもの。その伝説は今も浄瑠璃《じょうるり》『葛《くず》の葉』で知られる。⇩22ページ「鮨《すし》」

今川焼き いまがわやき

水で溶いた小麦粉を浅い円筒形のくぼみのある型に流し込み、小豆のあんを入れて焼いた菓子。江戸時代、安永・天明（一七七二〜八九）のころ、神田今川橋付近の店で売り出したことから名付けられた。その形から大判焼きとも呼ばれる。

外郎 ういろう

米の粉に砂糖などを加えた蒸し菓子のこと。もとは、中国の元《げん》の礼部員外郎《れいぶいんがいろう》である陳宗敬《ちんそうけい》が南北朝時代に我が国に渡来し、博多で売り出した透頂香《とうちんこう》という薬のこと。家名を「外郎《ういろう》」と称したため、薬も「ういろう」と呼ばれるようになった。「外」を「うい」と読むのは唐音である。その薬は痰《たん》切りや口臭消しに効能があるとされ、江戸時代になって、京や小田原で売り出されて有名になった。菓子の外郎はこれに色や形が似ていることからの命名。一説に、この薬を飲んだあとの口直しに食べたからともいう。ちなみに、市川家の歌舞伎十八番の一つである「外郎売」は、あだ討ちをすべく外郎売りに扮《ふん》した曽《そ》我《が》五郎が、敵の工藤祐経《すけつね》に所望されて妙薬の効能や由来を早口で言い立てるところが見せ場の芝居である。

外郎売り
〈勝川春章画〉

ウィンナーソーセージ

ひき肉を羊の腸に詰めた、小型のソーセージ。ドイツ語のWienerと英語のsausageを合わせた和製語で、略して「ウィンナー」ともいう。オーストリアの首都ウィーンで作り始めたといわれ、この名がある。

ウエハース

［英 wafer］小麦粉などを原料として、薄い短冊型に焼いた軽い菓子。表面に凹凸がある。中世英語はwafreとつづり、もとはオランダ語に由来する。ワッフル（waffle）と語源は同じで、蜂の巣の意。日本では複数形のウエハース（wafers）を菓子の名としている。⇩35ページ「ワッフル」

江戸前《えどまえ》

江戸（東京）湾で捕れた新鮮な魚を賞美していうもので、その魚を使った料理のこともいう。江戸の目の前の海、の意。当時は今と違い、芝や品川あたりまでが海であった。「江戸前鮨」は、文政五、六年（一八二二、二三）ごろ、両国の華屋与兵衛がそれまでの熟《な》れ鮨に代わって、江戸湾で捕れた新鮮な魚介を使った握り鮨を売り出し、江戸庶民の味として広まった。今でいうファーストフードである。

オードブル

［フランス hors-d'œuvre］食事の初めに食欲を促すために出す、簡単な盛り合わせ料理。前菜。フランス語の原義は（本来の）仕事のほかに、作品外に、の意。

尾頭付き《おかしらつき》

尾と頭を付けたままの、丸ごと一匹の魚のこと。欠けるところがなく、すべてがそろっていることから、神事の供え物や祝い事に用いられる。特に、鯛《たい》は姿・形・色がよく、また、その名が「めでたい」に通じることから、祝いの膳には欠かせない魚である。

小倉餡《おぐらあん》

小豆のこしあんに、蜜煮にした粒のままの大納言小豆を混ぜたもの。藤原忠平の歌「小倉山峯のもみぢば心あらば今ひとたびのみゆきまたなん」（拾遺集）にちなみ、粒あんを紅葉とゆかりの深い鹿《か》の子斑《こまだら》に見立てての名とされる。また、京都市右京区の小倉山の辺りでは良質の大納言小豆がとれたことによるともいわれるが、定かではない。

オムライス

米飯をハムや玉ねぎなどのみじん切りとともに炒めてトマトケチャップなどで味付けし、卵焼きの皮で包んだ料理。オムレツ（フランス omelette）＋ライス（英 rice）からなる和製語。一九〇一（明治三四）年、東京銀座の「煉瓦亭」で作られたのが初めとされるが、それは米飯に具と卵を混ぜ合わせたもので、現在の形は大阪の洋食屋「パンヤの食堂」（現・北極星）の創業者北橋茂男が一九二六（大正一五）年に考案。

親子丼《おやこどんぶり》

鶏肉と玉ねぎなどを甘辛く煮て、卵でとじ、どんぶりに盛ったご飯にのせた料理。鶏肉と卵が親子の関係になることから名付けられたもの。略して「親子どん」「親子」ともいう。ちなみに、鶏肉以外の肉を使ったものは「他人丼」という。

おやつ

午後の間食のこと。江戸時代、八つ（午後二時から四時ごろ）になると軽い菓子類を食べたことからいうもので、「お」は敬意を表す接頭語。一説には、京阪では八つになると本願寺が太鼓で知らせるので、その時刻を敬って「お八つ」といい、それが間食のことも指すようになったとされる。現在では、時間には関係なく、広く間食を「おやつ」という。また、三時ごろ食べることから「三時」ともいう。

懐石《かいせき》

茶の湯で、茶をもてなす前に出す簡単な料理。もとは修行僧が空腹をまぎらすために懐に抱いた温石《おんじゃく》のこと。温石は石を火で暖め、布で包んだもので、それで腹を暖めるのと同じ程度に腹の中を暖める軽い食事の意。のちに、料亭や料理屋などでこの形式が取り入れられ、茶懐石と区別して「懐石料理」ともいう。

黄鶏《かしわ》

鶏肉のこと。もとは羽が茶褐色の鶏のことを枯れた柏の葉の色にたとえて「かしわ」と呼び、天保年間（一八三〇〜四四）以降、一般的に鶏肉をいうようになった。「黄鶏」と書くのは当て字。

カステラ

小麦粉に卵・砂糖・水飴などをまぜて、スポンジ状に焼いた菓子。室町時代にポルトガル人によって長崎に伝えられ、ポルトガル語のpão de Castela（スペインのカスティーリャ王国のパンの意）から、「カステイラ」のちに「カステラ」と呼ばれるようになった。

数の子《かずのこ》

ニシンの卵巣を乾燥させたり、塩漬け

にしたりしたもの。ニシンは東北・北海道の方言で「かど」といい、その子の意で「かどのこ」といったが、卵の数が多いことから、室町時代には子孫繁栄の意味で「数の子」と呼ばれるようになったとされる。江戸時代になって正月の祝い肴《さかな》として普及した。

カツレツ

[英 cutlet] 豚・牛・鶏などの薄切り肉を小麦粉・溶き卵・パン粉をつけて油で揚げた料理。日本には明治時代初期に伝わったが、当初はソテーのようなものであった。フランス語で「コットレット」、英語で「カットレット」といったものが、言いやすい「カツレツ」の形になり、現在のような油で揚げる洋食が誕生した。原義は薄く切った肉片の意。略して「カツ」ともいう。

蒲焼き　かばやき

魚の身を開いて串に刺し、たれをつけて焼いた料理。ウナギの蒲焼きは室町時代の文献にその言葉が見られ、古くはウナギを縦に串に刺して丸焼きにしたものであった。その形が蒲《がま》の穂に似ていることから「がま焼き」と呼ばれ、なまって「かば焼き」となった。一説には、焼いた色が樺《かば》の樹皮に似ているからともいう。

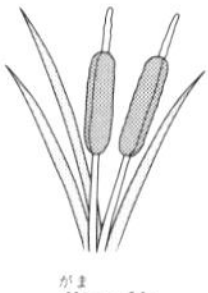
蒲《がま》の穂

身を開く料理法は江戸時代からで、関西では腹開き、関東では背開きにする。商人の町の大阪に対して、江戸は武士の本拠地で、切腹に通じるのを忌み嫌って背開きにするといわれるが、実際は東西での焼き具合の好みや裂く包丁の種類の違いなどによるとされる。

カフェオレ

[フランス café au lait] コーヒーと温めた牛乳をほぼ等量に入れた飲み物。「カフェ」はコーヒー、「レ」は牛乳のことで、牛乳入りのコーヒーの意。ちなみに、エスプレッソコーヒーに温めた牛乳を入れる「カフェラテ(caffellatte)」はイタリア語。

蒲鉾　かまぼこ

魚のすり身を蒸したりあぶり焼きしたりした食品。もとは、魚のすり身を竹に塗りつけて焼いたもので、その形が蒲《がま》の穂（⇩「蒲焼《かばや》き」の図）に似ていることから「がまほこ」といった。やがて音変化して、「かまぼこ」というようになり、切り口が竹の輪に見えることから、「竹輪《ちくわ》の蒲鉾」といった。のちに、現在のように板付きのものができると、それを「板付き蒲鉾」、略して「蒲鉾」と呼び、竹の輪状のものは「竹輪」と呼んで区別するようになった。

ガム

［英 gum］噛《か》んで味わう菓子。中南米産のサポジラの樹液からとるゴム質のチクルや酢酸ビニルを原料に、はっかや甘味料・香料を加えて作る。「チューインガム（chewing gum）」の日本での略。「チュー（chew）」は噛む、「ガム（gum）」はゴムの意。

加薬飯《かやくめし》

野菜や魚、鶏肉などを入れて炊き込んだご飯。「加薬」は漢方で、主薬に加える少量の補助薬のこと。転じて、料理に加える香辛料の薬味、さらに、飯やうどんなどに加える具を意味するようになった。加薬飯（「加薬ご飯」とも）は主に関西方面で使われる言葉で、関東やほかの地域では五目飯ということが多い。ちなみに、「五目」はいろいろなものが混じっているという意。

唐墨《からすみ》

ボラの卵巣を塩漬けにし、乾燥させたもの。形が唐墨（中国製の墨）に似ていることからの命名。雲丹《うに》・海鼠腸《このわた》（⇩17ページ）と並んで三大珍味とされる。

カレー

［英 curry］インド原産の混合香辛料。ウコン・コリアンダー・クミン・唐辛子など何種類もの香辛料を配合して作る。また、それを用いて作った料理。特に、カレーライスのこと。もとはタミル語の「カリー（kari）」で、ソースの意。日本には明治時代初期にイギリス経由で入ってきたが、当初は小麦粉を混ぜた洋風料理であった。本格的なインドカレーは一九二七（昭和二）年、インド独立運動の闘士ラス・ビハリ・ボーズが亡命中に世話になった新宿中村屋の相馬家に恩返しの形で提案し、「インドカリー」の名で喫茶部で発売したのが始まり。ちなみに明治・大正時代は「ライスカレー」で呼ばれることが多く、「カレーライス」の形が一般化するのは第二次世界大戦後のこと。英語では curry and rice、curried rice、curry with rice のようにいう。

雁擬き《がんもどき》

水気を切ってつぶした豆腐に、細かく刻んだ野菜や昆布などを入れて混ぜ、油で揚げたもの。「擬き」はまねをする意の動詞「もどく」の連用形。ガンの肉の味に似ているところからの命名で、もともとは肉食が禁じられた寺の精進料理に用いられた。関西では「飛《ひ》竜頭《りょうず》」というが、ポルトガルの揚げ菓子ヒロウス（filhos）に似ているところからの呼び名である。

きしめん

名古屋名物の平打ちの麺。古くは、小麦粉を水で練って薄く延ばしたものを、竹筒で碁石《ごいし》の形に丸く押し切り、ゆでて黄粉《きなこ》をかけた食べ物を「碁石麺《きしめん》」といった。いわゆる点心の一種で、「きし」は碁石のこと。平打麺を「きしめん」と呼ぶようになったのは近世以降のことである。一説に、加藤清正が名古屋城を築くときに、雉《きじ》の肉は精がつくことから、うどんに雉の肉を入れて、人夫たちに食べさせた。これを「きじめん」といったのが、転じて、「きしめん」と呼ばれるようになったという。また、紀州（和歌山県）の人が名古屋に伝えた麺という意の「きしゅうめん」が転じて「きしめん」となったとする説もある。

衣被ぎ きぬかつぎ

里芋を皮付きのまま蒸したり、ゆでたりしたもの。皮をむいて塩や醤油《しょうゆ》などをつけて食べる。中古・中世の時代に、身分の高い女性は外出するとき、顔を隠すために単衣《ひとえ》の着物を頭から被った。その装いを「衣被《きぬかつ》き」といい、それに似ていることからの命名。すっぽり頭から被ることを「かづく」といい、その連用形であるから本来は「かづき」であるが、いつしか音変化して「かつぎ」というようになった。もともとは、里芋の女房詞。

衣被ぎ姿

キャビア

［英 caviar(e)］チョウザメの卵の塩漬け。卵を産むものの意のペルシア語 khāviyār に基づき、トルコ語 khāviār からイタリア語 caviaro を経て英語の caviar(e) となった。一説に、キャビアの産地である黒海の南東岸の商港 Kaffah にちなむとされる。

牛鍋 ぎゅうなべ

⇩21ページ「鋤焼《すきや》き」

求肥 ぎゅうひ

白玉粉を水でこねて蒸し、砂糖と水飴

を加え、練って作った菓子。餅のように柔らかくて弾力がある。中国の菓子で祭祀《さいし》に用いられる「牛脾《ぎゅうひ》」が日本に伝わったもので、牛のなめし皮のように滑らかで柔らかいことから「牛皮」と書いたが、肉食を嫌う仏教思想からその表記が嫌われ、飴は脾《ひ》腹《ばら》（わき腹）を肥《こ》やすという意味から「求肥」と当てて書くようになった。

きりたんぽ

つぶしたご飯を杉などの棒に円筒形に巻きつけ、火であぶったもの。江戸時代、秋田北部の大館《おおだて》・鹿角《かづの》地方で猟師や木こりたちがそのようにして食べたのが始まりとされる。「たんぽ」は綿を丸めて布や皮で包んだもので、稽古用の槍などにつけるもの。そのたんぽをつけた槍の穂先に似ていて、鍋物などに切って入れることから「きりたんぽ」という。

金鍔 きんつば

小豆のあんを長方形にまとめ、水で溶いた小麦粉をつけて、表面をこんがりと焼いた菓子。江戸時代、安永・天明（一七七二〜八九）ごろに出現し、文化・文政（一八〇四〜三〇）になると江戸で盛んに作られるようになった。もとは刀の鍔のように平たく楕円形をしていて、焼き色が黄色っぽいところからの命名。それ以前、徳川四代将軍家綱のころに京都で作られた、小豆のあんをうるち米の粉で作った皮に包んで焼いた菓子「銀鍔《ぎんつば》」が元祖。江戸に移って小麦粉を使うようになり、その焼き色と、銀より金のほうがよいということもあり、「金鍔」と呼ばれるようになった。

金団 きんとん

サツマイモやナガイモなどを煮て裏ごしし、砂糖を加え、クチナシで黄色に色をつけてあんにしたものに、甘く煮た栗やいんげん豆などを練り合わせたもの。お節料理の一つで、懐石料理の口取りにもする。古くは、粟《あわ》で作ったあんを丸く団子状にした菓子を、金色の団子という意味で「金団」といった。「団」を「とん」と読むのは唐音。現在の形になったのは江戸時代に入ってからとされる。

金平牛蒡 きんぴらごぼう

笹がきや細切りにしたゴボウを油で炒め、甘辛く味付けしたもので、江戸時代からある料理。「金平」は怪力無双で知られる坂田金時《きんとき》の架空の息子の名。

金平浄瑠璃の主人公で、悪漢を退治する怪力ぶりで人気を博した。一方、ゴボウは昔から精力がつく食べ物とされ、赤唐辛子の辛味をきかせれば一層力がみなぎるというわけで、金平の強さになぞらえて、「金平牛蒡」と呼ばれるようになった。ちなみに、坂田金時（正しくは公時）は平安時代の武士で、源頼光の四天王の一人。幼名は金太郎で、足柄山（神奈川県）で育ったとされ、その武勇は今に伝えられる。

グラタン

［フランス gratin］魚・肉・野菜などをホワイトソースと混ぜて皿に入れ、チーズやパン粉を振りかけてオーブンで焦げ目がつくように焼いた料理。名称は、フランス語のgratter（削り取る）からといわれ、鍋にこびりついたものをこそげるところから名付けられたといわれる。

クラムチャウダー

［英 clam chowder］ハマグリやアサリに牛乳・ベーコン・玉ねぎ・ジャガイモなどを加えて煮たシチュー。「クラム」はハマグリ・アサリなど二枚貝の総称。「チャウダー」は、アメリカ北東部ニューイングランド地方の料理で、魚介類に牛乳やジャガイモなどを入れて作るシチューやスープのことをいう。フランス語で大鍋の意を表すchaudièreに由来するといわれる。

クロワッサン

［フランス croissant］バターを多く使い、パイのように軽く焼き上げたパン。原義はフランス語で三日月。三日月の形をしているところからこの名がある。

ケチャップ

［英 ketchup アメリカ catsup］野菜を煮詰め、裏ごししてから味付けをした調味料。日本ではふつうトマトで作ったものをいう。もとはマレー語のkechap（魚にかける香辛料）に由来し、さらにさかのぼると、中国広東方言の「茄汁、茄醤（kêtsiap）」が語源とされる。

巻繊汁《けんちんじる》

くずした豆腐と細切りにした大根・人参・ゴボウなどを油で炒め、酒や醤油《しょうゆ》で味付けした汁のこと。中国の禅僧によってもたらされた普《ふ》茶《ちゃ》料理（江戸時代に伝わった、中国風の精進料理）の一つで、日本で初めて作られたのは鎌倉の建長寺といわれる。本来、「巻繊」は細切りにした野菜を油で炒め、湯葉や油揚げで巻いたものをいう。「繊」は細く切る意で、「ちん」と読むのは唐音。

高野豆腐 こうやどうふ

豆腐を小さく切り、厳寒の屋外にさらして凍らせてから、乾燥させた食品。和歌山県の高野山で多く作られたことからこの名があり、一二世紀末に覚海尊者が凍っている豆腐を見て考案したとも伝えられる。「凍《し》み豆腐」「凍《こお》り豆腐」ともいう。

コニャック

［フランス cognac］白ぶどうから作られる上質のブランデー。フランス西部のコニャック（Cognac）地方で作られることからこの名がある。

海鼠腸 このわた

海鼠《なまこ》のはらわたで作った塩辛。「こ」は、海鼠の古名。「わた」は、はらわたのこと。したがって、「このわた」は「海鼠のはらわた」の意。古くから珍味として食べられていたようで、平安時代中期の『延喜式』にすでに記述が見られる。⇩281ページ「海鼠《なまこ》」

コロッケ

ゆでてつぶしたジャガイモやホワイトソースに、ひき肉や魚介類、野菜などをまぜて丸め、衣をつけて油で揚げた料理。フランス語のクロケット（croquette）がなまったもので、croquetteはばりばり音を立てる意のcroquerから変化した語。明治から大正時代にかけて大衆的な洋風料理として一般に広まった。単にコロッケというときは、ひき肉入りのジャガイモコロッケを指すことが多い。

コンソメ

［フランス consommé］鶏肉や牛肉などを煮出して出汁をとり、味付けした澄んだスープ。もとは、完成した、申し分ない、の意の形容詞で、語源はラテン語のconsummāre（完成する）。

金平糖 コンペイトー

芥子《けし》粒《つぶ》や胡麻《ごま》などを核にして、糖蜜をまぶしながら、角状の突起をつけ、色づけをした小さな菓子。日本には室町時代から安土桃山時代にポルトガル人の宣教師によってもたらされた。名前は砂糖菓子を意味するポルトガル語confeitoが音変化したもの。「金平糖」のほか「金米糖」「金餅糖」とも当てて書く。

肴 さかな

酒を飲むときに添える食べ物のこと。「酒菜《さかな》」の意で、「な」はおかずのこと。ちなみに、酒の肴に魚肉を用いることが多かったので、魚肉のこと、さらには魚類のことも「さかな」というようになった。もともと魚は「うお」といい、現在でも「魚市場」「魚河岸」のように使われる。

桜鍋 さくらなべ

馬肉に野菜や豆腐などを入れた鍋料理のこと。「桜」は「桜肉」の略で、馬肉のこと。馬肉が桜色をしていることからいう。一説には、実際の馬肉は桜色というより暗赤色なので、猪《いのしし》鍋を「牡丹《ぼたん》鍋」(⇩31ページ)というのに対して付けられた名称ともされる。

刺身 さしみ

⇩121ページ(忌み言葉の由来)

ザッハトルテ

[ドイツ Sachertorte] チョコレートケーキの一種。「ザッハ(Sacher)」はこのケーキを考案したウィーンの菓子職人の名。「トルテ(torte)」は果物やクリームなどを載せた大型円形のデコレーションケーキの類のこと。

薩摩揚げ さつまあげ

魚肉のすり身に塩・砂糖・でんぷんなどを加え、油で揚げたもので、野菜の細切りなどを混ぜることもある。薩摩(鹿児島)で作られたことから、江戸では「薩摩のつけ揚げ」と呼び、のちに「薩摩揚げ」というようになった。一説には、薩摩藩主の島津斉彬《なりあきら》が考案したといわれる。当地の鹿児島では「つけ揚げ」、関西では「てんぷら」という。

サバラン

[フランス savarin] ラム酒入りのシロップに浸したケーキ。フランスの司法官・作家で、美食家でも知られたブリヤ・サバラン(A.Brillat-Savarin 一七五五〜一八二六)にちなんで名付けられた。

サブレ

[フランス sablé] 小麦粉に卵黄・砂糖・バターを混ぜて練り、型抜きして焼いた菓子。卵とバターの量が多く、口

当たりがさくさくしていて軽い。フランスのノルマンディー地方の都市Sabléで作られたことからとも、砂でおおわれた意の形容詞sabléに基づく名ともいう。

サンドイッチ

［英 sandwich］薄切りのパンの間にハムや野菜などを挟んだもの。一枚のパンの上に具を載せたオープンサンドイッチや、数枚のパンに挟んだもの、ロール状にしたものなどもある。イギリスのサンドイッチ伯爵四世ジョン・モンタギュー（John Montagu 一七一八〜九二）がカード遊びを続けながら食事ができるようにと考案したという。

三平汁　さんぺいじる

塩鮭やにしんの粕《かす》漬《づ》けなどをぶつ切りにし、人参や大根、ジャガイモなどといっしょに、塩、醬油《しょうゆ》で味付けをして煮た汁料理。酒かすを入れることもある。北海道の郷土料理で、松前藩の賄《まかな》い方であった斎藤三平が考案したといわれる。

シーザーサラダ

［英 Caesar salad］レタス・ガーリック・クルトンなどに、オリーブ油・レモン・粉チーズを加えたサラダ。一九二〇年代にメキシコのレストランのオーナーシェフ、シーザー・カルディーニ（Caesar Cardini）が創案したといわれ、その名に由来する。

時雨煮　しぐれに

貝類のむき身や牛肉などを、生姜《しょうが》とともに醬油《しょうゆ》で煮込んで佃煮《つくだに》にしたもの。本来はハマグリを使ったものをいった。「時雨」は晩秋から初冬にさっと降っては止む雨のことで、山沿いでよく見られる。なぜ時雨煮というのかははっきりしないが、伊勢（三重県）の桑名《くわな》ではハマグリのむき身をたまり醬油につけ短時間で仕上げたことから、さっと降っては止む時雨の名がついたとする説、口中で味が変化することから時雨にたとえたとする説、時雨のころの草木の枯れ色に仕上げたとする説などがある。

卓袱　しっぽく

「卓袱料理」の略。長崎に伝わる中国風料理で、食卓に大皿に盛った各種の料理を置き、各自取り分けて食べるもの。本来「卓袱」は中国風の食卓を覆う布、また転じてその食卓のことで、「卓」をシツ、「袱」をホクと読むのは唐音。関西や信州で、シイタケやかまぼこなどを入れた具だくさんのうどんやそばのことも「卓袱」と呼ぶが、これは多種多様な料理が入りまじっている卓袱料理の様子になぞらえて名付けられたもの。

品川巻《しながわまき》

海苔《のり》を巻いたあられ餅のこと。また、海苔を巻いたせんべいのこともいう。かつて、江戸の品川付近の海では海苔が多く採れたことからこの名がある。

柴漬け《しばづけ》

ナス・キュウリ・茗荷《みょうが》などを刻み、赤ジソとともに塩漬けにした漬物。もともとは「紫蘇葉《しそば》漬け」といっていたものが、略されて「しば漬け」となったとされる。京都の大原で作られ、大原女《おはらめ》が柴とともに町中を売って歩いたことから「柴漬け」と書く。

しゃり

白い米粒。また、白米の飯。「しゃり」は「舎利」で、火葬したあとに残る骨のこと。もとは仏教語で、聖者の遺骨、特に、仏陀《ぶっだ》の遺骨（仏舎利）をいう。その遺骨の色や形に似ていることからの隠語で、鮨職人などが用いる。

シャンパン

［フランス champagne］発泡性のさわやかな味のワイン。フランス北東部のシャンパーニュ（Champagne）地方で作られることからこの名がある。栓を抜くとき快い音がして、祝賀用に多く用いられる。

シュークリーム

小麦粉・バター・卵などを混ぜて焼いた薄皮の中に、生クリームやカスタードクリームなどを入れた洋菓子。フランス語「シュー」と英語「クリーム」からの和製語。フランス語ではchou à la crèmeという。「シュー（chou）」はキャベツのことで、菓子の形が似ていることからいう。

松花堂弁当《しょうかどうべんとう》

四角い器を十字に仕切り、それぞれに料理を盛った弁当。仕切ることで味やにおいがほかに移ることを防ぐ役目をする。江戸時代の学

僧で書家、画家でもある、松花堂昭《しょう》乗《じょう》（一五八四～一六三九）が考案したといわれる。

精進料理 しょうじんりょうり

野菜や穀物、海藻、豆類など、植物性の食品だけを用いた料理。「精進」は仏教で、雑念を払って一心に仏道に励むこと。また、仏事のために、心身を清め、行いを慎むこと。その際、肉食は血を荒らし、心の平安を乱すとして禁止されている。そこから、肉食を避けて菜食をすることも「精進」というようになった。ちなみに、喪が明けたあとや法事のあとなどにする食事を、精進の期間が終わったという区切りの意味から「精進落とし」という。

白滝 しらたき

細く切ったこんにゃくのこと。こんにゃくの塊を小さな穴から押し出して作るが、それが白いしぶきを上げて流れ落ちる滝のように見えることからこの名がある。

水団 すいとん

小麦粉を水でこねて、小さくちぎり、野菜などといっしょに味噌味や醤油《しょうゆ》味の汁に入れて煮たもの。「団」は団《だん》子《ご》の意で、「とん」と読むのは唐音。室町時代の文献に見られるが、点心の一種として、小麦粉ではなくくず粉を用いたり、両方を混ぜたものを使っていたようである。第二次世界大戦中や戦後の食糧難の時代には米に代わるものとして食卓に上った。

スカッシュ

［英 squash］果汁に砂糖・炭酸水を加えた飲料。もとは、押しつぶす意。果物を押しつぶして果汁を絞ることからこう呼ばれる。

鋤焼き すきやき

肉や野菜、しらたき、豆腐などを砂糖・醤《しょう》油《ゆ》などで味付けして煮る鍋料理。農具の鋤《すき》の刃の部分に、鴨肉や魚、豆腐などをのせて焼いたのが始まりとされ、今でいう鉄板焼きに近い。幕末から明治時代初期に肉食が広まり、牛肉がよく食べられるようになると、牛肉の鋤焼きが登場し、庶民の味となった。当時、関東では「牛鍋」、関西では「鋤焼き」と呼ばれていた。「鋤焼き」の語が一般的になったのは一九二三（大正一二）年の関東大震災以後とされる。

助六鮨 すけろくずし

⇩162ページ（演劇・演芸）

鮨《すし》

酸っぱい意の古語「酸《す》し」がそのまま呼び名となったもの。古くは、塩をした魚介類を米の飯とともに樽に漬け込み、発酵させたもので、酸味のついた魚介だけを食べる、いわゆる熟《な》れ鮨のことをいった。近江の名産、鮒《ふな》鮨はつとに知られる。その後、押し鮨やちらし鮨などが作られるようになり、江戸時代後期になって握り鮨が登場。軽くつまんで食べられ、今でいう、ファーストフードとして、江戸庶民に親しまれた。「寿司」とも書くのは、近代になって縁起のよい字を当てたもの。

スナック

[英 snack] ポテトチップスやポップコーンのような、軽食がわりに食べられる袋入りの菓子。「スナック菓子」ともいう。また、「スナックバー」の略で、軽い食事のできる酒場またはカウンター形式の軽食堂のこと。中世英語で、snacken(噛み切る)から、早く食べる、軽食へと意味が変化したもの。

スパゲッティ

[イタリア spaghetti] イタリア麺のパスタの一種。イタリア語で紐の意のspagoに接尾語が付いた語。ちなみに、日本独自のメニューであるスパゲッティナポリタンは、第二次世界大戦後の占領下で、横浜のホテルニューグランドの料理長が進駐軍の軍用食にヒントを得て考案したもの。

善哉《ぜんざい》

関東では餅や白玉、栗の含め煮などにあんをかけたもの。関西ではつぶしあんで作った汁粉のことをいう。もともとは、「善哉」は仏教語で、「善《よ》き哉《かな》(すばらしい)」という意の梵語sādhuの漢訳。承認したり、ほめたり、祝福したりするときにいう言葉で、初めてこれを食べた禅僧が「善哉」と言ったからと伝えられるが、真偽のほどは定かではない。

雑煮《ぞうに》

餅を野菜や肉、魚介とともに煮た料理。もとは、いろいろなものを煮て混ぜることから烹雑《ほうぞう》(にまぜ)といい、それが雑煮へと変化した。元日に雑煮を祝う風習は室町時代にすでに見られるが、それ以前は祝い膳として供されていたもので、特に正月の料理に限られていたわけではない。

素麺《そうめん》

小麦粉に塩水を加えてこねた生地に油を塗り、細く引き延ばして乾燥させて作った麺。鎌倉、室町時代ごろに中国から伝わり、古くは「索麺」と書き、「さくめん」が変化して「さうめん(そうめん)」となった。「索《さく》」は縄、綱の意。麺が縄のように細く長いことからいうもの。「素麺」の「素」は、麺が白いことから、白い意の「素」の字を当てたとする説のほか、「索」の字を書き間違えたとする説もある。

沢庵漬け《たくあんづけ》

生干しの大根を塩と米ぬかで漬け込んだ漬物。語源は、江戸時代初期の臨済宗の僧、沢庵宗彭《そうほう》(一五七三〜一六四五)が始めたことから、あるいは、沢庵の墓の形が大根漬けの形(漬物石の形とも)に似ていたからなどといわれる。しかし、この漬物は沢庵が生まれる以前からあったことからすると、これらの説は疑わしい。他にも、「貯え漬け」が変化したとする説など、江戸時代中期にすでに諸説がある。

田作り《たづくり》

干したカタクチイワシを乾煎《からい》りして、砂糖や醤油《しょうゆ》などで煮からめたもの。「ごまめ」ともいう。イワシ類は古くから田の肥料にされてきたことからこの名があり、その年の豊作を願う意味で、正月のお節料理には欠かせない。

竜田揚げ《たつたあげ》

魚や肉の切り身を醤油《しょうゆ》にみりん、酒を加えた中に漬け、味がしみたところで、片栗粉をまぶし、油で揚げたもの。「竜田」は平安時代初期の歌人在原業平《ありわらのなりひら》が、「ちはやぶる神代も聞かず竜田川からくれなゐに水くくるとは」と詠んだ竜田川のことで、紅葉の名所で知られる。身の部分が赤く、外側の片栗粉の部分が白く揚がることから、紅葉が流れる竜田川になぞらえてこの名がある。

筑前煮《ちくぜんに》

鶏肉、ゴボウ、人参、レンコン、こんにゃくなどを油で炒め、甘辛く煮た料理。「筑前」は旧国名で、現在の福岡県北西部に当たる。この地方で作られたことから付いた名で、鶏肉を炒めることから、「炒りどり」ともいう。筑前地方では「がめ煮」というが、これは豊臣秀吉が朝鮮出兵の折、ガメ(スッポン）を入れたことにちなむもの。一説には、「がめくりこんで煮る（寄せ集めて煮る）」ことからともいう。

竹輪 ちくわ ⇩12ページ「蒲鉾《かまぼこ》」

粽 ちまき

もち米やくず粉などを笹やマコモなどの葉で巻き、イグサで縛って蒸した餅菓子。古くは茅《ちがや》の葉で巻いたことからこの名がある。粽は邪気を払うとされ、端午の節句に食べられる。もとは中国の風習で、戦国時代宋の王族に生まれ、活躍しながらも王に疎まれて失脚し、汨羅《べきら》に投身自殺した屈原（前三四〇ごろ〜前二七八ごろ）を五月上午《じょうご》の日に弔《とむら》ったのが端午の節句の起源である。その日、屈原の姉が弟を弔うために汨羅に粽を投げたという故事が伝わる。

ちゃんこ鍋 ちゃんこなべ

相撲部屋で食べられる鍋物。肉や魚介、野菜など多くの食材を用い、水炊きにしたり、だしで煮たりする。「ちゃん」は「おやじ」の意で、それに親しみを込めて接尾語の「こ」をつけ、料理当番の力士を「ちゃんこ」と呼んだことによるという。また、一説に、江戸時代中期に巡業先の長崎で、土鍋の代わりに鉄製の中華鍋「鏟鍋《チャンクオ》」で作ったことからチャンコと呼ぶようになったともいわれる。

ちゃんぽん

肉や魚介、野菜などを炒め、濃いスープで煮込んだ中国風麺料理で、長崎名物の一つ。「ちゃんぽん」は中国福建省の言葉で、簡単な食事の意の「喰《シャ》飯《ポン》」からといわれる。また、いろいろな材料を使うので、種類の違うものを混ぜこぜにする意味の「ちゃんぽん」からいうようになったとされる。

佃煮 つくだに

小魚・貝・昆布などを醤油《しょうゆ》・みりんなどで味濃く煮たもの。江戸時代に佃島《つくだじま》（東京の隅田川河口にある小島で、現在は陸続き）の漁師が将軍家に献上した残りの雑魚を味濃く煮て、自家用の保存食としたのが始まり。佃島の名は住人が江戸幕府の命で摂津国佃村（現大阪府）から移住してきたことによる。

つくね

鶏肉や魚肉をたたいて、卵や片栗粉などを入れてよくこね、丸めたもの。もとは手でこねて丸くする意の動詞「捏《つく》ねる」の連用名詞形。ちなみに、山芋の一種「つくね芋」は、手でこねたようにごつごつしていることからの命名。

つみれ

魚のすり身に卵や片栗粉などを入れてすり合わせ、団子状にすくい取り、ゆでたもの。ゆでるときに、手に持ったすり身のかたまりを親指と人差し指の間から押し出し、少しずつ摘み取るようにして鍋に入れることから、「摘み入れる」の意で、その連用形「摘み入れ」が略されて「摘みれ（つみれ）」となった。

デザート

［英 dessert］食後に出される菓子や果物、アイスクリーム、コーヒーなど。もとはフランス語で、食卓を片付ける意のdesservirから。

てっちり

フグのちり鍋のこと。「てつ」は鉄砲の略で、フグの異名。フグは卵巣や肝臓に猛毒をもち、あたる（中毒する）と死ぬことから、鉄砲玉に当たって死ぬことにかけていう。ちなみに、フグの刺身は「てっさ」という。「さ」は刺身《さしみ》の略。

田楽《でんがく》

長方形に切った豆腐を串に刺し、練り味噌を塗ってあぶり焼きにした料理で、「田楽豆腐」の略。ナスや里芋、こんにゃくなどでも同様に作る。「田楽」は平安時代から盛んに演じられた芸能で、もとは田植えのときに神に豊作を祈って田の畦《あぜ》で舞った「田舞《たまい》」から始まったもの。腰太鼓やささらを演奏しながら踊るなど、さまざまな曲芸をするが、中でも高足に乗って舞う田楽法師の姿が豆腐を串に刺したところに似ているところから、この名が付いたといわれる。

田楽法師
〈職人尽発句合〉

天麩羅《テンプラ》

魚介や野菜などに小麦粉を水と卵で溶いた衣をつけ、油で揚げた料理。「てんぷら」の語源には、ポルトガル語で調理を意味するtemperoからとする説、スペイン語で天上の日を意味するtemploからとする説（この日は鳥獣肉が禁止され、魚肉を揚げたものを食べる）などがある。はじめは小麦粉をまぶして揚げる空揚げであったが、江戸時代の半ば過ぎには衣をつけて揚げるものが登場し、江戸では鮨と並ぶ庶民の食べ物となった。上方では魚のすり身を揚げたもの、いわゆる薩摩揚げのことをいい、現在でもこちらをてんぷらと呼ぶ地方がある。「天麩羅」の表記は戯作者で浮世絵師の山東京《さんとうきょう》伝《でん》がてんぷらを売る利介に頼まれて行《あん》灯《どん》に書いた当て字である。

心太 ところてん

テングサを煮溶かし、型に入れて冷やし固めたもの。心太突きで細く突き出し、酢醤油《じょうゆ》などをかけて食べる。古く奈良時代にはテングサのことを「こころぶと」といい、「心太」の字が当てられ、やがて、それで作る食品のことも呼ぶようになった。「太」が呉音で「たい」と読まれて「こころたい」になり、「こころてい」「こころてん」、さらに「ところてん」と音変化したのは室町時代とされる。

どら焼き どらやき

小麦粉に卵・砂糖を入れて、丸く焼いた皮二枚の間にあんを挟んだ菓子。「どら」は法会や船の出航の合図などに使う円盤状の打楽器「銅鑼《どら》」のこと。その銅鑼に形が似ていることからの命名。現在のどら焼は一九一四（大正三）年に上野に開店した「うさぎや」が始めたもので、江戸時代には薄く焼いた皮のまん中にあんを入れ四角にたたんだものであった。

ドロップ

［英 drop］白砂糖を水に溶かして煮詰め、果汁や香料を混ぜて、型に入れて固めた小さな飴《あめ》。本来は滴り、しずくの意で、飴の形がそれに似ていることからこの名がある。日本には宝暦年間（一七五一〜六四）にオランダから伝わり、当時はズボートウの名で痰《たん》切りの薬として売られていた。一八九三（明治二六）年にイギリスのモルトン社のドロップスが輸入され、その後、製菓会社の大量生産により大衆向けの菓子として、ドロップスの名で普及した。

納豆 なっとう

蒸した大豆に納豆菌を加えて発酵させた食品。奈良時代に中国から伝わり、寺院で作られたことから、「納所《なっしょ》」の僧が作った豆の意で「納豆」という。納所とは寺院で出納事務をする所のこと。この納豆は大豆を煮るか蒸すかして麹《こうじ》菌をまぶし、塩水に長時間漬けて発酵させたのち、取り出して乾燥させたもので、大徳寺納豆や浜納豆がよく知られる。現在、単に納豆といえば糸引き納豆を指すが、これは日本で作られたもので、安土桃山時代に茶人の千利休が馬屋の藁《わら》に落ちていた味噌豆にかびが生えているのを見て思いついたとか、平安時代の武将源義家の家来が東北征伐の折、豆が糸を引くのを見て考案したといった逸話が残る。

鳴門巻 なるとまき

無着色の魚のすり身に食紅で着色したすり身を巻きこんで蒸したもの。また、昆布に魚のすり身をのばして巻いて蒸したもの。小口切りにした断面が渦を巻いたように見えるところを、鳴門海峡（徳島と淡路島の間の海域）の渦潮に見立てての命名。

バーベキュー

［アメリカ barbecue］肉や野菜などを直火で焼く野外料理。スペイン語の、焼き網を意味するbarbacoaに由来。もとは西インド諸島のハイチ語で、肉の丸焼き用に木の枝を組んだものをいう。

バイキング料理 バイキングりょうり

各種の料理を、各自が好きなだけ取り分けて食べる形式の食事。一九五八（昭和三三）年、北欧のスモーガスボードと呼ばれる前菜料理にヒントを得て、帝国ホテルのレストラン「インペリアルバイキング」が始めたもの。当時上映されて話題を呼んでいた海賊映画「バイキング」にちなみ、社内公募により命名された。

八寸 はっすん

懐石料理で、料理をのせるのに用いるへぎ製の角盆。また、それに盛る取肴《とりざかな》のことをいう。現在では料理の献立の名称としても用いられる。「寸」は尺貫法の長さの単位で、八寸は一寸の八倍、約二四センチメートル。盆の大きさが八寸四方であることから、この名がある。

ババロア

［フランス bavarois］牛乳・卵黄・砂糖・香料などを混ぜたものにゼラチンを加え、冷やし固めた菓子。この菓子を考案したフランスの料理人がバイエルン公国に仕えていたことから名付けられたもの。ババロアはドイツのババリア（バイエルン）地方のフランス語読み。

ハヤシライス

牛肉と玉ねぎを炒め、トマトとブラウンソースで煮込んだものをご飯の上にかけた料理。細切れ肉の料理の「ハッシュ（hash）」が「ハヤシ」となまり、それに「ライス」が加わった和製語。一説には、丸善（一八六九年創業）の創業者の早矢仕有的《はやしゆうてき》が生みの親で、訪れた友人に有り合わせの肉や野菜を煮込んでご飯を添えて出し、それが「ハヤシライス」というようになったと伝えられる。

パン

[ポルトガル pão] 小麦粉・ライ麦粉などに水・塩・酵母などを加えてこね、発酵させて焼いたもの。もとラテン語でパンを意味するpanisから。日本には一五四三（天文一二）年ごろにポルトガル船とともに渡来。明治時代初期には「麺麭」「麺包」と当てて書いたが、後期には「パン」とカタカナで書かれることが多くなった。

ハンバーグ

ひき肉に玉ねぎ・卵・パン粉などを混ぜ、楕円の形にして焼いた料理。「ハンバーグステーキ(Hamburg steak)」の略で、「ハンバーグ」はドイツ北部の都市ハンブルク（Hamburg）の英語読み。もとはハンブルク辺りで食べられていた牛ひき肉のステーキのこと。

ビスケット

[英 biscuit] 小麦粉に砂糖・バター・卵などを加えて固めに焼いた菓子。二度（bis）焼いた（cuit）の意。もとはフランス語で、その語源はラテン語のbiscoctus（二度焼いた）から。

櫃まぶし ひつまぶし

鰻《うなぎ》の蒲焼きを、小さなお櫃《ひつ》に入れたご飯の上にのせたもの。「ひつ」はご飯を入れる「櫃」、「まぶし」は動詞「まぶす」の連用名詞形。お櫃のご飯に刻んだ鰻の蒲焼きをまぶすことからの命名。明治時代に始まった名古屋の名物で、「ひつまぶし」は考案店の一つとされるあつた蓬莱軒《ほうらいけん》の登録商標。鰻飯のことを関西では「まむし」ということから、「ひつまむし」ともいう。「まむし」は「まぶし」が音変化したもの。食べ方に特徴があり、しゃもじで四等分して、最初の一杯はそのまま、二杯目はわさびや海苔《のり》などの薬味をのせ、三杯目はお茶漬けに、最後は好きなように食べる。

ビフテキ

牛肉を厚く切って焼いた料理。英語の「ビーフステーキ（beefsteak）」の略、あるいは、フランス語のbifteckからとされる。明治時代、肉食文化の輸入とともに日本に入ってきたが、鋤《すき》焼きに比べて普及は遅かった。現代は単に「ステーキ」と呼ぶことが多い。

冷や奴　ひややっこ

冷やした豆腐を四角に切り、薬味を添えて醤油《しょうゆ》で食べる料理。「奴」は近世の武家の中《ちゅう》間《げん》のことで、大名行列では槍《やり》や挟み箱を担いでお供をした。四角に切った豆腐の形が、その奴の着物の紋に似ているところからいうもので、「奴豆腐」ともいう。

奴〈江戸名所図会〉

ファーストフード

［英 fast food］ハンバーガーやフライドチキンなど、注文するとすぐに食べられ、また、持ち帰ることのできる食品。ファーストは早い、フードは食べ物の意。アメリカが発祥で、日本には一九七〇年代に伝わり、またたく間に普及した。

ブイヤベース

［フランス bouillabaisse］魚介類にトマト、サフランなどを加えて煮込んだ料理。もとはフランス南部プロバンス地方の料理。プロバンス語で「煮えた、弱火にしろ」あるいは「煮えろ、煮詰まれ」の意のbouiabaissoからで、料理が早くできるようにというまじないの言葉。

フォアグラ

［フランス foie gras］肥育したガチョウやカモなどの肝臓。世界三大珍味の一つ。foieは肝臓、grasは肥満した、の意。foieはラテン語のイチジク（ficus）から派生した語で、古くはガチョウなどにイチジクをたくさん食べさせて太らせたことにちなむ。

福神漬け　ふくじんづけ

細かく刻んだ大根・レンコン・ナス・キュウリなどを塩漬けにし、みりん醤《じょう》油《ゆ》で漬け込んだもの。明治時代初期に上野の酒悦《しゅえつ》の初代野田清右衛門が創製。七種類の野菜を用い、店が不忍池弁財天（谷中七福神）のそばにあったこと、この漬け物があればほかにおかずがいらず、お金がたまるという意味で、戯作家の梅亭金鵞《ばいていきんが》が名付けたといわれる。

ブランデー

[英 brandy] ぶどう酒を蒸留し、熟成させたアルコール度の高い酒。オランダ語のbrandewijn（焼け付くような、あるいは蒸留したワインの意）から。

フルーツポンチ

[英 fruits punch] 小さく切った種々の果物にシロップやソーダ水、香料、氷などを加えたもの。一説に、punchはヒンディー語の五を意味するpañcaからで、五種類の材料を使ったインドの飲み物を一七世紀にイギリス人やスペイン人がヨーロッパに伝えたとされる。

風呂吹き大根 ふろふきだいこん

厚く輪切りにした大根を柔らかくゆで、熱いうちに練り味噌をつけて食べる料理。古くは風呂といえば蒸し風呂のことで、そこには客の熱くなった体に息を吹きかけながら垢《あか》を落とす下男がいて、「風呂吹き」と呼ばれた。熱々の大根をふうふうと息をかけて冷ましながら食べる様子がその「風呂吹き」に似ていたところから名付けられたとされる。また、一説には、「風呂」は漆《うるし》塗りの作業場兼貯蔵室のことで、漆塗りの職人が冬場に漆の乾きが悪くて困っていると、ある僧が大根のゆで汁を吹きつけるとよいと教えてくれ、その通りにすると大変効果があり、残った大根に味噌をつけて食べるとおいしかったところからの呼び名ともいう。もとは蕪《かぶ》が使われていて、大根を使うようになったのは近世に入ってからのことで、料理としての「風呂吹き」の語源は前者の説が有力であろう。

ポタージュ

[フランス potage] 不透明で濃いスープ。フランスでは、裏ごししたスープのほかに、透明なコンソメスープなども指していう。potageのpotは壺。もとは、壺の中身、また、壺に入れて煮たものの意。

牡丹餅 ぼたもち

もち米とうるち米を混ぜて炊き、軽くついて丸め、小豆あんや黄粉《きなこ》をまぶしたもの。牡丹《ぼたん》の花に似ているところから名付けられたといわれる。
⇩36ページのコラム「お萩《はぎ》」

牡丹鍋《ぼたんなべ》

イノシシの肉を野菜や豆腐などとともに煮て、味噌で味付けした鍋料理。「牡丹」は中国原産のキンポウゲ科の落葉低木で、初夏に大ぶりの花を咲かせる。古くから取り合わせのよいものとして「獅子《しし》に牡丹」の図柄があり、その獅子を猪《しし》に置き換えて、イノシシを牡丹というようになったとされる。肉食が禁じられていた近世に隠語として用いられた。また、肉の色が牡丹の花の色に似ていることからという説もある。

ホットドッグ

［英 hot dog］細長いパンに切れ目を入れ、バター・辛子を塗り、熱いソーセージや野菜を挟んだもの。「辛い犬」の意で、アメリカの漫画家ドーガン（T.A.Dorgan）が、犬の肉が使われているといううわさをもとに作った語。日本では一九三四（昭和九）年、甲子園球場（兵庫県西宮市）で行われた日米親善野球大会の売店で販売されたのが初めとされる。

ポン酢《ポンず》

柑橘《かんきつ》類のダイダイの絞り汁。また、醤《しょう》油《ゆ》に柑橘類の絞り汁を加えた調味料のこと。オランダ語で柑橘類の絞り汁を意味する「ポンス（pons）」からきた言葉で、「ス」に酢の字を当てている。

マーマレード

［英 marmalade］柑橘《かんきつ》類の果物の実と皮を砂糖で煮詰めたジャム。もとはポルトガル語で、marmero（マルメロの実）で作ったジャム marmelada から。

幕の内弁当《まくのうちべんとう》

⇨166ページ（演劇・演芸）

松前漬け《まつまえづけ》

細切りにした昆布やするめに数の子・人参などを加え、みりんと醤油《しょうゆ》で漬け込んだ食品。北海道南西部の松前地方は昆布の名産地であったことから、昆布のことを俗に松前と呼び、昆布を使った料理には「松前」がつけられるようになった。

マドレーヌ

［フランス madeleine］小麦粉に卵・砂糖・バターを混ぜ合わせ、貝の形をした型に入れて焼いた菓子。一九世紀のフランスの菓子職人マドレーヌ・ポーミエ（Madeleine Paulmier）の名からとい

われるが、真偽は定かではない。

マヨネーズ

〔フランス mayonnaise〕卵黄・サラダ油・酢などを合わせて作ったソース。地中海西部のスペイン領ミノルカ島の首都マオン（Mahón）の名に由来。一説に、一七五六年、リシュリュー公がこの町を占領したのを記念して名付けられたといわれる。

饅頭《まんじゅう》

小麦粉・米粉・そば粉などにふくらし粉と水を加えてこね、発酵させた皮にあんを包み、下部を平らに、上部を丸く形づくり、蒸した菓子。中国の「饅《マン》頭《トウ》」が起源で、「頭」を「じゅう」と読むのは唐音。中国ではあんを入れないのがふつう。日本には鎌倉時代初期に伝わり、南北朝時代になって中国から帰化した林浄因《りんじょういん》が奈良で作って売り出し、一般に広まったとされる。

みたらし団子《みたらしだんご》

米粉で作った団子を串に刺し、醤油《しょうゆ》あんをからめたもの。京都の下鴨神社の御手洗《みたらし》詣り（御手洗川に足をつけて、無病息災を祈る）のとき、境内の糺《ただす》の森で売られたのが始まりという。御手洗川は御手洗社に湧き出す地下水が源泉で、団子はそこから浮き出た水の泡をかたどったもので、五つ連ねるのは五体を表している。古くは氏子が家々で作り、人形《ひとがた》として神前に供えた後、家に持ち帰って食べたという。ちなみに、北野天満宮門前でもみたらし団子が売られているが、その昔、豊臣秀吉が天満宮で大茶会を催したとき、立ち寄った茶屋で名物の団子を食べて気に入ったという話が伝わる。

ムニエル

〔フランス meunière〕魚を塩・胡椒《こしょう》で下味をつけ、小麦粉をまぶして、バターで焼いた料理。meunière は meunier（粉屋）の女性形。à la meunière（粉屋のおかみさんのやり方で）の à la が省略されて料理名となった。

もつ

料理に用いる鳥獣の内臓。「ぞうもつ（臓物）」の略で、食肉業者や料理人の間で使われていた隠語が広く一般にも使われるようになったとされる。

最中《もなか》

もち米の粉を水で練って薄く焼いた皮

を二枚合わせて、間にあんを挟んだ菓子。「最中」は「真中《まなか》」「御中《みなか》」と同じ意。平安時代、宮中で月見の宴の折、丸い白餅が出され、名を問うとその座にいた者一同が「最中の月」と答えたという。以来、中秋の名月に見立てた菓子を「最中の月」と呼ぶようになった。江戸時代になって、江戸吉原の菓子屋が満月をかたどった煎餅《せんべい》のようなものを「最中の月」の名で売り出し、これが略されて「最中」というようになった。最中が現在のような菓子となったのは明治時代になってからのこと。

もんじゃ焼き もんじゃやき

水でゆるめに溶いた小麦粉にさまざまな具を入れ、熱した鉄板の上で焼くもの。へらでこそげとるようにして食べる。「もんじゃ」は「文字《もんじ》」が変化したもので、鉄板に溶いた小麦粉で文字を書いて遊んだことからこの名がある。

八つ橋 やつはし

京菓子の一つで、米の粉を練って蒸し、砂糖・肉桂《にっけい》の粉を加えて薄く伸ばし、短冊形に焼いたもの。生のまま、二つ折りにしてあんを包んだものもある。幅の狭い橋板を数枚交互に継ぎ並べて架けた橋を「八橋」といい、その形に似ているからとも、また、琴のことを「八橋」といい、その形に似ていることからともいわれる。

八橋〈石組園生八重垣伝〉

柳川鍋 やながわなべ

開いて骨を取った泥鰌《どじょう》と笹がき牛蒡《ごぼう》を浅い土鍋で煮込み、卵でとじた料理。語源は、江戸時代天保年間（一八三〇～四四）に、江戸横山町（東京都中央区日本橋）の「柳川」という店が始めたことからとも、土鍋が九州福岡の柳川産であったことからともいわれる。

大和煮 やまとに

牛肉などを醤油《しょうゆ》・砂糖・生姜《しょうが》などで甘辛く煮たもの。明治時代に作られるようになったもので、文明開化で外国の文物が大量に入ってきたり、また、日本が世界に目を向ける中で、日本風の味で煮たものという意味から名付けられたものと見られる。

湯葉 ゆば

豆乳を煮て、その表面にできる薄い膜をすくい取ったもの。「豆腐の上物（とうふのうはもの)」が略されて「とうふのうは」となり、さらに、「うは」から「うば」、「ゆば」へと変化したものとされる。また、一説に、黄色くて皺《しわ》があるところが老女の姥《うば》の面皮に似ているところから、「うば」が音変化して「ゆば」となったともいう。「湯葉」と書くのは当て字。

羊羹《ようかん》

砂糖を加えたあんに、寒天を混ぜたり小麦粉を加えて蒸したりして固めた菓子。中国ではその字の通り、羊肉の羹《あつもの》(吸い物)のこと。鎌倉時代に禅宗文化とともに日本に伝わると、小豆を主原料として、羊の肝の形に作って蒸し、汁に入れて食べるようになった。のちに、蒸した物が茶菓子として用いられるようになり、蒸し羊羹が誕生した。練り羊羹が作られるようになったのは江戸時代に入ってからのこと。

ラーメン

[中 拉麺]中国風の麺料理の一つ。「拉」は引っ張る意。麺を手で細くひも状に引っ張って作ることからいうもので、中国では麺そのものをいい、麺をスープに入れて食べる料理は「湯麺《タンメン》」という。日本には明治時代に手で延ばす拉麺と切って作る切麺《チエメン》がともに伝わり、のちに手早く作れる切麺が主流になったが、呼称は「拉麺」が総称として一般化した。

落雁《らくがん》

もち米やうるち米、小麦、大麦、大豆などを粉にして、水飴や砂糖水を混ぜて練り、型に入れて、焙炉《ほうろ》で乾燥させた菓子。中国の似たような菓子「軟落甘《なんらくかん》」の「軟」が略されたものとも、古くは黒胡麻を加えたので、その黒い斑点が池や川に降り立つ雁(落雁)に見えたことからともいう。

ラムネ

炭酸水にレモン汁と砂糖を加えた飲み物。びんに詰め、ガラス玉でふたをする。「レモネード(英 lemonade)」がなまった語。一八五三(嘉永六)年、ペリーが浦賀に来たとき、浦賀奉行と通訳が米艦上で飲んだのが日本での最初とされる。幕末の開港場で外国人が飲んでいたようで、明治時代初期には日本でも作られるようになった。

レトルト食品《レトルトしょくひん》

保存性のある特殊な袋に入れて密閉し、

加圧・加熱して殺菌した、調理済みの食品。正式名は「レトルトパウチ食品」。「レトルト（英 retort）」は加圧・加熱して殺菌する装置で、「パウチ（英 pouch）」は袋のこと。もとは軍用携帯食として米軍が開発したもの。

ワッフル

［英 waffle］小麦粉に卵・砂糖・イーストなどを混ぜて発酵させた生地を格子模様の二枚の型に挟んで焼いた洋菓子。日本では柔らかく焼いて二つ折りにしてジャムやクリームをはさんだものもある。もとはオランダ語で、蜂の巣の意のwafelから。形状が蜂の巣に似ていることからこの名がある。

女房詞《ことば》に由来する食べ物の名前

女房詞は室町時代ごろから宮中で女官が用いた独特の言葉。直接的な言い方を避けた、一種の隠語のようなもので、のちに将軍家に仕える女性から町家の女性まで広く使われるようになり、今日にも多くの言葉が伝わる。多いのは省略した言葉に接頭語の「お」を付けて丁寧な言い方をしたもの。また、杓子《しゃくし》を「しゃもじ」（⇩37ページ）、髪を「かもじ」、空腹の意の「ひだるい」を「ひもじい」（⇩257ページ）というように、語頭に「もじ（文字）」を付けていう文字詞などがある。

おかか
鰹節、また、鰹節を削ったもの。鰹節の「か」を繰り返し、接頭語の「お」を付けたもの。

おかき
欠き餅のこと。また、一般に煎餅《せんべい》のこともいう。「欠き餅」の「かき」に接頭語の「お」が付いたもの。もとは鏡餅を槌《つち》などで小さく砕いたもののことで、欠く意味から「欠き餅」という。従って、漢字では「お欠き」と書くが、現在は原義が忘れられて「おかき」と表記することが多い。

おかず
副食物、副菜のこと。数々取り合わせる意の「数物《かずもの》」の「数」に接頭語の「お」が付いたもの。従って、一種類の材料や一皿の料理では、本来は「お数」とはいえない。原義が薄れ、現代では漢字を用いず、「おかず」と書くことが多い。

おから
豆腐を作るとき、豆乳を絞ったあとに出るかすのこと。絞りかすの「殻《から》」に接頭語の「お」が付いたもの。⇩121ページのコラム「卯《う》の花」

おこうこ

漬け物のこと。「香の物」の「香」を重ねて「香香《こうこう》」といい、それに接頭語「お」の付いた「お香香」から。

おこわ

もち米を蒸したもの。歯ごたえがある飯の意の「強飯《こわめし》」の「こわ」に接頭語の「お」が付いたもの。特に小豆を入れて蒸した赤飯を指していうことがあるが、山菜を入れた「山菜おこわ」などもある。

おじや

雑炊のこと。「じや」は物が煮える音の「じやじや」からとも、時間をかけて煮るさまの「じやじや」からともいう。その「じや」に接頭語の「お」を付けたもの。江戸の風俗を詳説した喜田川守貞《もりさだ》(一八一〇～?)の随筆『守貞漫稿』には京阪では雑炊といい、江戸ではおじやといったと記されている。

お作り おつくり

刺身のこと。「作り」は「作り物」の略。それに接頭語の「お」を付けたもので、主に関西で用いられる。「お造り」とも書く。

おでん

大根やこんにゃく、がんもどき、はんぺんなどを醤油《しょうゆ》味の出汁で煮込んだもの。「田楽」の「でん」に接頭語の「お」が付いたもの。室町時代までは、串に刺した豆腐やこんにゃく、野菜などに味噌を塗ってあぶり焼きにしたものをいった。近世に入ると、江戸では串刺しのこんにゃくを煮るようになり、さらに大根や練り物などをいっしょに煮込んだものが登場すると、これを「おでん」と呼ぶようになった。ちなみに、関西では煮込みおでんのことを焼き田楽と区別して「関東煮《だ》き」と呼ぶことがある。⇩25ページ「田楽《でんがく》」

お萩 おはぎ

もち米とうるち米を混ぜて炊き、軽くついて丸め、あんや黄粉《きなこ》をまぶしたもの。古くから春と秋の彼岸に仏前に供える風習があり、それぞれの季節に咲く花にちなんで、牡丹《ぼたん》が咲く春は「牡丹《ぼた》餅《もち》」、萩が咲く秋は「お萩」と呼ばれるようになった。⇩30ページ「牡丹餅」

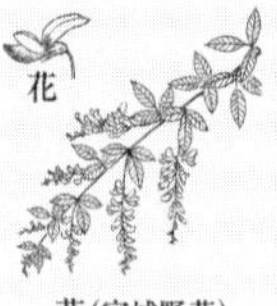

萩(宮城野萩)

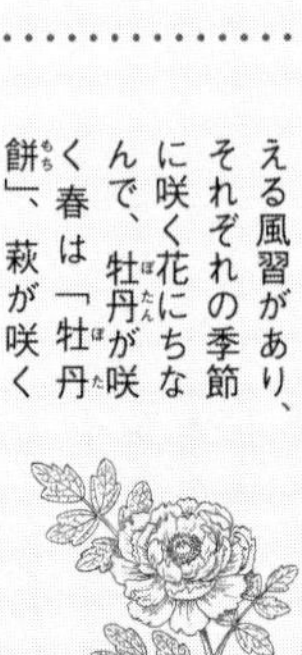
牡丹(津軽牡丹)

お冷 おひや

冷たい飲み水のこと。女房詞で「お冷やし」といい、それを略していう語。「お」は接頭語。もともとは女性のみに使われたが、江戸時代以降は丁寧な表現として男女に関係なく使われるようになった。

おみおつけ

味噌汁の丁寧語。「み(味)」は味噌、「つけ(付け)」は飯に並べて付けるところから、汁のことで、それぞれに接頭語「お(御)」をつけていう。「御味御付け」「御味御汁」と書く。また、「お付け」の前に「お(御)」を二つ重ね、最上の丁寧の意を表した「御御御付け」とする説もある。

調理・台所

おさんどん

台所仕事をすること。江戸時代には、台所で下働きをする下女の通称であった。「さん」は数字の「三」。三女の意で、当時の女性の名に多かったことからとも、大奥で下女のいる三の間にちなむともいう。その「三」に接頭語の「お」と、人を呼ぶときの接尾語「どん」（「殿」の音変化）が付いたもの。もともとは上方で用いられていた言葉が江戸語に入ったとされる。また一説に、かまどをいう「お爨《さん》」にかけたしゃれとする説もある。

七輪　しちりん

土製の、持ち運びができるこんろ。「七厘」とも書く。煮炊きをするのに木炭が七厘分ほどあれば間に合ったことからいうようになったとされる。「厘」は「銭」の下の貨幣単位で、一銭の一〇分の一。「輪」と書くのはこんろの形状からの当て字。

しゃもじ

飯や汁をすくう道具。特に、飯用の平たいものをいう。「杓子《しゃくし》」の「しゃ」に「もじ（文字）」を付けた、もと女房詞《ことば》（⇩35ページのコラム）。

備長炭　びんちょうたん

和歌山県熊野地方から産出される炭。ウバメガシなどのカシを材料にして作られる。火勢が強く、炎も出ず、灰も出ないことから、最上の炭とされる。江戸時代、元禄年間（一六八八～一七〇四）に、紀伊国田辺の炭問屋備中屋《びっちゅうや》長左衛門が江戸に出荷して、うなぎ屋などで使われて評判となり、屋号から「備長炭」と名付けた。「びんちょうずみ」ともいう。

包丁　ほうちょう

料理用の刃物の総称。古く中国から伝わった言葉で、本来は「庖丁」と書いて、料理人のことをいった。「包」は肉などの材料を包む意、垂れの「广」は家屋の意で、「庖」は料理をする所、台所のこと。そして、「丁」は職人、召使いのことで、「庖丁」とは台所で料理をする人の意。日本でも平安時代以前から、料理人のことをいい、さらには料理をすること、料理の腕前の意味でも用いられている。刃物のことは「庖丁刀」と呼び、のちに略されて「庖丁」というようになった。また一説には、中国に「庖丁」という料理の名人がいて、牛の骨と肉を巧みにさばいたと伝えられ、そこから料理人のことを「庖丁」というようになったともいう。「庖」を「包」と書くのは代用である。

庖丁人

俎板　まないた

食材を切るときに用いる板。「まな」は「真魚《まな》」で、食用の魚のこと。つまり、魚を料理するための板という意味。「俎板」とも「俎」とも書くが、漢字の「俎《そ》」がまないたの意であることから当てたもの。ちなみに、魚を料理するときに用いる箸《はし》のことは「真魚箸」という。

薬缶　やかん

湯を沸かすための、銅やステンレス、アルマイトなどで作った道具。「やくかん（やっかん）」の約転で、もとは煎《せん》じ薬を煮出すために用いたものであった。江戸時代初めに刊行された『日《にっ》葡《ぽ》辞書』には、「薬を煮る大きな釜。しかしながら、今は、湯をわかす釜」とあり、中世にはすでに湯沸しの意味でも用いられている。本来は「薬罐」と書き、「罐」は水を汲む器の意。表記は、「罐」が表外字のため、「缶」で代用する。

行平鍋　ゆきひらなべ

陶製の平たい鍋。取っ手と注ぎ口がついていて、粥《かゆ》などを煮るのに用いる。平安時代の歌人、在原業平《ありわらのなりひら》の兄の行平《ゆきひら》が、須磨で海女に海水を汲《く》ませて塩を焼いたという故事にちなんでの名で、もとは塩を焼くのに用いた。

もとは　調理・台所からの言葉

後釜に座る　あとがまにすわる

前任者の代わりにその地位につくこと。先の釜を下ろして、かまどの火種がまだ消えないうちに、次の釜をのせることからのたとえで、抜け目がないという批判的な意味合いを含むことが多い。「後釜に納まる」ともいう。

塩梅《あんばい》

物事の具合や様子のこと、また、天気や健康の状態をいい、「仕事はどんな塩梅だ」「今日はいい塩梅に晴れた」「ひざの塩梅が悪い」のように用いる。本来は塩と梅酢のこと。それが味付けの基本であることから、食物の味加減を調えること、また、その味加減の意味となり、「料理の塩梅が上手だ」のように用いられた。そこから、物事の具合や様子の意味に転じたもの。

一夜漬け《いちやづけ》

一晩だけ、あるいは極めて短時間ですます、間に合わせの仕事や勉強のこと。本来は野菜を一晩だけ漬けること、またその漬物のことで、にわか仕込みのたとえにいう。

歪《いびつ》

物の形がゆがんでいること。また、人の心や物事の状態が正常ではないこと。飯を入れる入れ物の「飯櫃《いいびつ》」から出た言葉で、「いびつ」ともいい、古くは楕円形をしていた。そこから、「いいびつ」「いびつ」は楕円形の意味でも用いられ、さらに、楕円は完全な円ではないことから、江戸時代には形や状態がゆがんでいる意味に用いられるようになった。

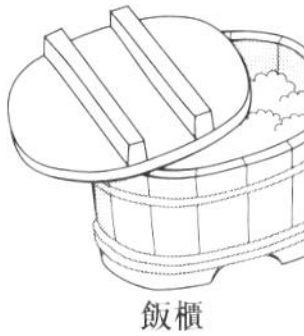
飯櫃

お手盛り《おてもり》

自分の地位や立場を利用して、自分に都合のよいように取り計らうこと。「手盛り」はもとは自分で食べ物を食器に盛ることで、好きなだけ盛ることができることから転じていうもの。「お手盛りの予算編成」のように、特に役人などが自分たちに都合のよいようにするときに用いることが多く、「お手盛り」と「お」をつけていうのは多分に皮肉の意味合いが込められている。

切り盛り《きりもり》

物事をうまく処理すること。もとは料理を切り分けて皿などに盛ることをいい、それがうまくできるかどうかで、台所を預かる者の才覚が問われた。転じて、家計のやりくり、さらに物事を処理する意に用いられるようになった。

糞味噌に言う《くそみそにいう》

相手をさんざんにけなすこと。「糞味

噌」は糞と味噌の区別をつけない意で、「味噌糞」ともいう。「糞」は汚れたもの、価値のないもの、「味噌」は、価値のあるもののたとえなので、「糞味噌」は、良いも悪いも区別せず、めちゃくちゃにの意。「糞も味噌も一緒」といえば、善悪・優劣などの区別をつけずに、なんでも一緒くたに扱うことをいう。「糞味噌」同様、良い意味合いでは用いない。

胡麻を擂る《ごまをする》

自分の利益になるように、人に気に入られようとおべっかを使うこと。炒《い》った胡麻をすり鉢で擂ると、内側に胡麻がくっつくことから、人にべたべたと擦り寄り、へつらう意味に用いられるようになった。おべっかを使う人のことは「胡麻擂り」という。

杓子定規《しゃくしじょうぎ》

規則や形式などにとらわれて、応用や融通のきかないこと。「杓子」は汁やご飯をすくうのに用いる道具で、古くは柄が曲がっていた。その曲がった杓子の柄をまっすぐな定規の代わりに使う意で、誤った規準でものをはかろうとすることをいい、さらに転じて、適不適にかかわらず、一定の規準で他を律することをいうようになった。

箍が外れる《たががはずれる》

緊張や束縛がとれ、しまりがなくなること。「箍」は樽《たる》などの外側にはめる、竹や金属で作った輪のことで、それが外れると樽の板がばらばらになることからいう。「箍が緩む」といえば、気がゆるむ、また、年を取って頭や感覚が鈍くなることをたとえていう。

手塩に掛ける《てしおにかける》

身近に置いて、自分の手で大切に世話をし、育てること。「手塩」は食べる人が好みで味加減ができるように食膳に添える塩のことで、本来は不浄をはらう意味もあったとされる。その手塩のように側に置く意からいうもので、江戸時代から用いられる。

手前味噌《てまえみそ》

自分で自分をほめることで、「手前味噌を並べる」「手前味噌になりますが」のように用いる。かつて、味噌は自宅で作ったもので、「手前」は自家製の意。その家ごとに味が違うので、自分の家の味噌の自慢をしたことから、この意が生じたとされる。

食事に関する言葉

上げ膳据え膳《あげぜんすえぜん》

自分では何もしないで、ただ人からのもてなしを受け、楽をすること。かつては食事をするときは、一人用の食膳を用いたもので、その食膳の上げ下げを人任せにして、自分では何もしないことを「上げ膳据え膳」といい、主婦が旅先などで、日常の家事、特に食事の支度から解放されてのんびりくつろぐといった、原義に近い状況をいうこともあるが、多くは比喩的に用いられる。ちなみに、「据え膳食わぬは男の恥」というのは、女性から誘いを受けながら、それに応じないのは男の恥だという意。

割烹《かっぽう》

食物の調理をすること。料理。また、料理屋のこと。肉を割き、烹《に》る意の漢語で、『孟子』にも記述が見られる古い語であるが、日本では江戸時代末期から明治時代にかけて一般に使われるようになり、特に日本料理を指していう。現在は「割烹着」「割烹旅館」のように複合語として用いられることが多い。

休肝日《きゅうかんび》

酒を飲まないと決めた日のこと。酒は肝臓に負担がかかるので、その肝臓を休める日の意。肝臓病の権威であった故市田文弘新潟大学名誉教授が提唱した言葉。新聞の「休刊日」になぞらえていったもの。

グルメ

［フランス gourmet］食通。美食家。古期フランス語で召使いの意のgrometに基づく語。ワイン商人の召使い、ワイン仲買人、ワイン鑑定家へと意味が変遷し、一八世紀に食いしん坊の意のgourmandの影響から、食通の意となった。

ご馳走《ごちそう》

豪華な食事や料理のこと。また、それらを振る舞ってもてなすこともいう。「馳走」に接頭語の「ご」がついた語。本来、「馳走」は馬を走らせる意。転じて、客をもてなすために、料理の材料を求めて走り回ることをいい、さらにもてなしのための料理のことも意味するようになった。ちなみに、「馳走」をもてなしの意で用いるのは日本独自の用法である。

たらふく

お腹が一杯になること。十分である意の動詞「足らふ」に接尾語の「く」がついたもの。また、「足《た》らひ膨《ふく》る」の転ともいう。江戸時代中期には飲食以外にも、飽き足りるほどの意で用いられていたようで、浮世草子『傾城禁短気』には「自慢たらふく仰せられて」の例が見られる。漢字で「鱈腹」と書くのは、タラの腹が膨れていることからの当て字。

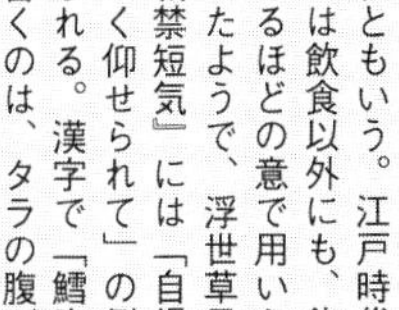

ブランチ

［英 brunch］昼食を兼ねた、遅い朝食のこと。breakfast（朝食）とlunch（昼食）の合成語。一八九六年、イギリスの作家ガイ・ベーリンガーの造語とされる。

衣類・美容

阿弥陀被り《あみだかぶり》

帽子の、つばを上げて後ろに傾ける被り方。阿弥陀仏が光背《こうはい》を負う様子に似ていることからいう。光背は仏像の背後にある光明を表す装飾で、後光をかたどったもの。

阿弥陀仏

アンサンブル

［フランス ensemble］共通の布地や材質、色彩、柄などで調和をとるようにデザインされた、一そろいの服。共に、いっしょに、が原義。音楽では少人数の合唱・合奏、また合唱者・合奏者をいう。

市松模様《いちまつもよう》

白と黒の正方形を互い違いに並べた模様。江戸時代の歌舞伎役者、佐野川市松がこの模様の裃《かみしも》を着たことから広まったとされる。衣装を着せて遊ぶ抱き人形の「市松人形」も子役当時の市松がモデルといわれる。

一張羅《いっちょうら》

持っている中で、たった一枚の上等な衣服、晴れ着のこと。この言葉は「一挺蠟燭《いっちょうろうそく》」から来たとする説が有力で、「挺」は蠟燭や銃、刀剣など、細長い物を数えるときに用いる語。かつて蠟燭は貴重品で、「一挺蠟燭」は客のために用意した、たった一本の蠟燭の意。その「いっちょうろうそく」が「いっちょうろう」と略され、さらに「いっちょうら」と音変化して、たった一枚の晴れ着を意味するようになった。意味の変化に応じて「一張羅」と当てて書くようになったが、「張」は衣服や幕、弓などを数える語、「羅」は薄い絹布、薄絹のこと。

オーデコロン

［フランス eau de Cologne］香水の一つ。「オー」は水、「デ」は「の」、「コロン（コローニュ）」はドイツのケルンのことで、ケルンの水の意。一七二五年、そこに在住のイタリア人ヨハン・マリー・ファリナが創製したことからこの名がある。

おかっぱ

前髪はまゆの上で、横と後ろは首筋で切りそろえる髪型。江戸時代には、男児は髪を短く切り、頭の上を剃《そ》ったが、それが架空の動物の河童《かっぱ》の頭に似ているところから「かっぱ」といった。のちに、頭の上を剃らずに女児の髪型となった。「お」は接頭語。

カーディガン

［英 cardigan］前開きで、ボタンで留める、襟なしのセーター。クリミア戦争（一八五三～五六）のとき、英国の軍人、カーディガン（Cardigan）伯爵が愛用したことからこの名がある。

学ラン　がくラン

詰め襟の学生服の俗称。「ラン」は香具師《やし》の隠語で、服のこと。もと舶来の反物をいう「ランダ（オランダの意）」から。

カシミア

［英 cashmere］カシミアヤギの毛で織った高級な綾織物。カシミア（カシミール）はインド北西部の地方の名。

カッターシャツ

折り襟とカフスのついた長袖のシャツ。和製語（cutter+shirt）で、もと商標名。「カッター」は、「勝った」のもじりで、スポーツ用品メーカーの美津濃（現ミズノ）の創業者、水野利八の造語。

カッパ

外套《がいとう》の一種。もとはポルトガル語のcapaで、キリシタンの僧侶の法衣など、長くゆったりしたマント状の外套のこと。安土桃山時代ごろにこれをまねたものが作られるようになった。明治時代以降は防寒用のものはマントと呼ばれ、カッパは雨着を指すようになった。「合羽」と書くのは当て字。

呉服　ごふく

古代中国の呉から渡ってきた織物のことを「呉織《くれはとり》」といい、「呉服」とも書いた。「はとり」は「はたおり（機織）」の変化で、織物の意。江戸時代になって、その「呉服」を「ごふく」と音読みして、和服用の織物の総称として用いられるようになった。単独で「呉服を扱う」のように用いるほか、「呉服屋」「呉服商」「呉服問屋」など、現代にも脈々と受け継がれている言葉である。

ジーンズ

［英 jeans］細かい綾織りの綿布。また、その布で作った衣服。特に、パンツのことをいう。「ジーン」はこの布が最初に作られたイタリアの都市ジェノヴァ（Genova）のフランス語の形容詞形Gênesの英語読み。ちなみに、「ジーパン」は「ジーンズパンツ（jeans pants）」を略した和製語。

ジャージ

［英 jersey］柔らかくて伸縮性のある布地。運動着に多く用いられるため、日本語では運動着そのものについてもいう。イギリスのジャージー島で作られたことからこの名があるといわれる。一説には、ジャージー島出身で「ジャージー・リリー」の愛称で親しまれた、イギリスの女優リリー・ラングトリー（一八五三～一九二九）が着用した伸縮性に富むドレスにちなむともいう。

襦袢《ジュバン》

和服の肌着。「ジバン」ともいう。ポルトガル語のjubãoまたはgibãoに由来する語で、本来は外側に着るチョッキのこと。日本に伝来した室町時代から江戸時代初期にかけてはチョッキのことをいったが、江戸時代中期ごろになると肌着を意味するようになった。「襦袢」「繻袢」と書くのは当て字。

シルエット

［フランス silhouette］服飾用語で、服や髪型などスタイル全体の外形・輪郭のこと。本来は、輪郭だけを描いて中を黒く塗りつぶした影絵。また、影法師のことをいう。フランスの蔵相シルエット（Étienne de Silhouette 一七〇九～六七）が節約を唱え、自分の肖像画も輪郭だけを黒く描いた影絵でいいといったことにちなむ。

甚平《じんべい》

筒袖《つつそで》で、両前を打ち合わせてひもで結ぶ、丈の短い男性用の夏着のこと。で、「甚兵衛」とも書く。もとは戦場の陣中で武将が鎧《よろい》・具足の上に着た「陣羽織」に由来し、下級武士用に作った陣羽織を「陣《じん》兵《べい》羽織」と言った。それが「甚兵衛羽織」となり、さらに「甚兵衛」と略されて、一般に普及した。「甚兵

甚平（左）と陣羽織

衛（甚平）」としたのは男性の名に多いことによるものであろう。

すててこ

男性用の下着。明治時代初期、落語家の初代三遊亭円遊が寄席で踊ってからはやったという「すててこ踊り」から。うしろ鉢巻に、着物の裾を帯にはさみこみ、だぶだぶの下ばきという出で立ちで、おどけて踊るもので、そのときはいた下ばきを「すててこ」と呼ぶようになったもの。「すててこ」は鼻をつまんで捨てる仕草をすることからとも、囃子《はやし》言葉からともいう。

スニーカー

［アメリカ sneakers］底にゴムを使った布製または革製の運動靴の総称。音もなく忍び寄る意のsneakに基づく。アメリカのケッズ社が革靴と違って靴音がしないことを売りにして名付けた。

背広《せびろ》

男性用スーツ。市民の服の意の英語civil clothesからとも、ロンドンの一流紳士服店の多い通りの名サヴィルロー（Savile Row）からともいう。また、背幅が広いことからとする説もある。

タートルネック

［英 turtleneck］首に沿って折り返す、とっくり襟のこと。亀の首の意で、形状が似ていることから。ちなみに、「とっくり（徳利）」は注ぎ口が細く、胴が膨らんだ酒器。

タキシード

［アメリカ tuxedo］男性の夜会用の略式礼服。一九世紀末、ニューヨーク州タキシード・パークのカントリークラブの会員が着用したのが始まり。アメリカでの名称で、イギリスではディナージャケットという。

ダッフルコート

［英 duffel coat］フード付きで、丈が短かめのコート。トッグルという、浮きの形をした留め具にひもをかけて留める。「ダッフル」は、ベルギーのアントウェルペン州のダッフルという町で作られた、両面を毛羽立たせた厚織りの粗いラシャのこと。もと北欧の猟師が着ていた防寒服で、手袋をはめたままでもトッグルの留め外しができるのが特徴。第二次世界大戦でイギリス海軍の軍隊用コートに採用され、一般にも用いられるようになった。

タンクトップ

[英 tank top] えりぐりや袖ぐりの大きく開いた、ランニングシャツ型の女性用上衣。「タンク」はスイミングプール、「トップ」は上着の意。もとは水着であったが、のちに一般にも着用。

丹前 たんぜん

和服で、広幅で厚い綿入れの防寒着のこと。「どてら」ともいう。江戸時代初期に、堀丹後守《たんごのかみ》の屋敷前にあった湯女《ゆな》風呂を「丹前風呂」といった。湯女は風呂屋で客の背中を流したり、相手をしたりする女性のことで、勝山という湯女を目当てに風呂に通う男たちの装いを「丹前姿」「丹前風」といったことに由来する言葉。

湯女〈好色一代女〉

Tシャツ ティーシャツ

[英 T-shirt] 襟やボタンのついていない、綿やニット製のシャツ。広げるとTの字に見えるところからこの名がある。もとは下着。

ニッカーボッカー

[英 knickerbockers] すそをひざの下でバンドやボタンで締めた、ゆったりした半ズボン。乗馬やゴルフ、山歩きなどに着用する。アメリカの作家アーヴィング(W.Irving 一七八三～一八五九)が『ニューヨーク史』を書いた際、デードリッヒ・ニッカーボッカー(Diedrich Knickerbocker)の筆名を用い、その挿絵には半ズボンをはいたオランダ移民が描かれていたことから、ニューヨークに住むオランダ移民の子孫のことをKnickerbockerと呼ぶようになり、彼らがはいていたズボンの名称ともなった。日本へは明治時代初期にゴルフとともに入ってきた。

パーマ

熱や薬品などで髪を縮らせたり、波形をつけたりすること。「パーマネントウエーブ(英 permanent wave)」の略で、和製語。「パーマネント」は永続的、永久の、の意で、形が保たれることからいう。

パジャマ

[英 pajamas] 上着とズボンからなる寝巻き。もとはヒンディー語で、「足を

覆うもの」の意。イスラム教徒が着用したゆったりしたズボンをいう。

バリカン

二枚の櫛の形をした刃を使って髪の毛を刈る理髪用具。フランスの製造会社名バリカン・エ・マール（Barriquand et Marre）にちなむ日本での呼称。フランスでは「トンズーズ（tondeuse）」と呼ばれる。一八八三（明治一六）年、フランス駐在の公使長田銈太郎が持ち帰り、二年後に理髪師の鳥海定吉が使用して一般に普及した。

パンチパーマ

短く刈り込んだ髪を細かく縮らせた、男性の髪型。迫力を意味する「パンチ（punch）」に「パーマ」（⇩46ページ）を合わせた和製語。縮れた様子が半端ではないことからの形容。

ピーコート

［英 pea coat］両前《りょうまえ》で、七分丈くらいの、厚いウール地のコート。peaはオランダ語のpijが語源で、目の粗い生地の意。「ピージャケット」ともいう。もとは水兵や船員が着ていたもの。

ビキニ

［英 bikini］胸と腰を覆うだけの、セパレーツ型の女性用水着。一九四六（昭和二一）年、太平洋中部マーシャル諸島にあるビキニ環礁で、原水爆の実験が行われ、その直後のパリの水着ショーで発表されたとき、これをデザインしたルイ・レアールがその大胆なデザインを原水爆の衝撃になぞらえて「ビキニ」と名付けた。

美容院《びよういん》

髪のカットやセット、パーマ、美顔術、着付けなどをする店。一九二三（大正一二）年三月、美容師の山野千枝子が丸ビルに「丸の内美容院」を開業。これが「美容院」の呼称の始まり。

ブルマー

［英 bloomers］ゆったりした作りで、裾にゴムを入れて絞った、運動用のパンツ。主に女生徒が用いる。一八五〇年ごろに、アメリカの女性解放運動家ブルーマー（Amelia Jenks Bloomer）が従来のコルセットで締め付ける服装からの解放を唱え、ミラー夫人考案による、スカートを短くし、下に裾のすぼまったトルコ風のズボンをはくという服装を唱導したことからこの名があ

る。のちに、このズボン型のものがさまざまに改良され、今日に至る。

ブレザー

［英 blazer］背広型のジャケット。主にフラノ地で、胸にワッペンやはりつけポケットをつける。もとは、一八八〇年ごろ、ケンブリッジ大学のボート部員が着用した鮮やかな赤のジャケットを、遠くからみるとチームが明るく輝いて見えたことから、「輝く(blaze)物」の意でこう呼んだことにちなむ。

プレタポルテ

［フランス prêt-à-porter］高級な既製服。着るために用意されている、の意。一九五〇年代から、パリのオートクチュールが手がけた既製服を、ふつうの既製服と区別していった。

ポマード

［英 pomade］整髪用の練り香油。フランス語のpommadeに由来する語で、原義はリンゴ。もとはリンゴを原料として作られたことからの名。

ポロシャツ

［英 polo shirt］半袖で、折り襟の活動的なシャツ。「ポロ」は馬に乗って、スティックで木のボールを打ち、相手のゴールに入れる競技のことで、その競技者がよく着ていたことからこの名がある。

ポロ競技

マニキュア

［英 manicure］手の爪を美しく飾ること。また、そのための化粧品。フランス語のmanucureに由来する語。もとはラテン語でmanusは手、curaは手入れ、世話の意。我が国では江戸時代から「爪紅《つまくれない》」といって、鳳仙《ほうせん》花《か》の花汁で爪を染める風習や遊びがあった。欧米式のマニキュアが紹介されたのは一九〇七（明治四〇）年前後で、当時は「磨爪《まそう》術」といった。

マネキン

［英 mannequin］衣装を着せて店に陳列する等身大の人形。中世オランダ語で、mannekijn（小さな人の意）が語源。フランス語ではマヌカン（mannequin）という。ちなみに、「招かぬ（マヌカン）」より「招金（マネキン）」のほうが縁起がよいということで、呼び名が「マネキン」となったといわれる。

ムームー

〔ハワイ muumuu〕 ゆったりとした作りで、色鮮やかなワンピース型の女性服。もとは切り離す意で、ハワイ先住民の民族衣装に襟肩がなかったことによる。

友禅染 ゆうぜんぞめ

糊置《のりおき》防染法による模様染め。絹布に糊で人物・花鳥・山水などの模様の輪郭を描き、その上に染料や顔料で彩色を施すなど、さまざまな過程を経て、色鮮やかに染め上げる。江戸時代、天和・貞享（一六八一〜八八）のころ、京都の画工、宮崎友禅斎が創案した染法。

浴衣 ゆかた

夏に着る、木綿で作った単衣《ひとえ》の着物。もとは、入浴時や湯上りに着た、麻の単衣で、「湯帷子《ゆかたびら》」のこと。江戸時代になって、「ゆかた」と略され、夏の日常着になった。

ランジェリー

〔フランス lingerie〕 女性用の下着。また、部屋着。語源はラテン語のlineus（麻の）で、麻を扱う商人のことをフランス語でlingerといったことから生まれた語。本来は麻で作った下着のことをいった。

レオタード

〔英 leotard〕 伸縮性に富んだ布地を用いた、上下続きで、体にぴったり密着した服。ダンサーや体操選手などが着用する。一九世紀、フランスの曲芸師ジュール・レオタール（Jules Léotard 一八三九〜七〇）の名から。

ローブデコルテ

〔フランス robe décolletée〕 襟を大きく刳《く》って、胸と肩が現れるようにした、女性用の礼服。「ローブ」はドレス、「デコルテ」は襟ぐりを広くとったの意。

もとは 衣類・織物からの言葉

襟を正す えりをただす

着物の襟をきちんと合わせ整える、すなわち、衣服の乱れを直し、姿勢をまっすぐにすること。転じて、事を行うに当たって、気持ちを引き締めることをいう。もと和服の襟を正すことをいったが、洋服が主流となった現代でもその意味は十分に伝わっている。

お仕着せ《おしきせ》

上から一方的に与えられたり、決められたりすること。江戸時代に、幕府から諸役人や囚人に衣服を支給すること、また、民間では主人から奉公人に衣服を与えることを「仕着せ」といい、その衣服のこともいった。四季に応じて与えたことから「四季施」とも当てて書く。上の者から一方的に与えられることから、型通りに物事が行われることと、さらに転じて、決まりきっていることとの意が生じた。

お裾分け《おすそわけ》

人からもらった物の一部を別の人に分け与えること。「裾」は衣服の末端にあり重要な部分ではないことから、特に、上位の者が下位の者に品物を分け与えることを「裾分け」といい、それに接頭語の「お」が付いた言葉。現在では本来の上から下へという認識は薄れ、単に分け与える意味で用いることが多い。ちなみに、身分・地位の上下に関係なく、福を分けるという意味で「お福分け」という言い方がある。

笠に着る《かさにきる》

権勢のある者を頼んで、大きな態度を取ること、また、自分の権威を利用して他人に圧力を加えることをいい、室町時代後期に使用例が見られる。「笠」はスゲやカヤなどで編んだ、雨や雪、日差しを防ぐために被るもの。その頭に被る笠を権力者の庇護《ひご》、また、自分の権威の有り様に見立てていう。

裃を脱ぐ《かみしもをぬぐ》

形式張らずに打ち解ける、くつろぐことをいう。反対に、形式張って堅苦しくなることを「裃を着る」という。「裃」は江戸時代の武士の礼装で、同色・同素材の肩衣《かたぎぬ》と袴《はかま》からなる。公の場から自宅に戻り、裃を脱いでほっとくつろぐことからいうもの。

綺羅星の如く《きらほしのごとく》

「綺」は綾織の絹、「羅」は薄絹。「綺羅」とは美しい衣服のことで、きらびやかなことの形容にも用いる。「綺羅星の如く」といえば、きらびやかな様子が、まるで空にまたたく星のようだという意味で、「きら、ほしのごとく」と読む。昨今、「綺羅星（きらぼし）」と一語扱いする例が見られるが本来は誤り。

管を巻く《くだをまく》

酔っ払いがくどくどとつまらないことを言うこと。「管」は糸車の紡錘《つむ》にさして糸を巻き取る軸のこと。糸を巻き取るとき、その管がぶうんぶうんと単調な音を立てるところからの形容。また、「管」はくだくだしいの「くだ」にも掛けている。

糸車〈女用訓蒙図彙〉

繰り合わせる《くりあわせる》

やりくりして都合をつけること。もとは糸などをたぐって物に巻き取ることをいう。平安初期にはすでに使用例が見られる。転義して広く用いられるようになったのは明治時代以降である。

袖にする《そでにする》

それまで親しくしていた人に対して、すげなくする、ないがしろにする意。特に異性に対して冷たくする意に使うが、江戸時代には「商いを袖にする」など、物事を粗略に扱う意でも用いられている。袖は身ごろの左右にあり中心から離れた付属物であることから、大切なものとして見ない、ないがしろにする意が生じたとされる。また、袖は舞台の両脇のことで、そこは観客からはみえない、つまり、重要なところではないという意からとする説もある。

辻褄が合う《つじつまがあう》

矛盾がなく、道理や筋道が一貫していること。「辻褄」は和裁の用語で、「辻」は縫い目が十字の形に合うところ、「褄」は裾の左右両端の部分のこと。辻も褄もきちんと合っていなければいけないところであることから、一貫すべき道理や筋道の意味になった。

綯い交ぜ《ないまぜ》

種類の違うものを混ぜ合わせて一つのものにすることで、「虚実ないまぜにした小説」のように用いる。もとは、色や材質の違う糸を綯って（より合わせて）、一本の糸や紐《ひも》にすること。

左前になる《ひだりまえになる》

経営状態が悪くなること。「左前」は着物の着方で、相手から見て左のおくみを前に出して着ること。通常とは反対の合わせ方で、死者に着せるものであることから、縁起が悪い、物事がうまくいかないなどの意味が生じた。

一入 ひとしお

いっそう、一段と、ひときわといった意味の副詞。「しお」は染物を染め汁に浸す回数を数える語。一回浸すごとに色が濃くなることから、感情などの程度がさらに増すことの比喩で用いる。

染物〈近世職人尽絵詞〉

一肌脱ぐ ひとはだぬぐ

本腰を入れて人に力を貸すこと。本気になって仕事をするときに、着物の袖《そで》がじゃまにならないように、片方の身頃を脱ぐことからいう。全面的に力を貸す場合は、両身頃を脱いで上半身裸になる意で、「諸肌《もろはだ》脱ぐ」という。

臍繰り へそくり

⇩97ページ〈経済・商売〉

ぼろが出る ぼろがでる

人に見せたくない欠点や悪い所が露見すること。「ぼろ」は使い古した布、着古した衣服のことで、人には見せたくないものであることからのたとえ。もとは物がひどく傷んでいるさまをいう擬態語「ぼろぼろ」から出た語。「ぼろ」は同義の漢語「襤褸《らんる》」を当てることもある。

領袖 りょうしゅう

集団を率いて、その長となる人のこと。漢語で、「領《りょう》」は襟《えり》、「袖《しゅう》」はそでの意。衣服のうちで、襟とそでは目立つ部分であることから、集団の長の意味に用いられる。

宝石の名前の由来

エメラルド
[英 emerald] 濃緑色の宝石。貴重な石の意のギリシア語が変化した語。

サファイア
[英 sapphire] 青色の透明な鋼玉。土星への親愛を意味する梵語に由来。

ダイヤモンド
[英 diamond] 金剛石。もとはラテン語で、硬い意のadamant、または、鋼鉄の意のadámasが変化した語。

プラチナ
[スペ platina] 白金。plata（銀）＋inaで、小さな銀の意。一六世紀、スペイン人が南米コロンビアで発見したときに銀と間違えたことから。

ルビー
[英 ruby] 紅玉。赤い意のラテン語rubinusから。

瑠璃 るり
青色の宝石で、七宝の一つ。梵語vaidūryaの音写「吠瑠璃《べいるり》」の略。

住居・建築

東屋《あずまや》

庭園や公園内に、休憩や展望のために設けられた、簡単な造りの小さな建物のこと。四隅に柱を立て、屋根を方形に葺《ふ》いた簡素なもので、ふつう壁のないものが多い。「東《あずま》」は東国のことで、京都から東に遠く離れた辺鄙《へんぴ》な田舎であったことから、「東屋」とは田舎の、あるいは田舎風の家を意味する。屋根のひさしが四方に垂れることから「四阿」、また「阿舎」とも書く。「阿」はひさしの意。

エスカレーター

［英 escalator］階段状の昇降機。「はしご」「階段」を意味するラテン語「エスカラ（escala）」に由来する語で、動く階段の意で作られた造語。もとは、アメリカのオーチス社が「escalade（はしご登り）」と「elevator（昇降機）」を組み合わせて作った商標名。一九〇〇年のパリ万国博覧会にこの名で出品したところ、瞬く間に評判となり、広く普及したため、一九〇五年、商標権を失い、一般名となった。

LDK《エルディーケー》

居間・食堂・台所を兼ねた部屋。「L」はliving room、「D」はdining room、「K」はkitchenの頭文字。第二次世界大戦後、住宅の洋風化が進む中で、日本独自の間取りから生まれた和製語。日本住宅公団の造語。

エレベーター

［アメリカ elevator］人や貨物を上下に運ぶ、昇降機。持ち上げる意の動詞elevateに、行為者を表す接尾語のorを付けてできた語。一八五四年、アメリカのオーチス社が発明。イギリスではリフト（lift）という。

鴨居《かもい》

引き戸や襖《ふすま》、障子などの開けたてのために、開口部の上部に渡した溝のある横木のこと。語源には、上のほうにあることから「かみい（上居）」が音変化したとする説、防火のまじないから水鳥である鴨が居る形に作ったとする説、部屋の入り口であることから神社の「鳥居」に対して「鴨居」といったとする説など、諸説ある。

瓦《かわら》

粘土を一定の型に固めて焼いたもの。梵語《ぼんご》カパーラ（kapāla）からとされる。日本へは飛鳥時代に中国から朝鮮半島を経て、仏教とともに伝来。寺院の屋根に用いられたものが、のちに、一般の住宅用として普及した。

閂《かんぬき》

両開きの門や扉が開かないように、内側の左右の金具に通して固定する横木。貫く木の意の「かんのき（貫の木）」が音変化して「かんぬき」となったもの。鎌倉時代初期の『宇治拾遺物語』には「関木《かんのき》」の記述も見られるが、「関」は「閂」と同義で、「関木《かんぎ》」ともいった。「かんぬき」というようになったのは室町時代以降とされる。

玄関《げんかん》 ⇨193ページ（仏教）

講堂《こうどう》 ⇨193ページ（仏教）

座敷《ざしき》

畳を敷き詰めた部屋。特に、客間をいう。古くは家の床は板張りで、客が来たときには、藁《わら》やイグサで作った円座などを敷いて、座る場所とした。座を敷いたところ、座席の意で「座敷」といい、畳を敷いた部屋をいうようになったのは室町時代に入ってからである。

ステンドグラス

［英 stained glass］種々の色ガラスを組み合わせて模様を表した、装飾用絵ガラス。色付けされた（stained）ガラス（glass）の意。中世ヨーロッパのゴシック様式の教会で用いられたのが始まり。

ダイニングキッチン

食堂を兼ねた台所。食堂を意味する「ダイニングルーム（英 dining room）」の省略形「ダイニング」と、台所の意の「キッチン（kitchen）」を合わせて作った和製語。頭文字をとってDKと略す。日本住宅公団の造語。

団地《だんち》

住宅を計画的に一か所に集めた区域。また、その住宅。工場などの集合地域についてもいう。「一団の土地」の意で、一九一九（大正八）年の「都市計画法」に初めて使用された。集合住宅群を表す言葉として一般化したのは、一九五五（昭和三〇）年の日本住宅公団発足がきっかけである。

トイレ

便所。洗面所。英語の「トイレット（toilet）」の略。もとはフランス語のtoiletteからで、化粧台を覆う布のこと。

ハイツ

［英 heights］高台にある集合住宅。特に、集合住宅の名称に使われることが多いが、第二次世界大戦後、進駐軍が建てた専用住宅地域を「…ハイツ」と名付けたことによる。本来は高台、高所、丘の意。

バラック

［英 barrack］一時の間に合わせに作られた粗末な建物。軍隊の兵舎のこともいう。語源は諸説あるが、その一つはテントの意のイタリア語、baraccaからという。

バンガロー

［英 bungalow］夏にキャンプ地などで使う簡易な小屋。もとはヒンディー語に由来し、インドのベンガル地方独特の、ベランダに囲まれた平屋のこと。ちなみに、日本でいうキャンプ場のバンガローは英語ではcabinあるいはhutという。

普請《ふしん》

家屋を建てること。また、土木工事。もとは仏教語で、功徳を普《あまね》く請い願う意。禅宗の寺で、多くの人々に寄付を募り、また、堂塔の建築・修理などの労役に従事してもらうことをいう。「請」を「しん」と読むのは唐音。

プレハブ

［英 prefab］工場であらかじめ部材を作り、現場で組み立てる建築方法。また、この方法で立てられた建物。多くは工事や災害時などに臨時に建てられる仮設住宅をいう。prefabricated house（組み立て式住宅）の略で、preは前、fabricateは作る意。

ベランダ

［英 veranda］洋風建築で、建物の外に張り出した縁。ふつうは屋根がついているものをいう。もとはヒンディー語で、露台の意。

マンション

［英 mansion］中高層の高級アパート。

原義は大邸宅、館《やかた》の意で、古くは領主の邸宅などを指していった語。日本では東京の不動産業者が中高層アパートを指して使用。一九六〇年代後半から七〇年代にかけて急速に普及し、建物の名称にも用いられる。

もとは 住居・建築からの言葉

梲が上がらない《うだつがあがらない》

思うように出世しないこと。「梲」は梁《はり》の上に立てて、棟木《むなぎ》を支える短い柱（図①）のことで、棟木に抑えられているところからたとえていう。また、「梲」は切妻造りで、妻壁を屋根より高くして、その上に小さな屋根を付けたもの（図②）や、京阪などの商家に見られる、隣家との境につける防火壁のこともいい、かつてはいずれもその家の富と格式の象徴とされた。それを造ることができないということは、財力がない、出世しないことを意味する。

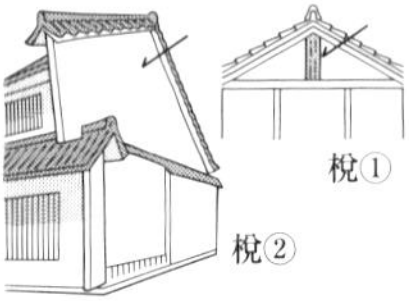

打って付け《うってつけ》

希望や条件などが、ちょうどよく合う、おあつらえ向きであること。釘で板と板を打ってつけると、ぴったり合うことからいうもので、「君に打って付けの仕事が見つかる」のように用いる。

大御所《おおごしょ》

その道の大家として、絶大な実力と権威をもっている人。また、隠居後もなお影響力がある人のこと。天皇の住まいである「御所」に対して、隠居した親王の住まいを「大御所」といい、そこに住む人の尊称としても用いられた。武家社会になると退位した将軍やその住まいにもいうようになり、江戸時代には大御所といえば、徳川家康や第一一代将軍家斉《いえなり》を指した。

お門違い《おかどちがい》

目指す所を間違えること。見当違いなこと。「門《かど》」は家の出入り口で、「もん」のこと。人の家を訪ねてきて、間違えて別の家の門に入ることから転じていうもの。

奥様《おくさま》

人の妻の敬称。江戸時代、身分の高い武家の屋敷では、公務をする「表」の部屋に対して、生活する私的な部屋を「奥」といい、そこで内向きのことを取り仕切る女主人、妻のことも指していった。また、「大奥」といえば、江戸城内で、将軍の夫人や側室、女中が住む所で、将軍以外は男子禁制であったことはよく知られている。「奥様」とは、もとは身分の高い人の妻の敬称であったが、現在では広く一般に使われ、「奥さん」はそれより軽い敬称である。

御曹司《おんぞうし》

名門の家の子息のこと。「曹司」は部屋の意味で、もとは、貴族や上流階級の部屋住みの子息に対して、敬意を表す「御」をつけて「御曹司」と呼んだ。部屋住みとは、家督を相続する前の嫡子、または、次男以下で、独立できず家にとどまる者のこと。古く源平の時代には、平家の子息を公達《きんだち》、源氏の子息を御曹司と呼び、特に源義経を指していった。子息の意味で、「司」に「子」を当てて、「御曹子」とも書く。

搦め手《からめて》

相手の注意を払っていない手薄な所。弱点。もとは城の裏門、また、敵の背後のことで、そこを攻める軍勢のこともいった。裏門や敵の背後は守りが手薄になりがちで、攻めやすいことからたとえていう。ちなみに、「搦め手」の反対は「大手」という。

几帳面《きちょうめん》

性格や行動がまじめで、きちんとしていること。「几帳」は貴族の屋敷などで部屋の間仕切りや風よけに用いた調度品で、台に二本の柱を立て、その上に横木を渡し、布を垂らしたもの。平安時代中期の宮中の年中儀式や制度などを記した『延喜式《えんぎしき》』にその記載が見られる。「几帳面」はその柱の面のことで、角を半円形に削り、その両端に一筋の刻み目が入っている。細かいところまできちんと丁寧な細工が施されていることから、たとえとして用いられるようになったのは江戸時代になってからのことである。

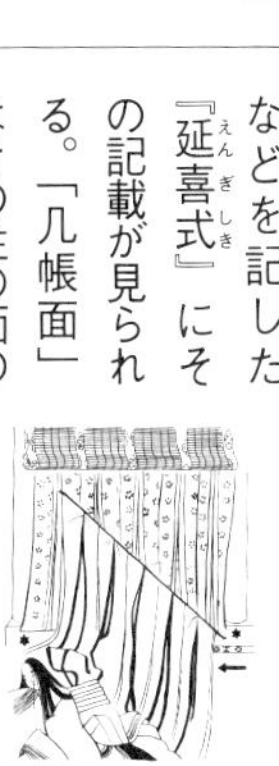
几帳〈源氏物語絵巻〉

金字塔を打ち立てる《きんじとうをうちたてる》

後世に長く残るような偉業を成し遂げること。「金字塔」はピラミッドのことで、その形が「金」の字に似ていることからの異称。ピラミッドは古代エジプトでは王や王族の墓として、古代メキシコでは神殿の基壇として建てられた建造物。王侯や神々の偉大さの象徴であることからたとえていう。

釘を刺す《くぎをさす》

あとになって問題が起きたり、言い逃れをしたりしないように、あらかじめ相手に念を押しておくこと。古来、日本の木造建築は材木にほぞ穴を開けて、別の材木をはめ込むやり方が一般的で、念のためさらに釘を打って動かないように固定したことからたとえていうようになったもの。また、和釘は断面が角ばり、先端が剣先状で、打ち込むのに力が要ったことから、先にほぞ穴を開けておいて、そこに差し込むようにしたため、「打つ」ではなく「刺す」という。

敷居が高い《しきいがたかい》

相手に不義理をしたり、長い間音信不通だったりして、その家に行きにくいこと。「敷居」は部屋の内部のものもいうが、この場合は門や玄関の内外を仕切る戸を開け閉めするために敷いた横木のこと。その敷居が高いとは、実際に高いわけではなく、入りにくく感じられる心理をいったもの。ちなみに、同じ「敷居」の慣用句に「敷居をまたぐ」があるが、これは家に入る意で、「二度とこの家の敷居をまたぐな」といえば二度と来るなということ。

しゃちこ張る《しゃちこばる》

緊張して身構えること。いかめしく構える意の「さしこはる（差し強る）」が変化した「しゃちこばる」の「しゃち」を「しゃちほこ（鯱）」と語源解釈して「しゃちほこばる」という形になったもの。さらに「しゃっちょこばる」ともいう。「しゃちほこ（鯱）」は、体は魚で常に尾をそらし、頭はトラ、背中にとげがあるという想像上の動物。防火のまじないに城や宮殿の屋根の棟の両端に飾りとしてつけられる。一説には、そのしゃちほこのように、いかめしく身構える意からともいう。

鯱〈愛知県 名古屋城〉

筋金入り《すじがねいり》

体が鍛えられていて強健な様子や、主義主張が強固で揺るぎがない様子、また、そのような人。「筋金」は物を強固にするためにはめ込んだ細長い金属のことで、筋金を入れるとより一層強固になることからたとえていう。

大黒柱　だいこくばしら

日本建築で、家の中にある最も太い柱のこと。家屋を支えると同時に、家格の象徴であったことから、一家や集団の中心となって支える人のことをたとえていう。昔、民家の土間（台所）に面した所に立てられ、台所の神として大黒天をまつったことから、「大黒柱」と呼ばれるようになったという。一説には、平城京や平安京で、政務を行う大内裏の中心である朝堂《ちょうどう》院の正殿を「大極殿《だいごくでん》」と呼び、そこの柱が太く立派であったことから、そのような柱を「大極殿柱《だいごくでんばしら》」といい、のちに略され、音も変化して「大極柱《だいこくばしら》」というようになったとされる。漢字の表記は「大黒柱」のほかに「大極柱」とも書く。

亭主　ていしゅ

一家の主人。宿屋や茶屋などの店主。夫。また、茶道で客に茶を出してもてなす人をいう。「亭」は高くそびえ立つ建物のことで、「亭主」とはそういう家の主人のこと。そこから、一家の主人の意へと転じた。鎌倉時代にはすでにこの意で用いられていたようで、藤原定家の日記『明月記』に記述が見られる。店主の意は室町時代に入ってからで、夫の意で用いられるようになったのはさらに時代が下って江戸時代中期ごろである。ちなみに、漢語には夫の意はない。

鉄槌を下す　てっついをくだす

厳しく処理・処罰すること。厳しい制裁を加えること。「鉄槌」は大形のかなづち、ハンマーのことで、「鉄鎚」とも書く。「鉄槌」という語は中国から伝わり、平安時代初期には記述が見られるが、比喩に用いられるようになったのは近代になってからのようである。

棟梁　とうりょう

大工のかしら。棟《むね》と梁《はり》は建物の最も重要な部分であることから、中世には集団において要となる人、さらには集団を指導し引っ張る統率者の意が生まれた。その後、江戸時代になって、職能集団の長、特に大工のかしらを「棟梁」と呼ぶようになった。

縄張り　なわばり

勢力範囲、領域、領分のこと。本来は土地に縄を張って、境界線を決めたり、そこが特別の区域であることを示したりするものであった。戦国時代には城や邸宅を建てるときに、敷地内に図面通りに縄を張り、建物の位置を示すこともいった。「縄張りを荒らす」「縄張り争い」のように、勢力範囲の意で用いられるようになったのは江戸時代に入ってからのことである。ちなみに、動物の世界では、固体あるいは群れがライバルを侵入させないように占有する一定の地域、いわゆる「テリトリー」のことをいう。

女房《にょうぼう》

妻のこと。「房」は部屋の意。平安時代には、宮中に仕える女官の部屋のことをいい、のちに、その部屋にひとり住まいする高位の女官を指していうようになった。ちなみに、清少納言は一条天皇の皇后定子《ていし》に、また、紫式部は一条天皇の中宮彰子《しょうし》に仕えた女房であったことはよく知られる。妻の意で用いられるようになったのは鎌倉時代以降のようである。

間尺に合わない《ましゃくにあわない》

損得勘定をすると割に合わない、努力に見合うだけの利益がないことを形容していう。「間尺」は建物や家具などの寸法の単位で、「間《けん》」と「尺」のこと。「間尺に合わない」とは本来は寸法が合わないことをいうが、転じて計算が合わないの意となり、さらに割に合わない意味に用いられるようになった。

帝《みかど》

天皇のこと。古くは「御門《みかど》」と書いて、皇居の「門」の尊称。そこから、皇居、また、朝廷を指すようになり、さらに天皇の尊称となった。同義の漢語から「帝」と書く。

門外漢《もんがいかん》

その道の専門でない人。また、部外者のことをいう。「門外」は門の外、すなわち、外部・専門外の意。「漢」は男性の意で、「悪漢」「痴漢」などのほか、「熱血漢」「大食漢」のように用いる。

屋台骨《やたいぼね》

一家の生計を支える人。組織の中心にいて組織を支える人。また、そのために必要な財産・資力をいう。もとは屋台や家屋の骨組みのことで、建物を支えるのに重要な部分であることからのたとえ。

道具・家具

アタッシェケース

［英 attaché case］ 角型の書類用手提げかばん。「アタッシェ」はもとはフランス語で、大使館・公使館付きの情報担当専門職員のこと。彼らが使用していたことから、この名がある。「アタッシュケース」ともいう。ちなみに、フランス語ではporte-documents（携帯用書類入れ）という。

鞄《かばん》

皮革やズックで作り、中に物を入れる携帯用具。中国語で、ふみばさみの意の「夾板《キャバン》」、または櫃《ひつ》の意の「夾槾《キャマン》」から出た言葉。「鞄」は本来、なめし皮、また、それを作る職人の意で、明治時代に「かばん」に当てたもの。

がらくた

古くなったり、壊れたりして、値打ちのなくなった雑多な道具や品物。「がら」は物が触れ合う音の形容。「くた」は「芥《あくた》」の略。また、「朽《く》ち」のなまりともいわれる。江戸時代にはつまらない人間、やくざ者のこともいった。「瓦落多」「我楽多」と書くのは当て字。

巾着《きんちゃく》

布や革などで作り、口を紐でくくるようにした袋。中にお金や小物を入れて携帯できるようにしたもの。「巾」は布きれ、「着」は身に着ける意で、身に着けて携帯する布切れの意から名付けられた。

シャープペンシル

鉛筆の芯を軸からくり出して使う筆記具。とがった(sharp)+鉛筆(pencil)からなる和製語。一八三七年、アメリカのキーランド社がEversharp（いつもとがっている、の意）の名で売り出したのが始まりで、日本には明治時代に輸入された。略して「シャーペン」ともいう。

ジャックナイフ

［英 jackknife］ 大形の折りたたみ式ナイフ。英語で「ジャック(jack)」は水兵や船員のこと。もとは彼らがロープを切るのに用いたことからこの名が

ある。

如雨露 ジョーロ

植木などに水を注ぎかけるための道具。ポルトガル語で、水の噴出の意のjorroから、また、水差しの意のjarraからともいう。「如雨露」は当て字で、「雨露の如し」の意。「如露」とも当てて書く。

頭陀袋 ずだぶくろ

大きな布製の袋。「頭陀」は僧が衣食住の欲望を捨てて、諸国を行脚して修行すること。その際に、経巻や僧具、布施などを入れ、首にかけて持ち歩いた袋を「頭陀袋」という。そこから、それに似ていて、なんでも入るような大きな袋のことをいうようになった。

頭陀袋

大学ノート だいがくノート

大判の筆記用の帳面。一八八四（明治一七）年、東京大学の前にあった文房具・洋書店「松屋」が、留学帰りの教授に勧められて学生用に売り出したのが始まりとされる。

大八車 だいはちぐるま

荷物運搬用の二輪車で、二、三人で引く大型のもの。名前の由来は、八人のかわりをする車の意の「代八車」が江戸時代後期に「大八車」になったという説、牛車《ぎっしゃ》大工の息子の八左衛門が作ったからという説など、諸説あり、真偽のほどは定かではない。

松明 たいまつ

松の脂《やに》の多い部分を細く割ったものや、竹や葦《あし》などを束ねたもので、火をつけて用いる屋外用の照明具。火を焚《た》くための松の意の「たきまつ（焚き松）」が音変化して「たいまつ」となったとされる。

段ボール だんボール

波状に成形した中芯《なかしん》の紙の片面あるいは両面に厚紙をはりあわせて作った板紙。「段」は紙を重ね合わせていることからの形容。「ボール」はboard（板）の末尾の音が脱落したもので、「ボール紙」の「ボール」も語源は同じ。一九〇九（明治四二）年に実業家の井上貞治郎が段ボールの国産化に成功して名付けたとされる。

ティッシュペーパー

［英 tissue paper］薄手で柔らかい、上質のちり紙。また、高級品の包装などに用いる薄葉紙。「ティッシュ（tissue）」は薄い織物の意。もとは古期フランス語で、織られた、の意の形容詞。

道具《どうぐ》

物を作ったり、仕事をしたりするのに用いる種々の用具。もとは、仏道修行のための衣や鉢、錫杖《しゃくじょう》など、六物、十八物、百一物といわれる必需品のこと。密教では修法に必要な法具のこと。

七つ道具《ななつどうぐ》

⇩129ページ（戦争・武器）

暖簾《のれん》

屋号などを染め抜き、店の軒先や出入り口に掛ける布。一般家庭でも室内の仕切りや日除けなどに用いる。もとは、禅宗の用語で、御簾《みす》の前に掛けて防寒に用いた布のこと。「暖」は唐音で「のん」と読み、「簾《れん》」はすだれの意。「のんれん」といったものが「のうれん」に、さらに「のれん」と変化した。

バケツ

［英 bucket］金属やプラスティックでできた取っ手付きの桶《おけ》状の容器。古期英語でbūcは水差しの意。古くは「馬穴」と当てて書き、夏目漱石の『三四郎』（一九〇八）にも「箒《ほうき》とハタキと、それから馬穴《ばけつ》と雑巾迄《まで》借りて」という記述がある。

蒲団《ふとん》

布に綿や羽毛などを入れて包んだもの。本来は、蒲《がま》の葉で編んだ円座のことで、座禅を組むときに用いられた。「蒲団」を「ふとん」と読むのは唐音で、「団」は丸いの意。禅宗が伝わった鎌倉時代には蒲の円座が使われていたが、室町時代になると布で蒲の穂や綿を包んだ、現在の座布団のようなものが登場。江戸時代以降、綿が庶民にまで普及すると現在のような寝具として用いられるようになった。「布団」とも書くが、布を用いることと、「ふ」の音を借りての当て字である。

風呂敷《ふろしき》

物を包む正方形の布。もとは、風呂から上がって衣服を着るときに床に敷いた布のこと。脱いだ衣類や風呂用の道具を包んだりしたことから、室町時代以降、現在の用途へと広がった。ちなみに、「風呂」は平安時代に登場しているが、当時は蒸し風呂形式の、いわゆるサウナのようなものであった。湯につかるようになったのは江戸時代になってからのことで、「湯屋」とか「湯殿」と呼んで区別した。

孫の手《まごのて》 ⇩211ページ(故事・伝説)

魔法瓶《まほうびん》

中に入れたものの温度を長時間保つ、保温・保冷用の容器。ドイツのヴァインホルトが原理を発見し、一八九一年にイギリスの化学者・物理学者であるジェームズ・デュワーが具体化した。一九一一(明治四四)年、ドイツから日本に輸入され、翌年には国内で八木亭二郎が製造。温度が保たれるのが魔法のようであることから、「魔法瓶」と命名された。英語では「サーモス(thermos)」という。

ミシン

布や皮などを縫うための機械。英語のsewing machine(縫う機械)から、machineの部分を「ミシン」と聞き、それが名称となった。一八五四(安政元)年、ペリーが二度目に来航の折、将軍家定に献上し、日本で初めてミシンを使ったのは篤姫《あつひめ》とされる。

ランドセル

小学生の通学用の背負いかばん。もとはオランダ語で、背嚢《はいのう》の意の「ランセル(ransel)」がなまったもの。明治時代中期、のちの大正天皇が学習院初等科に入学した際、伊藤博文が献上したのが始まりとされ、その後一般に普及した。もとは軍隊用で、現在の形は、当時学習院の院長をしていた乃木希典《のぎまれすけ》が考案したともいわれる。

リヤカー

自転車の後ろに付けたり、人が引いたりして使う、荷物運搬用の二輪車。大正時代初期に日本で作られ、それまでの大八車に代わって用いられるようになった。「リヤ(英 rear)」は後ろ、「カー(英 car)」は車の意で、和製語。「リアカー」ともいう。

リュックサック

[ドイツ Rücksack] 登山やハイキング、旅行などで用いる、背中に負う袋。略して「リュック」ともいう。Rückは背中の意のRückenからで、Sackは袋の意。

病気・医学

アトピー

［英 atopy］生まれつき、特定の物質を抗原として感じやすく、過敏症を起こす体質。また、この体質の人に生じるかゆみの強い湿疹（アトピー性皮膚炎）を指すことも多い。語源は、ギリシア語のatopos（ふつうではない、奇妙な、の意）に由来する。

アレルギー

［ドイツ Allergie］ある特定の物質に対する異常な免疫反応。一九〇六年、オーストリアの小児科医C・P・ピルケが提唱。注射によって異常反応が起きたことから、ギリシア語のallos（他の）とergon（働き）を合わせて、「アレルギー」と命名した。

インフルエンザ

［英 influenza］流行性感冒、流感のこと。もとはイタリア語で、影響の意。疫病が星の影響によると考えられたことから流感を意味するようになった。

エイズ

［英 AIDS］ウイルス疾患の一つ。acquired immune deficiency syndromeの略で、後天性免疫不全症候群と訳される。エイズウイルスによって生体の免疫機構が破壊されて起こるもので、性行為や輸血などで感染する。

鬼の霍乱《おにのかくらん》

ふだん丈夫で、病気などしない人が珍しく病気になること。「霍乱」は漢方の用語で、日射病や、夏に激しい下痢を起こす急性の病気のこと。頑健なはずの鬼が病気にかかるという意味合いから、からかって言うことが多い。

ガーゼ

［ドイツ Gaze］目が粗く柔らかい綿布。もとはフランス語で薄布の意のgazeから。一説に、パレスチナの都市ガサ（Gaza）地区で織られたことからとも、また、アラビア語で、繊維くずを意味するgazzからともいう。

風邪《かぜ》

ウイルス性の呼吸器系急性疾患の総

称。空気の流れの「風」と語源は同じで、中国では空気の流れが体に影響を及ぼすと考えられ、そこから病気のこともいうようになったとされる。病気は感冒に限らず腹の病気や神経性疾患なども指した。古くは「風」と書かれたが、近世になって、身体に影響を及ぼす「悪い風」を意味する漢語の「風邪《ふうじゃ》」も用いられるようになった。これを「かぜ」と読むようになったのは明治時代になってからのことである。

カタル

［ドイツ Katarrh］組織を破壊しない粘膜の滲出性《しんしゅつせい》炎症。胃カタル、腸カタルなどがある。もとはギリシア語で、粘膜分泌物の意のkatarrousから。古くは「加答児」と当てて書いた。

癇癪 かんしゃく

感情を抑えられず、怒りやすい性質。また、その発作のことで、「癇癪を起こす」という。「癇癪玉を破裂させる」のようにもいうが、「癇癪玉」は怒りが体の中にたまって玉になっていると考えられることから、あるいは、怒りを破裂させるところから鉄砲玉に見立てていうもの。ちなみに、「癇」は発作的に全身がけいれんする病気のこと。「癪」は胸や腹などの激しい痛みのこと。転じて、ともに神経過敏で怒りやすい性質を意味するようになった。単独には「癇にさわる」「癪にさわる」のようにいう。「癪」は国字。

疳の虫 かんのむし

「疳」は漢方で、ひきつけなど、神経性の子供の病気のこと。「疳の虫」はその病気を起こすといわれる虫のことで、その病気のこともいう。転じて、癇癪《かんしゃく》を起こさせる虫、また、癇癪のことをいうが、「疳」と「癇」は本来別の語である。

看病 かんびょう

病人の世話をすること。もとは仏教語で、僧侶が説法や加持祈禱《きとう》によって病人を癒《いや》すことをいう。時代の変化とともに宗教的な色彩が薄れていき、一般に病人を看る意になった。

ギプス

［ドイツ Gips］骨折や脱臼《だっきゅう》などのときに、患部を保護・固定するために用いる石《せっ》膏《こう》で固めた包帯。本来は石膏の意で、ギリシア語のgypsos（石膏）から。

誤って「ギブス」ともいう。

五月病《ごがつびょう》

五月の連休明けごろに新入生や新入社員に見られる、一種の心身症。入学や入社するために努力してきて、それが達成された安堵《あんど》感や新しい環境における緊張感などが綯《な》い交ぜになって、心身に不調をきたし、無気力感や憂鬱《ゆううつ》感などを訴えることが多い。昔から木の芽時には体調を崩しやすいといわれるが、「五月病」という言葉は一九六八（昭和四三）年ごろから使われ出した。

コレステロール

[英 cholesterol] ステリンの一種。神経組織・副腎などに多く含まれ、血中濃度が上がると動脈硬化の原因となる。もとはフランス語のcholestérine（コレステリーヌ）から。一八世紀末、胆石から見つかったことから、フランスの化学者M・E・シュブルールが、ギリシア語のkhole（胆汁）とstereos（固い）を合わせて命名したもの。

コレラ

[オランダ cholera] 感染症法で三類感染症に分類される感染症の一つ。コレラ菌により小腸がおかされ、激しい下痢を伴う。ギリシア語のkholeraからで、胆汁を意味するkholeに基づく。この病気にかかるところりと死ぬことから、江戸時代には「ころり」と呼ばれ、「虎狼痢」「古呂利」などと当てて書かれた。

ストレス

[英 stress] 外部の刺激にさらされたときに生じる、生理的・心理的なひずみ。また、それを引き起こす原因。一九三六（昭和一一）年、カナダの病理・生理学者ハンス・セリエがストレス学説を提唱。一九五七年、氏の来日により一般語として普及した。もとは理学・機械工学用語で、圧力、また、圧力によって生じるひずみのこと。

チフス

[ドイツ Typhus] 感染症法で三類感染症に分類される感染症の一つ、腸チフスの通称。ギリシア語で霧、もやを意味するtyphosから。高熱のため、霧やもやの中にいるような状態になることからの命名。

中風《ちゅうふう》

脳卒中の発作後に現れる半身不随な

どの症状。「ちゅうぶ」「ちゅうぶう」などともいう。「中」は「中《あた》る」、「風」は体内に入って、さまざまな病気を引き起こすとされる風、風邪《ふうじゃ》のこと。

ツベルクリン

[ドイツ Tuberkulin] 結核菌を培養・滅菌して作った、結核の感染検査用の注射液。一八九〇年、ドイツの医学者コッホが創製。ラテン語で、小さい結節の意のtüberculumから。tüberは瘤《こぶ》、結節の意。culumは小さい意を表す接尾語。結核菌によって小さな結節状の病変が見られることに由来。

帝王切開《ていおうせっかい》

⇩208ページ（故事・伝説）

トローチ

[英 troche] 口の中でなめて溶かしながら服用する、円形の錠剤。のどや口《こう》腔《こう》の治療に用いる。語源は小さな車輪の意のギリシア語trokhískosに由来。

人間ドック《にんげんドック》

短期間入院して全身の精密検査を受け、病気の早期発見や予防を図ること。また、その施設のこと。「ドック（英 dock）」はもとオランダ語のdokに由来し、船の建造・修理をするための設備、船渠《せんきょ》のこと。修理のためにドックに入る船に人間をたとえていったもの。日本では、一九五四（昭和二九）年、国立東京第一病院に開設されたのが初め。

麻疹《はしか》

ウイルス性の急性伝染病。感染症法の五類感染症の一つ。語源は一説に、イネやムギなどの穂先の針状の部分「芒《のぎ》」のことを古くは「はしか」といい、芒に触れたように赤い発疹が出ることからとされる。また、室町時代には「赤瘢」（赤い跡の意）と書く例も見られ、発疹の先端が赤い、「はしあか」の意ともいう。「麻疹」と書くのは漢語からで、医学用語では「ましん」という。

ヒーリング

[英 healing] healは病気や傷、悲しみなどを癒《いや》す意の動詞で、それを名詞化した語。治癒、癒しの意で、「ヒーリング効果がある」のように用いられる。ちなみに、同根の言葉に健康の意のhealthがある。

不定愁訴《ふていしゅうそ》

特定の病気や原因がないのに、頭痛や肩こり、めまいなど、体の不調を訴えること。医学用語で、一九六四（昭和三九）年、第一製薬の精神安定剤の新聞広告に使われたことから広く知られるようになった。

ペスト

［ドイツ Pest］感染症法で一類感染症に分類される感染症の一つ。ペスト菌はネズミやノミなどの媒介で感染する。一八九四（明治二七）年、北里柴三郎とスイス生まれのフランス人医師イェルサンがそれぞれ発見。ラテン語で、伝染病の意のpestisから。死亡率が高く、症状が進むと皮膚が乾燥して紫黒色になることから、黒死病ともいう。

モルヒネ

［オランダ morphine］アヘンの主成分のアルカロイド。一八〇五年、ドイツのゼルチュルナーが発見。麻酔剤・鎮痛剤として用いる。ギリシア神話の夢の神、モルフェウス（Morpheus）にちなんで命名。

藪医者 やぶいしゃ

治療の下手な医者のことで、単に「藪」ともいう。語源は諸説あるが、呪術で病を治す医者のことを「巫医《ふい》」といい、田舎の巫医を「野巫医《やぶい》」といったことによるとする説が有力。怪しげな呪術を施す田舎医者ということで、侮蔑の意味合いが含まれる。「藪」と書くのは当て字。従って、さらに下手な医者のことを、藪にもならない竹の子の意味から「竹の子医者」というが、あとからのこじつけということになる。他には、大家には招かれず、田夫野人《でんぶやじん》（田舎者）ばかりを診る医者ということで、「やぶ」は「野夫《やぶ》」の意とする説もある。

リウマチ

［オランダ rheumatisch］膠原病《こうげんびょう》の一種で、関節痛・神経痛・筋肉痛などの症状を伴う病気の総称。古くは悪い液が体の各部に流れて起こると考えられたことから、流れの意のギリシア語rheumaに由来。「リューマチ」ともいう。

レントゲン

［ドイツ Röntgen］X線（レントゲン線）。また、レントゲン写真の略。もとは、X線・ガンマ（γ）線の照射線量の単位を表したが、現在はクローン／キログラム（c/kg）で示す。X線を発見した、ドイツの物理学者ウィルヘルム・コンラート・レントゲン（Wilhelm Konrad

Röntgen（一八四五〜一九二三）の名にちなむ。

ワクチン

［ドイツ Vakzin］感染症の予防に用いる免疫原。名前の由来は雌牛の意のラテン語vaccaから。イギリスの医師ジェンナーが牛痘に感染した人は天然痘に対して免疫ができることを発見し、牛痘種痘法を確立。一七九八年、発表した論文に、雌牛の天然痘（variola）の意でラテン語variolae、vaccinae（牛痘）を用いたことに基づく。

もとは 病気・医学からの言葉

薬玉《くすだま》

祝い事などの際に用いる、割ると中から紙ふぶきや垂れ幕などが飛び出す仕掛けの飾り玉。もとは、麝香《じゃこう》や沈香《じんこう》、丁子《ちょうじ》などの薬効のある香料を錦の袋にいれ、造花で飾り、五色の長い糸を垂らしたもの（↓図）。古くから五月の節句に邪気払いや長寿を願って飾られ、「長命縷《ちょうめいる》」ともいう。祝い用の飾り玉はこの形に似せて作ったもの。

薬玉〈貞丈雑記〉

匙を投げる《さじをなげる》

これ以上見込みがないとあきらめること。もとは、漢方医がこれ以上患者を治す方法がないと、薬を調合する匙を投げて、治療をあきらめることをいった。そこから、物事に見切りをつける意に転じたもので、江戸時代から用いられる。

打診する《だしんする》

相手側の意向をそれとなく探ること。本来は医療行為で、医者が指や打診器を使って患者の体をたたき、その音で状態を診察すること。その探るように音を聞く診察の様子から、比喩的にそれとなく探る意に用いられる。

啖呵を切る《たんかをきる》

胸のすくような歯切れのよい口調で話すこと。また、威勢のいい言葉を言い放ち、相手をやりこめること。「啖呵」はせきを伴って激しく出る痰《たん》、また、痰の出る病気。もとは「痰火」と書き、体内の火気によって生じると考えられていた。これを治療することを「啖呵を切る」といい、治ると胸がすっきりすることからたとえていう。

壺を押さえる《つぼをおさえる》

物事の大切な所、勘所をしっかりととらえること。「話の壺を押さえる」「壺にはまった答弁」のように用いる。この「壺」は鍼《はり》や灸《きゅう》、指圧などの効き目のある所のことで、転じて、物事の勘所をいうようになった。

能書き《のうがき》

自分を宣伝する文句のこと。もとは、薬の効能を記した文書、「効能書き」のことで、それを略した言葉。売らんがためにあれこれ効能を書き立てたことからのたとえ。「能書きを並べる」「能書きを垂れる」「能書きが多い」のようにいうが、聞かされるほうにしてみればうんざりすることで、ふつうよい意味合いには用いられない。

二股膏薬《ふたまたごうやく》

自分の都合のよいように、状況次第で立場や態度などを変えること。また、そういう定見・節操のない人のこともいう。股の内側に貼った膏薬《こうやく》は、左右のももにくっついたり離れたりすることからのたとえ。「内股膏薬」ともいう。

脈がある《みゃくがある》

見込みがあること。可能性や希望がまだ残されていること。「脈」は脈拍のことで、本来は、脈拍が絶えないで、まだ生きている意。そこから転じて、まだ希望がもてる、見込みがあることをいう。

脈絡《みゃくらく》

物事のつながり、筋道のこと。「それまでとは何の脈絡もない話をする」のように用いる。もとは鍼灸《しんきゅう》用語で、（血が流れている）血管のこと。

虫酸が走る《むしずがはしる》

吐き気がするほど不快である。「虫酸」は本来は「虫唾」と書き、胃病などで胃から口中に逆流する酸っぱい液のことで、体の中の虫が出す唾液の意。「むしず」の「ず」は本来「づ」で、「唾《つば》」の意の「つ」の濁音化。

溜飲が下がる《りゅういんがさがる》

不平・不満などが解消して、気持ちがすっきりすること。「溜飲」は胃の消化作用が不良のために、のどもとまで上がってくるすっぱい液、おくびのこと。おくびが下がると胸がすっきりすることからのたとえ。

時間

暁《あかつき》

明け方の東の空が明るくなるころ。奈良時代には「あかとき（明時）」といったが、平安時代になって「あかつき」と音変化。古くは夜を三つに区分し、「宵」「夜中」に続く時分が「あかとき」で、未明のころを指した。現在の意味になったのは平安時代で、音とともに意味も変化した。

曙《あけぼの》

夜がほのぼのと明け始めるころ。暁《あかつき》の終わりごろの時間。「あけ」は「明け」、「ぼの」は「ほのか」の意。夜が明け始め、光がほのかに差し始めるさまをいう言葉。

明後日《あさって》

明日の次の日。古くは「あさて」といい、あす去りて（後の日）の意。室町時代ごろには「あさって」と音変化したようで、『文明本節用集』に「明日去 アサッテ」と記されている。「みょうごにち」の語形もこのころから見られる。

朝っぱら《あさっぱら》

早朝を強調していう語。ふつう、「朝っぱらから何事だ」のように、早朝にはふさわしくないといった非難めいた意味合いで用いる。「あさはら（朝腹）」が変化したもので、もとは朝食前の空腹の意。室町時代から用いられ、江戸時代に入ると、早朝、朝食前の空腹をしのぐためのちょっとした食べ物、さらに転じて、容易なことの意味で用いられるようになった。いわゆる「朝飯前」と同じ。現在は早朝の意味だけが残って使われる。

明日《あした》

今日の次の日。もとは、朝の意。一日のうちで暗い時間帯の終わり、夜が終わった時をさしていうもので、「朝」と書いて「あした」と読み、夕べに対していう。ちなみに、「あさ」は明るい時間帯の始まりの意識が強い。また、前夜に何かがあった、その次の朝、翌朝の意味でも用いられ、さらに、次の日、翌日という意味でもいうようになった。こうした語の変遷はすでに奈良時代から見られる。語の構成は「あし」は「あさ（朝）」の転で、「た」は接尾語とする説のほか、諸説ある。

昨日《きのう》

今日の一日前の日。「さくじつ」ともいう。上代から見られる語で、歴史的仮名遣いは「きのふ」。「き」は「き（来）」「こぞ（去年）」「こしかた（来し方）」などの「き」「こ」と同じで、「ふ」は「ひ（日）」の転とする説、「さきのひ（先日）」の「さ」が略され、「ひ」は「ふ」に通じることから、「きのふ」となったとする説など、語源には諸説ある。

時間《じかん》

明治時代初期に、英語timeの訳語として用いられた語。ある長さの時をいうが、時の流れの中のある一点を表す場合には「時刻」といい、「時間」は長さのほかに時刻の意でも用いる。「時刻」の語は上代から使われる。

刹那《せつな》

きわめて短い時間。瞬間。梵語kṣaṇaの音訳。仏教語で、時間の最小単位をいう。一説に、六十五刹那を一弾《だん》指《し》という。「弾指」も仏教語で、親指の腹を人差し指ではじくほどの、きわめて短い時間を表す単位。

黄昏《たそがれ》

夕方。夕暮れ。夕方薄暗くなって、人の見分けがつきにくく、「誰《た》そ彼《か》れ（だれだあれは）」と問う時分の意。「黄昏」と書くのは同義の漢語を当てたもの。ちなみに、朝の、まだ夜が明けきらずに薄暗いときは、「彼《か》は誰《た》れ（あれはだれだ）」と問う時分の意から「かわたれ」という。

束の間《つかのま》

ごく短い時間。わずかな間。「束」は長さの単位で、手でつかんだほどの長さ、指四本分の幅をいう。ほんの一束《ひとつか》ほどの間という意で、そこから時間の短さをたとえていう。

長丁場《ながちょうば》

仕事などが一段落するのに時間が長くかかること。また、長く時間のかかる物事。「丁場」は、昔の宿場から宿場までの距離のこと。「長丁場」はその距離が長い意味で、行くのに時間がかかることからいう。

月の異名と暦

現在は陽暦で、それぞれの月を一月、二月のように数字で言い表すが、古くは次に挙げるように陰暦で、それぞれ季節にふさわしい名称で呼ばれていた。陽暦と陰暦では実際にはほぼ一ヶ月のずれがあり、たとえば弥生は陽暦では四月ごろに当たる。

睦月《むつき》（一月）
新年を迎え、人が行き来したり集まったりして睦み合う月の意。

如月《きさらぎ》（二月）
寒い時期で衣を更に重ねて着ることから、「衣更着《きぬさらぎ》」の意。

弥生《やよい》（三月）
草木がいよいよ生い茂るようになるところから、「いやおひ（弥生）」の意。「いや（弥）」は物事の状態がはなはだしくなるさまの意。

卯月《うづき》（四月）
卯の花が咲くころであることによる。ほかに、十二支の四番目が「卯」であるからとも、稲の苗を植える月「植《う》月《つき》」からともいわれる。

皐月《さつき》（五月）
早苗を植える月の意で、「早苗月《さなえつき》」の略。「皐月」は漢語で「こうげつ」と読み、「皐」の原義は白く輝く。

水無月《みなづき》（六月）
「な」は助詞の「の」で、田に水を注ぎ入れることから、「水の月」の意。また、梅雨が明けて水がかれることから「水の無い月」の意とも。

文月《ふみつき》（七月）
稲の穂がふくらむ月であることから、「穂含月《ほふみづき》」の意。また、七夕に詩歌などの文《ふみ》を供えることから「文月」とも、七夕に文《ふみ》（書物）の虫干しをすることから「文開き月」の意からともいう。

葉月《はづき》（八月）
秋めいてきて木の葉が落ちるようになるころで、「葉落月《はおちづき》」の略。ほかに、稲が穂をつけ始めるころで、「穂発月《ほはりづき》（穂張月）」の略とする説などもある。

長月《ながつき》（九月）
秋も深まり、夜が長くなってくるころで、「夜長月《よながつき》」の略といわれる。ほかに、稲の穂が長く伸びることから「穂長《ほなが》月《つき》」の略、稲を刈るころで「稲刈月《いなかりつき》」の略とする説などもある。

神無月《かんなづき》（十月）
国中の神々が出雲に集まり、諸国では神がいなくなることから、「神無《かみな》月《づき》」の意で、「かみなづき」「かんなづき」と音変化。反対に、出雲では「神《かみ》在月《ありづき》」という。ほかに、「な」は「の」の意で、「神の月」、すなわち、神祭りの月の意ともいう。

霜月《しもつき》（十一月）
霜が降りるころで、「霜降り月」の略。ほかに、霜に当たって物がしおれいたむことを古語で「しもぐる」といい、「しもぐる月」の意とする説などもある。

師走《しわす》（十二月）
年の暮れに経を上げるために師僧が檀家を走り回ることから「師馳《しはせ》」の意。また、師は年末に暦などを配り歩いた伊勢の恩師《おし》のこととも いう。師を教師とするのは、言葉が記紀のころからあることからすると無理がある。

Ⅱ 社会

あいさつの言葉

挨拶《あいさつ》 ⇩189ページ（仏教）

あばよ

さようならの意で、ぞんざいな言い方。「さらば」をまねた幼児語「あば」「あばあば」の「あば」に終助詞「よ」が付いたものとされる。語源としてはほかに、「さあらばよ」「さらばよ」が略されたとする説、また逢《あ》おうの意の「また逢はばや」からとする説、健康に過ごしてくださいの意で言う「案配よう」の略とする説などもある。

ありがとう

感謝の意を表す言葉。形容詞「有り難い」の連用形「有り難く」がウ音便化した語。「有り難い」は存在することがむずかしいの意。めったにないことから、またとなく尊い、おそれ多いの意となり、また、人の好意や喜ばしいことに対して、めったにないことと感謝する気持ちを表す言葉となった。

いただきます

食事を始めるときの言葉。飲む、食べる意の謙譲語「いただく（戴く、頂く）」の連用形に丁寧の助動詞「ます」が付いたもの。「いただく」は頭に載せる意で、身分の高い人から物をもらうときに、高くささげて受けたところから、もらう意の謙譲語、また、つつしんで飲食する意で用いられるようになった。

いらっしゃい

来訪の客に対して、歓迎の意を表して言う言葉。来るの尊敬語「いらっしゃる」の連用形「いらっしゃり」のイ音便「いらっしゃい」に、丁寧の助動詞「ます」の命令形が付いた「いらっしゃいませ」「いらっしゃいまし」が略されたもの。本来は、命令・要求の言葉として「おいでなさい」の意。

会釈《えしゃく》 ⇩191ページ（仏教）

お生憎様《おあいにくさま》

相手の期待に添えないときなどに言う、断りの言葉。また、残念だった、お気の毒さま、といった意味で、皮肉を込めて言うこともある。都合の悪いさまをいう「あいにく」に、接頭語「お」と接尾語「さま」を添えたもので、丁寧な表現。「あいにく」は「あやにく」の転。「あや」は感動詞、それに形容詞の「にくし（憎し）」の語幹が付き、ああ憎い、が原義。近世末から明治時代にかけて「あいにく」と音変化した。

お陰様《おかげさま》

他人からの好意や恩恵に対して、感謝の意を表して言う言葉。古くから、偉大なものの陰で恩恵・庇護《ひご》を受ける意で、特に尊敬の接頭語「お」を付けて、神仏の加護を「お陰」といった。それにさらに接尾語「さま」が付いて、あいさつ言葉となったもの。

おはよう

朝、人に会ったときに言う言葉。形容詞「早い」の連用形「はやく」が「はやう（はよう）」とウ音便化し、それに丁寧の意を表す接頭語「お」が付いた語。もとは、相手が早く出てきたことに対するあいさつの言葉で、「お早いですね」といった意味で用いられた。朝のあいさつ言葉となったのは江戸時代後期からとされる。

おめでとう

新年や吉事など、めでたいことを祝って言う言葉。形容詞「めでたい」の連用形「めでたく」が「めでたう（めでとう）」とウ音便化した語。「お」は丁寧の意を表す接頭語。「お目出度う」「お芽出度う」と書くのは、目（芽）が出ることは喜ばしいということからの当て字。ちなみに、「めでたい」は動詞「愛《め》でる」の連用形「めで」に程度が甚だしいの意の形容詞「いたし」が付いた「めでいたし」が変化した語で、原義は対象に心ひかれ、感動したり愛したりする気持ちになっていることを表す。

お休みなさい《おやすみなさい》

寝るときに言う言葉。「休む」の連用形「休み」に「なさい」が付いた命令表現「休みなさい」に、丁寧の意を表す接頭語「お」が付いて、あいさつの言葉となったもの。親しい人に対しては「お休み」とも言う。

かしこ

女性の手紙文で、結びに用いる言葉。おそれ多い意の形容詞「畏《かしこ》し」の語幹から。さらに丁寧には、粗略の意の「あらあら（粗粗）」をつけて、「あらあらかしこ」と書く。

敬具《けいぐ》

つつしんで申し上げるの意で、手紙の結びに用いる言葉。「敬具」が一般的な書き止めの語となり、「拝啓」と呼応して用いられるようになったのは、大正時代ごろ。

ご機嫌よう《ごきげんよう》

人と会ったとき、また、別れるときの言葉。「ご機嫌」はある人を敬って、その機嫌をいう語で、「ご」は接頭語。「よう」は「よく」のウ音便。ご機嫌よくいらっしゃいますね、あるいは、ご機嫌よくいらしてくださいの意で、相手の健康を祝したり、祈ったりする気持ちが込められている。近世後期から用いられる。

ご馳走様《ごちそうさま》

食事が終わったときの言葉。本来は、ご馳走になりましたの意で、ご馳走になった人が礼として言う言葉であるが、一般に食後のあいさつとして用いられる。「さま」は接尾語。近世後期から用いられる。⇩41ページのコラム「ご馳走」

ごめんなさい

人に詫《わ》びたり、許しを求めたりするときの言葉。「ごめん」は「ご免」と書いて、許可を意味する「免」に、尊敬の接頭語「ご」が付いた語。鎌倉時代から使われ、近世には、下に命令形の言葉を伴って、詫びの意を表す「ご免なされ」、許しを乞う「ご免下され」などの形が生じた。「ご免なさい」の形で用いられるようになったのは明治時代初期とされる。

こんにちは

昼間、他家を訪問したときや人と会ったときなどに言う言葉。本来は「今《こん》日《にち》は…」と続けたあいさつの下の言葉が略されたもの。夜間のあいさつ「こんばんは（今晩は）」も成り立ちは同様で、ともに近世後期から用いられる。

さようなら

別れのときの言葉。仮定条件を示す、それならば、の意の「さようならば」が略された語。「さようならば、これにてごめん」のように用いられたことから、「さようならば」だけで別れの言葉となり、さらに「さようなら」となった。近世後期に一般化。「さよなら」と縮めてもいう。

さらば

別れのときの言葉。「さようなら」より古い語で、現在ではふざけ気味に言うこともある。「さら」は、そのようだの意の動詞「さり（然り）」の未然形で、「ば」は仮定を表す接続助詞。本来は、そうであるならば、の意の接続詞で、中世以降、転じて、別れのあいさつとして用いられるようになった。

すみません

相手に詫《わ》びたり、感謝したり、物を頼んだりするときに言う言葉。動詞「済む」の連用形「すみ」に、丁寧の助動詞「ます」の未然形「ませ」、それに打ち消しの助動詞「ぬ」の変化した「ん」が付いた語。本来は、気持ちの上で満足しない、納得しない、の意。

草々《そうそう》

手紙文で、結びの言葉。「草」は大まかでぞんざいなさまで、急いで走り書きをしたという意。頭には「前略」「冠省」などを用いる。「怱怱」とも書く。「怱」はあわただしい意。

ただいま

帰宅したときに言う言葉。「只今」「唯今」と書き、本来は名詞・副詞として、ちょうど今、たった今、今すぐに、などの意であるが、「ただいま帰りました」の、「ただいま」の部分だけが独立して、あいさつの言葉となったもの。

拝啓《はいけい》

謹んで申し上げるの意で、手紙の書き出しに用いる言葉。「拝」は、相手を尊敬して自分の動作の上につける語。「啓」は申し上げるの意。古くは「拝啓仕候《つかまつりそうろう》」という形や「寸楮《すんちょ》拝啓」のような複合形で用いられることが多く、単に「拝啓」の形で頭語として定着したのは明治時代中期と思われる。

もしもし

人に呼びかけるときに言う言葉。特に、電話で、相手に呼びかけたり、答えたりするときに用いる。「もうしもうし（申し申し）」が変化した語で、「申し」は動詞「申す」の連用形。室町時代には「これ、申し」のように単独でも、また、「申し申し」でも用いられたが、江戸時代になると、「申し申し」と「もしもし」は併用されるようになった。電話での呼びかけは、もちろん明治時代になってからのことである。

掛け声の由来

オーエス
綱引きをするときの掛け声。フランス語の掛け声 on hisse（hisseは旗や帆などを引き揚げる意のhisserの命令形）からで、海軍または海員を通して一般に広まったとされる。ちなみに、フランス語ではhは発音されない。

オーケー
[英 OK] 承知した、よろしい、了解、の意。「オーケーが出る」のように名詞としても用いる。一説には、一八三九年三月二三日、ボストンのモーニングポスト紙にall correct（すべて正しい）のふざけた綴りoll korrectの頭文字として用いられたのが始まりとされる。日本では一九二〇年代に若者の間で使われるようになったが、一般に広く用いられるようになったのは戦後の昭和二〇年代以降で、「オッケー」の語形も見られる。

オーライ
承知した、大丈夫、よろしい、申し分ない意のall rightから。明治時代初期にはすでに用いられており、仮名垣魯文《かながきろぶん》の『西洋道中膝栗毛』（一八七〇～七六）に「『むかふの商家で借なせえな』『ヲヲライ、ヲヲライ』」とある。

どっこいしょ
力をつけたり、弾みをつけたりするときの掛け声。また、民謡のはやし言葉。語源ははっきりしないが、相撲で、相手の狙いをそらしたり、攻撃を防ぎとめようとしたりするときに発する言葉「どこへ」からかとする柳田国男説もある。「どっこい」の形では江戸時代から用いられる。ちなみに、相撲甚句《じんく》でいう「どすこい、どすこい」は、もとは「どっこい、どっこい」で、東北や北海道出身の力士が多かったことからなまっていうようになったもの。

ファイト
[英 fight] がんばれ、の意で、励ますときの掛け声。原義は戦う（動詞）、戦い（名詞）。ちなみに、英語では「がんばれ」はGood luck!（幸運を祈る）とかCheer up!（元気を出して）のようにいう。

フレーフレー
競技者を激励・応援するときの掛け声。「フレー」は英語のhurrahで、歓喜や賞賛、激励を表す叫び声。もとは「万歳」の意。そのフレーを重ねて、運動会や競技会などで用いられるようになったのは大正時代のようである。

よいしょ
力を入れて物を動かしたり、ある動作を起こそうとしたりするときなどの掛け声。古くは「よい」に語調を整える接尾語の「さ」がついた、「よいさ」あるいは「よいやさ」の形で、それが変化したもの。調子よく「よいしょこらしょ」のようにもいう。

政治・制度

右翼《うよく》

保守的、国粋的な思想傾向。また、その人や集団。一八世紀末のフランス革命当時の国民議会で、保守派の席が議長から向かって右側であったことに由来する。反対に、急進派の席が議長から向かって左側であったことから、急進的な思想傾向、また、その人や集団は「左翼」という。

公《おおやけ》

公的・公式なこと。「おほ(大)」+「やけ(宅)」で、大きい屋敷の意。「やけ」は「やか(屋処)」の転。大きい屋敷は身分の高い者の住まいであることから、奈良時代には朝廷、政府、官庁を意味するようになった。さらに、公的なの意でも用いられるようになり、私的なの意の「私《わたくし》」との対立概念も既に平安時代にはあったようである。

革命《かくめい》

被支配者階級が支配者階級を倒して権力を奪い、国家や社会組織を根本的に変えること。英語revolutionの訳語として、明治時代から用いられる。もとは漢語で、「革」はあらたまる意。古代中国では、王朝が代わることをいった。天子は天の命を受けて天下を治めるので、王朝が代わるのはその天命があらたまったからと考えられていたことによる。

過激派《かげきは》

過激な方法で、自分たちの主義や理想を実現しようとする党派や集団。明治時代に、英語radical partyまたはultraistの訳語として「過激党」が当てられ、同じ意味で「過激派」も用いられるようになった。特に、ロシア革命当時のレーニンを支持した左翼多数派ボルシェビキを指していった。近年では昭和四〇年代の大学紛争でも過激な学生グループに対して用いられた。

官僚《かんりょう》

役人。特に高級官吏を指していう。古くは中国の『後漢書』にも出てくる言葉。日本では、明治時代になって、新政府の役人を「官員」と呼んでいたが、明治末期から大正時代にかけて「官僚」が広く用いられるようになった。

クーデター

〔フランス coup d'État〕武力行使などの非合法な手段により、政権を奪うこと。支配者階級間の権力の移動を意味し、体制そのものの変革を目指す「革命」とは異なる。原義は、国家(État)への一撃(coup)。

左翼《さよく》

⇩81ページ「右翼」

スローガン

〔英 slogan〕団体などの特定の主義・主張を広く伝えるために簡潔に言い表した語句。標語。もとは、スコットランド高地人の兵士が戦のときに叫んだ鬨《とき》の声に由来。

政治《せいじ》

国を治めること。もとは漢語で、室町時代に使用例が見られる。一般に普及したのは明治時代になってからのことで、politicの訳語としても用いられ、明治時代初期には「政事」と表記されることもあった。

弾圧《だんあつ》

支配階級が権力で反対勢力を抑えつけること。もとは、ふみつける、おしつぶす意の漢語で、平安時代に使用例が見られる。現在の意味で用いるようになったのは昭和に入ってからで、出版者で政治家の山本実彦が初めとされる。

デマ

ドイツ語の「デマゴギー(Demagogie)」の略。政治的な目的や民衆を扇動するために意図的に流す虚偽の情報。転じて、でたらめで根拠のないうわさ話。もともとはギリシア語で民衆の指導者、特に直接民主制のもとで扇情的な弁論で民衆に取り入る政治家をいうdēmagōgósに由来。

テロ

英語の「テロリズム(terrorism)」の略。政治的な目的を達成するために暴力や暗殺などの非人道的な手段を用いること。また、それをよしとする考え方。もとは、英語で恐怖を意味するterrorから。現在は「テロを起こす」「テロ集団」のように、「テロ」の形で用いられることが多い。テロリズムの信奉者をテロリスト(terrorist)という。

内閣《ないかく》

国家の行政権を担当する最高の合議機関。英語cabinetの訳語として、明治時代から用いられる。中国では明・清時代の政務の最高機関を指す。もとは、宮廷の奥深くにあって妻女のいる部屋の意で、のちに宰相の官署をいうようになった。

白書《はくしょ》

政府が政治・経済・外交などの実情を国民に知らせるために公表する年次報告書。イギリスで、政府の公表する公式外交文書のことを、表紙に白い紙を使ったことからwhite paperと呼び、それを「白書」と訳したもの。我が国で最初の白書は、一九四七（昭和二二）年に片山内閣が発表した「経済実相報告書」である。

ピケ

英語の「ピケット（picket）」の略。労働争議中、組合員に脱落者がないように出入り口を見張ること。また、その見張り役。もとは、軍隊で、歩《ほ》哨《しょう》（見張り）を立てる意。

ファシズム

［英 fascism］独裁的国家主義。狭義には、第一次世界大戦後、イタリアのムッソリーニ（一八八三〜一九四五）を党首とするファシスタ党が掲げた思想・支配体制。イタリア語でfascismoといい、古代ローマで儀式に用いられ、権威の標章でもあるラテン語「ファスケス（fasces）」（束ねた棒の中央に斧《おの》を入れて縛ったもの）に由来。ちなみに、ファシズム的な傾向や支配体制を「ファッショ（fascio）」というのはイタリア語。

亡命《ぼうめい》

政治や宗教上などの理由で、自国にいると迫害を受けたり、その恐れがあったりするときに、他国にのがれること。この意で用いられるようになったのは明治時代になってからのことである。「命」は名籍の意で、「亡命」は名籍を失う意。古くは戸籍を抜けて逃亡することをいい、中国の『史記』に「命は名なり、名籍を脱して逃ぐるを謂ふ」とある。

民主主義《みんしゅしゅぎ》

人民が権力を持ち、その権力を自らが行使する政治形態。英語「デモクラシー（democracy）」の訳語として、明治時代から用いられる。一国の主権が人民にあるという意味で「民主」を用いたのは、哲学者西周《あまね》（一八二九〜九七）が最初とされる。漢語では、人民の支配者、君主の意で、中国の五経の一つ『書経』にもある語。

労働組合《ろうどうくみあい》

英語「trade union」の訳語。労働者が労働条件の改善や社会的地位の維持・向上などを目的として結成する組合。一八九七（明治三〇）年、アメリカで労働運動を学んで帰国した片山潜《せん》や高野房太郎らにより、「労働組合期成会」が発足。このころから「労働組合」という語が広まった。「労働」という言葉は、体を使って働くという意味で明治以前から使われており、貝原益軒の『養生訓』（一七一三）にも見られる。

私《わたくし》

⇩81ページ「公《おおやけ》」

もとは 政治・制度からの言葉

居候《いそうろう》

他人の家に身を寄せ、養ってもらうこと。また、その人のことをいう。もとは江戸時代の公文書に、同居人であることを示す肩書きとして用いたもの。動詞「居る」の連用形「居」に丁寧の意を表す「候」が付いて、（誰それの家に）おりますの意。

一所懸命《いっしょけんめい》

物事を命がけですること。中世に、武士が主君から拝領した一か所の領地を生活の拠《よ》り所として死守したことからいうもので、一所に命を懸ける意。「一生懸命」ともいうが、これは「一所」の原義が忘れられ、命がけの部分が強調されていうようになったもの。すでに近世に用いられるようになったようで、意味内容の取り違えに加え、「いっしょ」を「いっしょう」と聞き違えたことが一因とも考えられる。

上前をはねる《うわまえをはねる》

取り次いで人に渡すべき賃金などの一部を自分のものにすること。「上前」は仕事や売買の際に仲介者が賃金や代金の中から取る手数料のことで、その手数料を取ることを「上前をはねる」といい、さらに、ピンはねする意味へと転じたもので、江戸時代から用いられる。もと「上前」は「上米《うわまい》」が変化した語。「上米」とは、室町時代には寺社に寄進させられた年貢米の一部をいい、江戸時代には諸国の年貢米が神領などを通過する際に通行税として徴収された米のことをいった。

お蔵入り　おくらいり

映画や演劇などで、企画や上演が取りやめになること。また、一般に計画が取りやめになることもいう。「お蔵」は、徳川幕府が直轄地から収納した米を保管する米蔵のことで、のちには商家の倉庫、質屋などのこともいった。米や品物が蔵にしまい込まれることから、企画や上演、計画などが日の目を見ることなく埋もれる意となった。

お墨付き　おすみつき

権威者が与える保証のこと。もとは、室町時代から江戸時代に、将軍や大名が臣下に与えた領地安堵《あんど》の保証書のことで、墨で署名と花押《かおう》を書いたことから「お墨付き」という。花押は名前を図案化したもので、書き判ともいう。今でいうサインである。

貫禄　かんろく

身に備わっている威厳。風貌や態度、言行などから感じられる重みや風格のこと。時に肥満をからかって「近ごろだいぶ貫禄がついたね」のようにもいう。「貫」は中世、所領の規模や負担能力を表すのに用いられた単位で、「禄」は武士の給与のこと。そこから「貫禄」は武士の値打ちを表し、のちに威厳の意味に転じた。

下戸　げこ

酒の飲めない人、酒を好まない人のこと。反対に、酒の飲める人、酒を好む人のことは「上戸《じょうご》」という。奈良時代の律令制で、戸（家）の等級に「上戸・中戸・下戸」の三段階があり、婚礼のとき、上戸は八瓶、下戸は二瓶の酒を用いたことから、転じて、飲酒の量をいうようになったもの。また、上戸は金持ちなので酒を買うことができ、反対に下戸は貧乏なので酒を買えないところからとの説もある。

左官　さかん

壁を塗る職人のこと。古く律令制においては、官庁は「かみ（長官）」

「すけ（次官）」「じょう（尉）」「さかん（主典）」の四等官で構成されており、役所によってそれぞれ当てる漢字は異なっていた。宮中の建物を建てたり修理をしたりする役目の木工寮《もくりょう》第四官を「木工属《もくのさかん》」といい、その木工属に民間の壁塗り職人を任命して宮中に出入りさせたところから、壁塗り職人を「さかん」と呼ぶようになった。古くは「沙官」「沙翫」とも書き、「しゃかん」ともいう。

上戸《じょうこ》

⇩85ページ「下戸《げこ》」

大工《だいく》

家屋を建築する職人。古くは律令制で、木工寮《もくりょう》・修理職《しゅりしき》などに所属し、宮中の土木・建築・造船などに従事する技術官のことで、「おおたくみ」「おおきたくみ」ともいった。平安時代から室町時代には、国司の役所や大社寺に属する建築技術者集団の長を指していい、戦国時代以降、木造家屋の建築職人を呼ぶようになった。

年貢の納め時《ねんぐのおさめどき》

悪事を働いていた者が捕まって、刑に服する時期のこと。また、それまで遊びまわっていた者が結婚して身を固めるときなど、あることに決着や見切りをつけて、観念する時期のこともいう。もとは、滞納していた年貢を納めなければならない時期のことで、年貢は否応《いやおう》なく徴収されることからたとえていう。

本領を発揮する《ほんりょうをはっきする》

本来の力や特性を思う存分発揮すること。「本領」は、中世、鎌倉幕府成立以前から代々伝えられた私領のこと。幕府から与えられたものではない、先祖伝来のもとから所有する領地であるということから、その人がもともと持っている優れた力や特性の意に転じたもの。

落書き《らくがき》

書いてはいけない所に書く、いたずら書きのこと。平安時代初期に、権力者や社会に対する批判や風刺を名前を伏せて書き、それを人目につく所に落として人に拾わせたり、張り出したりした文書のことを「落書《らくしょ》」といった。のちに、それが「らくがき」と重箱読みされて、いたずら書きのことをいうようになったもので、室町時代には使用例が見られる。

法律・刑罰・犯罪

アリバイ

［英 alibi］犯罪や事件が起きた時刻にその現場にいなかったという証明。現場不在証明。もとはラテン語で、他の場所で、の意。大正時代の探偵小説の流行とともに一般化した。

一網打尽《いちもうだじん》

悪党の一味を一挙に一人残らず捕まえること。もとは一回打った網でたくさんの魚を捕り尽くす意。中国二十四史の一つ、『宋史』（范《はん》純仁伝）にある「謗《そし》りを造《いた》す者をば公相《こうしょう》慶《よろこ》びて曰く、一網打尽にせり」に由来。

がさ入れ《がさいれ》

警察が家宅捜索のため立ち入り検査をすること。「がさ」は「さがす（探す）」の「さが」の倒置語で、捜査や捜索を意味する、てきや・盗人仲間の隠語。

ギロチン

［英 guillotine］斧《おの》状の刃を落下させて首を切る装置。断頭台。フランス人医師ギヨタン（J.I.Guillotin）が、八つ裂きなどの残酷な処刑方法に代わる苦痛の少ない処刑法として、この装置を用いた斬首法を提案したことから。

警察《けいさつ》

フランス語policeの訳語で、「警式査察」の略とする説もあるが、不詳。一八七二（明治五）年に、動詞で「警察する」と使われたのが初出。わが国の警察制度に最も影響を与えた川路利良《かわじとしよし》が一八七三年に提出した建議書に名詞として「警察」を使用。一八七五年の行政警察規則制定により、それ以降、一般化した。

刑務所《けいむしょ》

自由刑に処せられた者を拘束・収容する施設。一九二二（大正一一）年に、それまでの「監獄」から改称。隠語で「むしょ」というが、江戸時代には牢屋のことを「虫寄場《むしよせば》」といい、それを略した「むしょ」が変化したもの。「虫」は牢屋が虫籠のようであったことからで、「六四《むし》」と当てることがあるのは牢屋の食事が麦と米の割合が六対四であったことによるという。

憲法《けんぽう》

国家の統治体制の基礎を定めた根本法。日本における近代的成文憲法は一八八九（明治二二）年に発布された大日本帝国憲法（明治憲法）と、それを全面的に改正し、一九四七（昭和二二）年施行された現行の日本国憲法がある。憲法という語は掟《おきて》、きまりの意で、平安初期の『令義解《りょうのぎげ》』にも見られるように古くからあるが、現在の意で用いたのは法学者箕作麟祥《みつくりりんしょう》で、『仏蘭西法律書』の明治八年訳本でconstitutionを憲法と訳したのが初めとされる。

しょっぴく

無理やり連れていく、特に警察に連行することをいう俗語。江戸時代には無理やり連れてくる、また、連れていくことを「しょ引《び》く」といい、それが音変化した語。「しょ」は動詞や形容詞などに付いて、意味を強調する接頭語。

白州《しらす》

江戸時代、奉行所や代官所の法廷の一部で、町人や百姓、足軽や浪人など身分の低い者が裁かれるときに座らされた場所。小石（一説には白砂）が敷かれていたことからいうもの。設置者である将軍に敬意を表して「お白州」という。「白砂」とも書いた。

セクハラ

「セクシュアルハラスメント（英 sexual harassment）」の略。異性に対して行う性的ないやがらせ。特に職場などで、上の者がその立場を利用して下の者に強要する場合をいう。「ハラスメント」は人を困らせる、悩ませる意の動詞harassが名詞化した語。日本では一九八〇年代の半ばごろから使用。

民法《みんぽう》

人の財産や身分など、私権に関する法律の総称。明治時代の法学者津田真道《まみち》によるオランダ語Burgerlykregtの訳語。ちなみに、犯罪と刑罰を定めた法律である「刑法」は、犯罪に対する掟《おきて》の意で、鎌倉時代の文献に見られる。

モンタージュ

［フランス montage］犯罪捜査で、目撃者

の記憶をもとに作る犯人の顔の合成写真。もとはフランス語で、組み立ての意。映画では、撮影したフィルムをつなぎ合わせて構成・編集し、一つの映像に組み立てる手法をいう。

やめ検《やめけん》

検事をやめて弁護士になった人をいう俗語。一九五四（昭和二九）年の造船疑獄では検察庁に顔がきくことから、大いに重宝がられたといい、そのころから使われるようになったとされる。

リンチ

［英 lynch］正規の法手続きによらない私的制裁。私刑。アメリカ、バージニア州の治安判事リンチ（C.W.Lynch 一七四二～一八二〇）が、正規の裁判を経ずに残酷な刑を加えたことにちなむ。

もとは 法律・刑罰からの言葉

足枷となる《あしかせとなる》

自由な行動の妨げとなること。「足枷」は昔の刑罰の道具で、二枚の厚板の真ん中をくりぬき、罪人の足首にはめて自由に動けないようにしたもの。

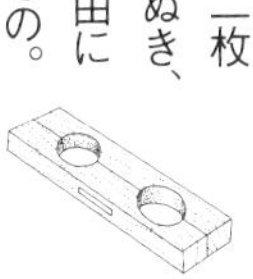

手首にはめるのは「手枷」といい、「手枷足枷」といえば、自由が束縛されて、がんじがらめの状態のたとえにいう。

落ち度《おちど》

あやまち、過失。もとは「越度」と書いて、「おつど」「おちど」と読まれ、字の通り、「度を越す」意であった。中世には、許可なしに関所を越え度《わた》る、関所破りのことをいい、のちに、「度」は制度の意として、度《のり》を越える、すなわち、罪を犯す、違法の意となった。近世になって「落ち度」の表記が見られるようになり、明治時代以降、過失の意味で用いられるようになった。

駆け落ち《かけおち》

相思相愛でありながら結婚を許されない男女が、連れ立って他の土地に逃げること。中世末ごろから見られる言葉で、逃げて行方をくらますこと、特に、戦場から兵士が逃亡したり、農民が税を逃れるために離村したりすることをいい、江戸時代になると貧困や悪事のために住んでいる所から逃亡することをいった。相思の男女が逃亡する意で用いられるようになったのは江戸時代中期のこと。もとは「欠落」と書いたが、所属する組織から欠けて落ちることからとも、失踪《しっそう》すると戸籍台帳から欠け落ちることからともいわれる。

土壇場 どたんば

せっぱつまった場面。進退きわまった場面。「土壇《どだん》」は斬首《ざんしゅ》の刑を行うための、土で築いた台のこと。「土壇場」はいわば死刑場で、そこに上がればもう死ぬしかないことから、最終的に追い詰められた状態のたとえにいう。

泥縄式 どろなわしき

事が起こってからあわてて対策を講じること。「泥縄」は「泥棒を捕らえて縄をなう」ということわざの略。泥棒を捕まえてから縛るための縄をなうのでは間に合わないことから、行き当たりばったりのやり方をたとえていう。

門前払い もんぜんばらい

面会しないで、訪問者を追い返すこと。もとは、江戸時代、罪人を奉行所の門前から追放するだけの、最も軽い刑罰のこと。厄介払いのような形で、一方的に門前から追い払うところから、軽くあしらうことのたとえにいう。

八つ裂き やつざき

ずたずたに裂くこと。もとは江戸時代初期まで行われていた極刑の一つで、二頭の牛、または二両の車に罪人の足を片方ずつ縛りつけ、同時に反対方向に走らせて体を引き裂く、牛裂き、車裂きなどがあった。

やばい

よくない、まずい、悪いことがばれそうで危ない、などの意味で用いる俗語。もとは的屋《てきや》や盗人などが官憲に捕まりそうで危ないという意味に用いた言葉が一般化したもの。「やば」は「厄《や》場《ば》」で、牢屋、また、看守のことをいう隠語とされる。江戸時代には形容動詞として、法に触れたり危険であったりして、都合が悪い、あぶないといった意味で、「やばなことをしでかす」のように用いた。のちに、「やば」が形容詞化して「やばい」となった。

烙印を押す らくいんをおす

消すことのできない汚名をきせる。また、そうであると決めつける。「烙印」は鉄製の焼き印のこと。昔、刑罰として罪人の額や腕などに押したもので、一度押された烙印は一生消すことができないことからのたとえ。

経済・商売・金銭

赤字《あかじ》

収入より支出が多く、財政が欠損の状態になること。簿記で、不足する額を赤い字で書き入れたことからいうもので、大正から昭和時代にかけて用いられるようになった。また、誤植などを訂正することを「赤字を入れる」というが、この場合も赤鉛筆や赤いインクを用いたことによる。

印税《いんぜい》

著者または著作権者がその作品の使用料として出版者などから受け取る金銭。英語royaltyの訳語。もとは印紙税の意で用いられた。

お釣り《おつり》

釣り銭のこと。「釣り」は「釣り銭」の略で、「釣り合い」の意味からきている。古く、人々は物々交換をする際、多く取りすぎるとあとから超過分に相当するものを相手に返す慣わしであった。そこから、お互いの損得の「釣り合い」を調整し、多すぎた分を返す意味で、「釣り」というようになった。

書き入れ時《かきいれどき》

商売が繁盛して忙しい時。江戸時代から用いられる言葉で、当時は金銭の収支や物品の出し入れを手書きで帳面につけていて、繁盛すれば帳簿に書き入れる頻度が増すことからいうもの。

金に糸目はつけない《かねにいとめはつけない》

金銭を惜しまず使うこと。「糸目」は凧《たこ》につける糸のことで、バランスや揚がり具合を調節するもの。そこから、「糸目はつけない」とは、制限しないことを意味する。

閑古鳥が鳴く《かんこどりがなく》

店に客が入らなくて閑散としたさま。商売がはやらないさま。「閑古鳥」はカッコウのこと。その鳴き声がいかにも寂しげに聞こえることからのたとえ。

関税《かんぜい》

輸入または輸出する物品に課せられる税金。日本では輸入の場合のみ課せられる。英語customs dutiesの訳語。

古くは、関所などで徴収した通行税を「関税」といい、それを明治時代に訳語として用いたもの。

看板にする　かんばんにする

飲食店などがその日の営業を終わりにすること。閉店の際、表に出していた店の看板をしまうことからいう。また、名目として掲げる、自慢の種とすること。「看板」は店の名前や商品を書いた宣伝用の板で、店先に掲げるようになったのは江戸時代になってからのこと。それまでは屋号や家紋を染め抜いた旗を掲げていた。また、芝居小屋では、演目や俳優などの名前を書いて掲げた。どちらの看板も人目を引き、客を引き寄せるためのものであることから、転じて、人の注目を集めて、自慢の種となるような事柄や人物の意味にも用いられるようになった。

キヨスク

［英 kiosk］駅・空港・街頭にある、新聞・雑誌や食べ物などを売る小さな店。一九七三（昭和四八）年から旧国鉄の駅構内にある鉄道弘済会の売店をこう呼んだ。現在、JR東日本の駅構内にある売店は「キオスク」という。もとはトルコ語で東屋《あずまや》の意。

銀行　ぎんこう

金融機関の一つ。英語bankの訳語。幕末のころは「両替問屋」「積金預所」などと訳されていたが、一八七一（明治四）年、ジャーナリストの福地桜痴《おうち》（源一郎）が『会社弁』（一八七一）の中で中国で訳された「銀行」を訳語として用い、翌年、「国立銀行条例」が発布されて一般にも広まった。

経済　けいざい

人間の生活上必要な財貨の生産・流通・消費などの活動、および、それらに関する施策、社会的関係の総称。もとは、古代中国の「経国済民《けいこくさいみん》」または「経世《けいせい》済民」を略した言葉で、国を治め、民を救済する意。江戸時代にすでに見られるが、最初は政治の意味で用いられ、やがて財政の意味へと変化。明治時代、英語のeconomyの訳語として、最初は「理財」が当てられたが、後期になって「経済」が定着した。

血税　けつぜい

血の出るような苦労をして納めた税金。もとは、一八七二（明治五）年公布の、国民皆兵制度を定めた太政官告諭から出た語。身血を租税とする意で、兵役義務、徴兵のことをいった。「血税」という言葉から、徴兵とは血を絞り取られることと誤解して、各地で暴動が起きたという。フランス語で、兵役義務を意味する impôt du sang（血の税金）の直訳。

コンビニ

食料品から雑誌、雑貨などのほか、各種取り次ぎ業務などもする店。「コンビニエンスストア（英 convenience store）」の日本での略称。「コンビニエンス」は便利な、の意で、消費者にとって便利な店ということ。

老舗《しにせ》

伝統・格式があり、客の信頼があつい店。語源は、似せてする意の動詞「仕似《しに》せる」で、江戸時代に、先祖代々の家業を絶やさず守り続ける意となり、さらに、長い間家業を続けて資産を築き、客の信用も得るという意にも用いられるようになった。その動詞の連用名詞形が「しにせ」で、何代も続いた店の意となり、同義の漢語「老舗《ろうほ》」を当てて書く。

自腹を切る《じばらをきる》

払う必要のない経費をやむなく自分の金で払うこと。「自腹」は「懐」と同じ比喩表現で、自分が持っている金のこと。「切る」は「身銭を切る」というのと同じで、金を使う意。江戸時代から用いられる言葉で、どんな事情があるにせよ、出費は痛手であるし、ましてや喜んでするわけではないことから、武士の切腹、「腹を切る」との連想が働いているのかもしれない。

資本《しほん》

土地・労働と並ぶ、生産の三要素の一つで、事業をするのに必要な基金。古代中国の語学書『釈名』にすでにある語で、江戸時代後期の経済学者佐藤信《のぶ》淵《ひろ》の著書『経済要録』には「大金の資本」という記述が見られる。明治時代になって、英語capitalの訳語として最初は「財本」が用いられたが、後期になって「資本」の語が定着した。

商社《しょうしゃ》

国内外の貿易など、商業上の目的のために作られた法人組織。英語のcom-panyの訳語。一八六〇（万延元）年、通商条約批准のために渡米し、のちに外国奉行、軍艦奉行などを務めた、小栗忠順《ただまさ》が初めて用いたとされる。

商標《しょうひょう》

商品につける、独自の文字や記号などの標識。商標法に基づき登録すると、排他的、独占的にその使用が認められる商標権が発生する。英語trademarkの訳語。一八八四(明治一七)年、農商務省内に商標登録所が設けられ、商標条例が公布され、「商標」の語が一般に広まった。

蛸配当《たこはいとう》

業績が悪く、利益が上がっていないのに、無理をして株主に配当を出すこと。タコが自分の足を食べるように、自分の財産を減らすことからいうもの。ただし、実際はタコにそういう習性はなく、足がないタコがいたら、それはウツボなどに襲われて食べられるといった別の要因による。

棚卸し《たなおろし》

決算や資産評価のために、在庫の商品や製品などの数量や品質などを調べ、その価額を評価すること。江戸時代には正月の上旬の吉日と七月に行われた。在庫の物を一つ一つ調べることから、人の行状をすっかり調べる意、さらに、人の欠点を並べたてる意にもいうようになった。江戸後期の式亭三馬の『浮世風呂』に「なにもそんなに棚卸をするにはおよばねへヨ」とある。

手当《てあて》

労働に対して与えられる金銭。また、病気やけがなどの処置。本来、この「手」は仕事をする人、いわゆる人手の意。室町時代には、何かをするときの要員の意味で用い、要員を配置することを「手当てを置く」のようにいった。江戸時代になって、労働の報酬、賃金、心付け、もてなしなどの意味へと展開、さらに後期には病気やけがの処置をいうようになった。俗に語源として、患部に手を当てるところからという説があるが、あとからの意味づけとされる。

デパート

百貨店。「デパートメントストア(英department store)」の日本での略称で、昭和初期に広く使われるようになった。「デパートメント」は部門の意で、いろいろな商品を部門別に並べて売ることからいうもの。ちなみに、百貨店は「デパートメントストア」の訳語。

投機 とうき

損失の危険を承知の上で、大きな利益をねらってする行為。もとは仏教語。禅宗で、師家《しけ》と弟子の機（はたらき）が一つになること、また、修行者が大いなる悟りを開くことをいう。転じて、機会をうまくとらえる意になり、さらに、偶然の利益・幸運をねらう行為の意へと展開した。

虎の子 とらのこ

手放せない大事なもの。特に、大切に持っているお金のこと。虎は子どもを非常にかわいがることからのたとえで、江戸時代から用いられている言葉。

丼勘定 どんぶりかんじょう

記帳などせず、あるに任せておおまかに金の出し入れをすること。無計画に金を使うこと。「丼」は、江戸時代、お金や小物を入れて、懐に持ち歩いた大きめの袋のことで、更紗《さらさ》や緞子《どんす》などで作り、若い遊び人が好んで用いたという。この袋にお金を入れておいて、無造作に出し入れしたことから「丼勘定」という言葉が生まれたとされる。また、一説には、大工や鳶《とび》などの職人が着けた腹掛けの前の部分についたポケット状の物入れのことを「丼」といい、そこに入れておいたお金を無造作に出して使ったことからともいう。

問屋 とんや

生産者から商品を仕入れて、小売業者に卸し売りする商店。平安時代末期、荘園領主の命を受け、港湾などに居住して、主に年貢米の輸送や保管、船の手配などをする者、またその職務を「問職《といしき》」といった。鎌倉・室町時代になると専業化し、中継ぎ取引や船商人への宿所の手配などもする「問丸《といまる》」へと発展。さらに、水上以外に陸上輸送も行うようになると「丸」が「屋」となり、「問屋《といや》」と呼ばれるようになった。江戸時代に「問屋《とんや》」と音変化した。

二束三文 にそくさんもん

数が多くても、値段が極めて安くて、価値がないこと。「文」は昔の貨幣単位で、「三文」は一文銭三枚、すなわち、わずかな金の意。二束《ふたたば》で三文にしかならないというのがもとの意味。「二足三文」とも書くが、一説には、江戸時代初期に、わらやイグサで編んだ大きくて丈夫な金剛草履《こんごうぞうり》が、二足で三文だったことからといわれる。

二足の草鞋を履く　にそくのわらじをはく

同じ人が二つの職業や立場を兼ねること。もともとは江戸時代に、博《ばく》打《ち》打ちが十手を預かって、自分たちを取り締まる役目の岡っ引きを兼ねたことをいった。博打打ちと岡っ引きでは全く逆の立場であることから、本来は両立しえない二種の仕事をすることをいったが、のちに、単に二つの職業や立場を兼ねる意味で用いられるようになった。

羽振りがよい　はぶりがよい

経済力や権力、勢力があって、世間で大きな顔をすることをいい、江戸時代から用いられる。もとは文字通り、鳥が羽を振る意で、飛び立つときに羽を振る様子がいかにも勢いがあることからのたとえ。

バブル経済　バブルけいざい

株式や土地などの資産価値が実態経済からかけ離れて異常に膨張して生じた経済状況。一九八六（昭和六一）年に始まり、それから六年ほどの間の肥大した日本経済をいう。「バブル(bubble)」は泡、あぶくのこと。

火の車　ひのくるま

財政が困窮していること。もとは、仏教語の「火車《かしゃ》」を訓読みしたもので、生前悪事を犯した亡者を地獄に運ぶときに乗せるという、火が燃えさかる車のこと。大変な苦しみであることから、財政困難、貧困のたとえにいう。ちなみに、火車をひくのは地獄の獄卒で、牛または馬の頭をし、体は人の姿をした、牛頭馬頭《ごずめず》である。

ビヤホール

[英 beer hall] ビールを中心に飲ませる酒場。「ビアホール」ともいう。一八九九（明治三二）年、日本麦酒《ビール》醸造会社が新橋際に恵比寿麦酒《えびすビール》のビヤホールを出したのが始まり。この会社の社長の馬越恭平がドイツのBierhalleをまねたもので、英語で「ビヤホール」としたのはイギリス人の提案という。

ブランド

[英 brand] 商標。銘柄。特に、有名な銘柄をいう。もとは、家畜に所有者を示すために押した焼き印のこ

とで、そこから商品の製造元などを表す印、商標の意が生じた。

へそくり

家計をやりくりして内緒で貯めたお金のこと。「へそ」は「綜麻《へそ》」で、紡いだ麻糸を環状にくるくると巻いたもののこと。綜麻を繰《く》って貯めたお金の意の「綜麻繰り金《がね》」の略。「臍繰り」と書くのは腹部の「臍《へそ》」と誤解したことによる当て字。

棒引き ぼうびき ⇩99ページ「帳消し」

ボーナス

［英 bonus］賞与。特別手当。また、割増金。もとはラテン語で、良い（物）の意。一八世紀末、ロンドンの証券取引所で行われた株式の特別配当を冗談めかしてこう呼んだのが始まりという。欧米では、基準以上の成果に対して与えられる賃金の割増し分をいうのに対し、日本では原則的に利益分配の形で夏期・年末などに支払われる一時金をさす。年二回制は盆暮れに雇い主から与えられた「お仕着せ」（⇩50ページ）に由来する。

香具師 やし

祭りや縁日などの人出の多い所で、独特の口調で物を売ったり、見せ物を興行したりすることを業とする人。はじめは薬や香具（香道で用いる道具）などを扱っていたようで、「香具師《こうぐし》」の字が当てられた。語源には、野武士が飢えをしのぐために薬売りをしたことから、「野士《やし》」の意とする説、売薬行商の元祖である弥四郎《やしろう》にちなむとする説、また、「山師《やまし》」を略したとする説などがあるが、いずれも定かではない。「てき屋」（⇩139ページ）ともいう。

リクルート

［英 recruit］求人。人材募集。特に、学生が就職活動をすることをいう。もとは、米軍で新兵、また、新兵を募集することをいい、それが一般にも転用された。

リストラ

組織の改編、事業内容の見直し、人員削減などによる、企業の建て直し。特に人員削減をさしていうことも多い。再構築を意味する英語「リストラクチャリング（restructuring）」の日本における略語。バブル景気が崩壊した一九九〇年代に一般に広まった語。

リベート

[英 rebate] 割戻し。支払い代金の一部を支払い人に謝礼として戻すことで、その金銭についてもいう。斡旋《あっせん》や仲介の手数料、時には賄賂《わいろ》の意で用いることがあるが、これは日本独自の用法。

レストラン

[フランス restaurant] 西洋料理店。日本では江戸時代末に長崎や横浜で開業。現在は中華料理など西洋料理以外の店にも用いる。元気を回復させる意のラテン語restauroに基づく語。

割り勘 わりかん

勘定の総額を等分に割って、各人が払うこと。「割り前勘定」を略した言葉で、「割り前」は各人に割り当てる額、また、頭割りのこと。明治時代初期に用いられるようになった言葉。

もとは 商売・仕事からの言葉

油を売る あぶらをうる

無駄なおしゃべりをして、仕事を怠けることをいう。江戸時代、油売りは客のところに出向き、量り売りしたものであったが、柄杓《ひしゃく》で容器に移すとき、油がゆっくり垂れて最後の一滴が切れるまでに時間がかかり、その間に客と世間話をしているところが、いかにも仕事を怠けているように見えたことからいうもの。この油は髪油とする説と行灯《あんどん》用の油とする説があるが、いずれにしても相手はおしゃべり好きな女性であったのではと推測される。ちなみに、照明用の油に使われたのは菜種油で、江戸時代に行灯が普及するとその需要は増したという。戦国時代、斎藤道三が油の行商人から美濃の大名になったのは有名な話で、その道三が扱った油は菜種油であった。

河岸を変える かしをかえる

飲食や遊びの場所を変えることで、「河岸を変えて飲み直そう」のように用いる。「河岸」は川の岸のことで、特に、舟から人や荷物の揚げ下ろしをする場所をいう。また、魚市場、魚河岸のこともいい、現在はこの意で用いることが多い。江戸時代には新吉原を囲む掘割沿いの通りを「河岸」といい、そこにある遊女屋のこともいった。「河岸を変える」といえば、もともとは遊女が抱え主や働き場所を変えることで、そこから転じて、一般に遊び場所を変える意味になった。

沽券に関わる《こけんにかかわる》

品位や体面に差し支えること。「沽券」は、昔、土地や家屋などを売買するときに、売り主が買い主に与えた契約成立の証文のこと。「沽」は売るの意。財産価値、物の値打ちの意味から転じて、人の価値、品位や体面をいうようになった。

仕舞屋《しもたや》

もとは商家で、今は商売をやめている家のこと。転じて、商店ではない、ふつうの家のこと。「しもうたや（仕舞うた屋）」が変化した語で、「しもうた」は終えたの意。江戸時代には、商売で財産ができると店をたたみ、ふつうの家構えで金貸しをするなど、財産の利潤で裕福に暮らす人やその家のこともいった。

太鼓判を押す《たいこばんをおす》

絶対大丈夫、確実であると保証すること。「太鼓判」は太鼓のように大きな判のことで、江戸時代に、品質保証の意味で大きな判が用いられたことによるもの。現在は品物のほか、人物についても用いられる。

棚上げ《たなあげ》

物事の処理や解決を一時保留して、手をつけないこと。本来は、商品のだぶつきを避けたり、値上がりを待ったりするなど、需要と供給の調整をはかるために一時的に倉庫などに保管し、市場に出さないことの意。そこから物事を一時的に保留する意が生じた。同様の表現に「棚に上げる」があるが、「自分のことは棚に上げる」といえば、自分のこと、特に都合の悪いことはさておいて、他人のことをとやかく言ったり批判したりする意である。

帳消し《ちょうけし》

お互いに差し引いて、損得を無しにすること。もとは、帳簿の金の貸し借りなどの記載について、完済されるなどしてその事実がなくなったとき、棒線を引いて消すこと。そこから債務や義務がなくなること、さらには金銭関係以外の損得についても用いられるようになった。江戸時代から用いられる。同類の言葉に「棒引き」があるが、これは帳簿の記載事項に棒線を引いて消すことから、金銭の貸し借りや支払いの義務などを無しにする意で、「帳消し」と異なり、金銭関係についてのみ使われる言葉。

二進も三進もいかない《にっちもさっちもいかない》

行き詰まって、どうにも動きがとれない状態をいう。「にっち」「さっち」は、そろばんの用語で「二進《にしん》」「三進《さんしん》」が変化した語。割り算のとき、「二進一十《にしんいんじゅう》」「三進一十《さんしん》」といって、二を二で割る、三を三で割ると商一が立って、計算のやりくりがつく。それがうまくいかないということで、金銭的にやりくりがつかない、商売がうまくいかない意で用いられたが、のちに、身動きが取れない意味へと転じた。

札付き《ふだつき》

世間で悪いという定評があること。また、その人。もとは、商品に正札が付いていることで、転じて、人の評価に用いるようになったもの。江戸時代から用いられ、本来は良い意味であったものが、多くは悪い評判が立っている人を指していうようになった。「あいつは札付きの悪だ」といえば、正真正銘の悪人ということ。

棒に振る《ぼうにふる》

無駄にする、ふいにすること。「せっかくのチャンスを棒に振る」「一生を棒に振る」のように用いる。一説に、江戸時代に、野菜や魚などを天秤棒で担ぎ、売り声を上げながら売り歩くことを「棒手《ぼて》振り」といい、担いだ荷をすっかり売ることから、財産を無くす、さらにそれまでの努力や苦労が無になることへと意味が転じたとされる。

目一杯《めいっぱい》

最高限度まで。精一杯。この「目」ははかりの目盛りのことで、「目一杯」は目盛りぎりぎりいっぱいまでという意味。はかり売りの場合、売り手はできれば少なく、買い手は少しでも多く、というわけで、両者の心理的な駆け引きがうかがえる言葉。決して目をいっぱいに見開くことではない。

行きがけの駄賃《ゆきがけのだちん》

何かをするついでに他のことをしたり、少しの利益を得たりすること。もとは、馬を引いて人や荷物を運ぶことを業とする馬子《まご》が、問屋などに荷物を取りに行くついでに、よその荷物を運んで得た手間賃のことをいった。江戸時代に生まれた言葉。

交通・乗り物

クラクション

[英 klaxon] 自動車などの警笛。もとはフランスの警音器メーカー、クラクソン(Klaxon)社の商標名。

コックピット

[英 cockpit] 航空機やレーシングカーなどの操縦室または操縦席。「コック」は雄鶏、「ピット」は穴、くぼみの意で、もとは闘鶏場のこと。操縦室や操縦席ではまさに戦闘態勢のような緊迫した状況が繰り広げられることからたとえていう。

ゴンドラ

[イタリア gondola] イタリアのヴェネチアの水路で用いる平底船。また、飛行船や気球、ロープウエーなどの吊りかご。もとはイタリアのフリウール方言で、揺れる意。また、ヴェネチア方言で、揺れの意のdondolaからともいわれる。

ジープ

[英 jeep] 四輪駆動の小型自動車。一九四〇年にアメリカのウイリス・オーバーランド社が軍用に開発したもので、もと商標名。名前の由来はgeneral purpose(軍用の意)の略であるG.P.からとされる。ほかにも諸説あり、E.C.Segarの漫画『ポパイ』に登場する架空の小動物の名にちなむとも、また、将軍G.Lynchが類似の自動車を試乗したとき、jeepers creepers(これはこれは)と叫んだことから、設計者のC.H.Payneが命名したともいわれる。

ソーラーカー

[英 solar car] 太陽光線のエネルギーで動く車。「ソーラー(solar)」はラテン語のsōlārisからで、solは太陽の意。ローマ神話ではSolは太陽神で、ギリシア神話のヘリオスに当たる。

タクシー

[英 taxi] 時間と距離に応じた料金で、客を輸送する営業用自動車。taxiは料金自動表示器のtaximeterの略。taxは税金の意。ちなみに、日本で初めてタクシー会社ができたのは一九一二(大正元)年のことで、東京で営業が

開始された。

ダンプカー

荷台を傾けて、土砂などの積み荷を降ろす仕組みのトラック。「ダンプ（英 dump）」はごみなどを投げ捨てる、積み荷などをどさっと降ろす意。それに車の意の「カー（英 car）」を合わせて作った和製語。アメリカ英語ではdump truckという。略して「ダンプ」ともいう。

地下鉄《ちかてつ》

線路が地下のトンネルに敷設されている鉄道。線路は一部、地上の場合もある。日本では、一九二七（昭和二）年、上野・浅草間で運転されたのが最初。日本に紹介された当初はunderground railwayの訳で「地下鉄道」と呼ばれていたが、開業とともに「地下鉄」が一般化した。

ディーゼルエンジン

〔英 diesel engine〕空気を急激に圧縮して高温にしたところへ、重油などの燃料を吹きつけて着火爆発させ、動力とするエンジン。熱効率がよく、自動車・船舶・鉄道などに広く利用される。「ディーゼル」は、発明者であるドイツの技術者ルドルフ・ディーゼル（Rudolf Diesel 一八五八〜一九一三）の名前にちなむ。

トラック

〔英 truck〕貨物自動車。原義は鉄の輪、車輪。古くは手押し車のことをいい、現在の意味はmotor truck（エンジンで動かす車）の略。

ハイヤー

営業所や特定の場所に待機し、客の申し込みに応じて営業する、運転手付きの貸し切り自動車。英語ではhired taxiまたはautomobile on hireといい、「ハイヤー」は日本での略称。英語のhireは雇う、賃借りの意。

パスポート

〔英 passport〕旅券。国民が海外渡航する際に国が発給する国籍証明書の一種。「パス（pass）」は通過させる、「ポート（port）」は港の意。もとは中世フランス語のpasseportからで、港の通行許可のこと。

パラシュート

〔英 parachute〕落下傘。もとはフランス語で、「パラ(para)」は防ぐ、「シュート(chute)」は落ちる意。フランスの物理学者で発明家のルイ・セバスチャン・ルノルマン（一七八二～一八三七）の造語。

飛行機《ひこうき》

英語airplaneの訳語。一九〇八（明治四一）年一〇月三日の万《よろず》朝報には「飛行器」の表記も見える。ちなみに、一九一〇年、代々木練兵場で徳川好《よし》敏《とし》大尉がフランス製ファールマン式複葉機に試乗したのが日本での公式の初飛行とされる。イギリス英語ではaeroplaneともいい、フランス語aéroplaneに由来。平らな空気の意で、気球が球形なのに対して扁平であることからいう。一九世紀のフランスの彫刻家ジョゼフ・プリヌの造語。

ボンネット

[英 bonnet] 自動車のエンジン部分の覆い。また、頭頂から後頭部を覆い、ひもをあごの下で結ぶ、女性や子ども用の帽子のこともいい、もとはフランス語。丘の意の古期フランス語からとも、バンド状の髪飾りの意のラテン語からともいう。

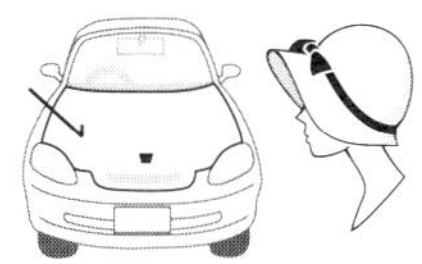

リニアモーターカー

[英 linear motor car] 磁気力を利用して直線推力を発生させるリニアモーターを動力として、軌道から車体を浮上させて走る列車。「リニア」は形容詞で、直線の、線状の、の意。

リムジン

[英 limousine] 高級箱型乗用車。また、空港の旅客を送迎するバス。もとは、フランス中西部の旧州リムーザン(Limousin)地方の羊飼いが着たマント、「リムジーヌ(limousine)」に由来。それが馬車を操る馭者《ぎょしゃ》のマントに似ていたことから馬車自体を指すようになり、マントが後ろの客との仕切りの役割をしたことから、運転席と後部座席に仕切りのある乗用車の名称となった。

ロケット

[英 rocket] 燃料の燃焼によって発生したガスを後方に噴射させ、その反動で推進する飛行物体。また、その推進装置。もとはフランス語で、火矢、のろしの意のroquetteから。

情報・通信

アナウンサー

［英 announcer］ テレビ・ラジオで、ニュースを読んだり、司会や実況中継をしたりする人。広く知らせる意の「アナウンス(announce)」から。日本で最初にアナウンサーという呼称が使われたのは一九二五（大正一四)年。

インターネット

［英 internet］ コンピュータを用いた、世界規模の通信網。「インター(inter)」は相互、「ネット(net)」は網の意。

ウェブ

［英 Web］ インターネットの情報ネットワーク。「ワールドワイドウェブ(World Wide Web)」の略。webの原義はクモの巣。

雑誌《ざっし》

一定の誌名のもとに、号を追って定期的に発行される出版物。もとは、種々雑多な事柄を書いた書物の意。一八六七(慶応三)年、洋学者の柳河春三《しゅんさん》が『西洋雑誌』を発行するに当たり、英語magazineの訳語として用いた。

サムネイル

［英 thumb nail］ コンピュータで、閲覧用の縮小画像。原義は親指の爪。親指の爪のように小さいことから。

新聞《しんぶん》

時事に関する速報を中心に、さまざまな内容を盛り込んだ定期刊行物。もとは、新しく聞いた話の意。幕末にnews、newspaperの中国での訳語「新聞」「新聞紙」が取り入れられたが、明治二〇年代に「東京日日新聞」などの固有名詞に多く用いられ、「新聞」はもっぱらnewspaperの意で定着した。

スクープ

［英 scoop］ 他社に先んじて記事にすること。また、その記事。オランダ語のschop（スコップ）と同源で、スコップですくう、掘り出す意でいうもの。

タブロイド

［英 tabloid］ ふつうの新聞を二つ折り

にした大きさ。また、その大きさの新聞。錠剤の意の tablet の tabl に「…状の物」の意の接尾語 -oid をつけた語で、もとは、英国の製薬会社の圧縮成型した錠剤の商標名。圧縮されたという意味から、新聞に転用された。扱う内容が当初はセンセーショナルなことが多く、大衆紙の代名詞となった。

テレビ

「テレビジョン（television）」の略。遠く離れたの意の tele- と、見ることの意の vision が合わさってできた語。電波によって、遠くのものを見ることができることからいう。

電報《でんぽう》

英語 telegram の訳語。もともとはアメリカの物理学書の漢訳『格物入門』（一八六八）や『英華字典』（一八六六～六九）に用いられていた語。日本では一八七〇（明治三）年一月二六日に東京・横浜間で開通した。当初は「電報」のほかに「電信」「伝信」とも呼ばれていた。

電話《でんわ》

英語 telephone の訳語。一八七六（明治九）年、グラハム・ベルによって発明された電話機が輸入され、そのまま「テレフォン」と呼ばれたが、翌年、工部省電信局製機所の技手であった若林銀次郎が「電話」「電話機」と訳した。もともと話を伝える意の「伝話」という言葉があり、そこから当初は「伝話」「伝話機」とも表記された。ちなみに、「公衆電話」という言葉は、一九二五（大正一四）年にそれまで使われていた「自働電話」に代わって用いられるようになった。

葉書《はがき》

一定の規格・様式をもった通信用紙。もとは「端書」「羽書」などと書いて、紙切れに書き付けた文書のこと。江戸時代には、代官などが発行する仮の徴税令書、借金の督促状、伊勢の国で通用する紙幣、また、銭湯で代金を前納した人に渡す小さな紙片などをいった。明治時代になって、郵便制度創設から二年後の一八七三（明治六）年に「郵便葉書」が誕生。略して「葉書」というようになったが、明治期には「端書」の表記のほうが多く見られる。

ファクシミリ

［英 facsimile］複写電送装置。ラテン語で、「ファク（fac）」は…を作

れ、「シミリ（simile）」は似たもの、の意。すなわち、似たものを作れという意の合成語。略して「ファックス（fax）」ともいう。

ブログ

［英 blog］日記に近い形式で体験や意見などをインターネット上に公開する個人用サイト。ウェブとログ（日誌）を合わせた「ウェブログ（weblog）」を省略していう語。

放送《ほうそう》

テレビ・ラジオなどで、報道や娯楽などの番組を広範囲に大勢の人々に同時に伝えること。もとは、船舶の無線電報で、無線局が個々の船舶の応信のないまま、一方的に送信することを送りっぱなしの意で「放送」といったが、一九二二（大正一一）年、放送制度の立案に際し、それをbroadcastingの訳語として用いた。

マウス

［英 mouse］パソコンの入力装置。その形がネズミに似ていることからの命名。ちなみに、マウスのボタンを押す操作を「クリック（英 click）」というが、これは押すときのカチカチという擬音語に由来する言葉。

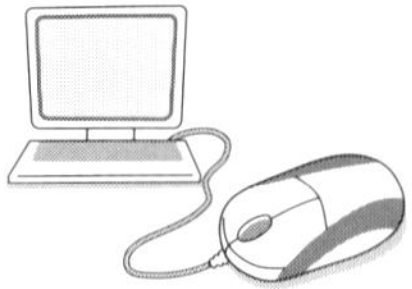

郵便《ゆうびん》

書状や葉書、小包などを国内外に配送する通信制度。この語は江戸時代の文化・文政（一八〇四〜一八二九）のころから、頼山陽などの学者の間では飛脚便の意味ですでに使われていたが、一八七〇（明治三）年、郵便制度の創設に貢献した前島密《ひそか》らの建議により選定され、一般化した。

ラジオ

［英 radio］放送局が電波を利用して受信者に届ける、ニュースや音楽などの放送。また、その受信装置。「radio-telegraphy（無線電信）」の略。

ラップトップ

［英 laptop］腰をかけて、膝《ひざ》の上に置けるサイズのコンピュータ。また、その形式をいう。ノートの大きさであることからノート型パソコンともいう。「ラップ」は膝、「トップ」は上の意で、原義は膝の上。

ユニークな社名の由来

アツギ

繊維製品のメーカー。一九四七（昭和二二）年、神奈川県海老名《えびな》に設立。当時、マッカーサーが厚木飛行場に降り立ち、厚木の名が有名になったことから、会社も世界に知られるようにとの願いを込めて社名を「厚木編織」とした。一九九九（平成一一）年、カタカナで「アツギ」に改称。

アデランス

ウィッグメーカー。フランス語で、しっかりついているという意味のアデランス（adhérence）に由来。創業者の一人が横浜市立大学教授の早瀬利雄に依頼して命名してもらったもの。

江崎グリコ　えざきグリコ

食品会社。「江崎」は創業者の江崎利一《りいち》から、「グリコ」はグリコーゲンの略で、それを合わせた社名。有明海にて牡蠣《かき》に含まれる栄養素グリコーゲンに出会い、子どもたちの健康づくりに役立てたいとの願いから、グリコーゲン入りのキャラメルを考案し、栄養菓子「グリコ」が誕生。一九二二（大正一一）年に大阪の三越百貨店で発売したのが始まり。

エスビー食品　エスビーしょくひん

スパイス・加工食品を中心とする食品会社。一九二三（大正一二）年、純国産カレー粉を製造販売する「日賀志屋」が創業。一九三〇（昭和五）年、社運が日を昇る勢いであるように、また、鳥が大空を舞うように、自社製品が全国に行き渡るようにとの願いを込めて太陽と鳥を図案化したヒドリ印と太陽（sun）と鳥（bird）の頭文字を並べたS&Bを商標にした。そのS&Bにちなんで、一九四九年、現社名に改称。

オムロン

電子機器のメーカー。大阪で創業の立石電機製作所が第二次世界大戦中に京都の御室《おむろ》に疎開。戦後「立石電機」と改称。御室にちなんでブランド名を「オムロン（OMRON）」とした。一九九〇（平成二）年に、よりグローバルな事業展開を目指し、これまで認知されてきたブランド名を社名にした。

オリンパス

光学機器・精密機器のメーカー。ギリシア神話で、十二神が住むという聖なる山「オリンポス」を英語読みしたもの。創業時の社名は「高千穂製作所」といい、日本神話の天上の国、高天原（高千穂）から世界へ羽ばたく意味を込めて、製品のブランド名とした。社名は「オリンパス光学工業」を経て、二〇〇三（平成一五）年、現社名に改称。

花王《かおう》

洗剤や化粧品を中心とする化学メーカー。明治時代初期には洗濯用の石鹼《せっけん》を「洗い石鹼」、洗顔用のものを「顔洗い」と呼んでいた。その顔洗いを国産化し、普及させたのは一八八七（明治二〇）年創業の長瀬商店の長瀬富郎で、「かお（顔）」の当て字として「花王」を用い、一八九〇年に「花王石鹼」を発売した。社名は「花王石鹼」を経て、一九八五（昭和六〇）年、現社名に改称された。

カルビー

製菓会社。カルシウムの「カル」とビタミンB_1の「ビー」を合わせたもの。第二次世界大戦後、食糧難でビタミンB_1が不足していたことから、前身の松尾糧食工業の創業者松尾孝がカルシウムとビタミンB_1を補う目的で菓子を製品化。社名は「カルビー製菓」を経て、一九七三（昭和四八）年、現社名に改称。

キヤノン

カメラ・事務機・プリンターを中心とする精密機器メーカー。一九三四（昭和九）年、創業者の一人である吉田五郎が熱心に観音を信仰していたこともあり、観音様の慈悲にあやかり、世界で最高のカメラを創りたいとの願いをこめて、最初のカメラ試作器を「KWANON（カンノン）」と命名。のちの本格的な発売開始に向けて、世界で通用するブランド名が必要になり、英語で「聖典」「規範」「標準」の意のCANON（キヤノン）を当ててブランド名とした。社名は「キヤノンカメラ」を経て、一九六九年現社名に改称。

錦松梅《きんしょうばい》

食品会社。食道楽の創業者が自らふ

りかけを考案。彼の趣味の一つであった盆栽から、葉ものの代表格である「錦松《にしきまつ》」と花ものの代表格である「梅」を合わせて命名。一九三二（昭和七）年創業以来、社名ともなっている。

グンゼ

繊維製品のメーカー。創業者の波多野鶴吉が地場産業（蚕糸業）の振興は何鹿《いかるが》郡（現在の京都府綾部市）の是（方針）であるとし、一八九六（明治二九）年に社名を「郡是《ぐんぜ》製絲」として会社を設立。小さな養蚕農家から広く出資を募ったところに波多野の地元の蚕糸業振興にかける並々ならぬ信念が伺える。一九六七（昭和四二）年に「郡是」をカタカナの「グンゼ」に社名変更した。

コクヨ

文具・総合事務機のメーカー。一九〇五（明治三八）年、黒田善太郎が大阪市で和帳の表紙を作る「黒田表紙店」（のちの「黒田国光堂」）を創業。一九一七（大正六）年、「故郷富山の国の誉れとなる」という意を込めて商標を「国誉」と定め、一九六一（昭和三六）年、商標呼称と社名呼称を統一し、カタカナの「コクヨ」に変更した。

コニカミノルタ

光学機器・電子材料などのメーカー。「コニカミノルタホールディングス」の略称。「コニカ」は前身の小西六《こにしろく》写真工業のカメラのブランド名を社名にしたもので、「小西六」の「コニ」に「カメラ」の「カ」を合わせた。「小西六」は創業者の杉浦六三郎が経営していた薬問屋「小西屋六兵衛店」の名から。「ミノルタ」は創業者の田嶋一雄が「稔るほど頭を垂れる稲穂のように謙虚であれ」という母親の教えから、「稔る田」の意味でつけたカメラのブランド名。「タ」は田嶋の「田」とも、ツァイス・イコンのカメラ「イコンタ」にちなむともいわれる。社名も創業からいくつかの変遷を経て、のち「ミノルタ」と改称。二〇〇三（平成一五）年、両社が経営統合して現社名となった。

参天製薬《さんてんせいやく》

製薬会社。「参天」は、中国の儒教の経書『中庸』にある、「天地の化育を賛《たす》くべければ、即ち以って天地と参となるべし（聖人は天〈万物の秩序と原理〉と地〈人間社会〉の調和を助けるものである)」によるもの。創業者の田口謙吉が、医薬で人々の健康の増進に貢献したいという願いを込めて命名。

サントリー

清涼飲料、ビール、洋酒などを製造販売する総合食品メーカー。「サン」は同社発売の赤玉ポートワインの「赤玉」が太陽(サン)を表すことに由来。「トリー」は創業者の鳥居信治郎の姓から。一九六三(昭和三八)年、当時の社名「寿屋」から「サントリー」とした。現社名はサントリーホールディングス。

シヤチハタ

捺印具・筆記具などの製造メーカー。一九二五(大正一四)年、名古屋で舟橋金造、高次の兄弟が「舟橋商会」を設立。一九二九(昭和四)年、日の丸の赤い部分を名古屋城の金のしゃちほこの図柄にした旗印を商標登録。「しゃち」と「旗」で、「シヤチハタ」をブランド名とし、後に社名とした。

松竹《しょうちく》

歌舞伎、演劇の製作・興行、映画の製作・配給・興行会社。一九〇二(明治三五)年、新聞社が、創業者の大谷竹次郎と双子の兄白井松次郎の活躍を「松竹《まつたけ》の新年」と紹介したことから、「松竹」の名が起こる。当初は「松竹《まつたけ》」だったが、一九二〇年代に「松竹《しょうちく》」と呼び方が変わった。

積水化学工業《せきすいかがくこうぎょう》

住宅、管工機材、建材、高機能プラスチック製品を中心とする化学メーカー。一九四七(昭和二二)年「積水産業」として創業。翌年より社名を「積水化学工業」に改称。「積水」は中国最古の兵法書『孫子』軍形篇の一節「勝者の民を戦わしむるや、積水を千仭《せんじん》の谿《たに》に決するがごときは形なり」に由来。これを「しっかりした戦略と準備に基づき、満々とたたえられた水(積水)を深い谷底に切って落とすような激しい勢いで、一気に打って出る」とし、その意味を社名に込めている。

セコム

警備サービスを行う会社。英語のセキュリティー(security)とコミュニケーション(communication)の頭の部分を組み合わせてSECOMと命名。他社に先駆けてオンライン警備を導入し、社会に安全と安心を提供することを目指して、「日本警備保障」から改称。

ソニー

映像・音響を中心とする電機・電子機器メーカー。前身は、一九四六（昭和二一）年に創業した東京通信工業。一九五五年、日本初のトランジスタラジオに初めて「SONY」のブランドを採用したのが始まり。「SONY」は、音を意味する英語soundの語源であるラテン語sonus（ソヌス）と、小さい、坊やの意の英語sonnyを合わせた造語。会社は小さいが、はつらつとした若者の集まりであるという意味が込められている。簡単な名前で、どこの国の言葉でもだいたい同じように読めて発音できることが大事であるということで考案された。一九五八年、社名も「ソニー」に変更。

ダイハツ工業《ダイハツこうぎょう》

自動車メーカー。一九〇七（明治四〇）年、大阪で発動機製造株式会社を設立。大阪の発動機製造という意味で「大発《だいはつ》」と呼ばれ親しまれるようになり、一九五一（昭和二六）年にカタカナで「ダイハツ」とし、社名とした。

チョーヤ梅酒《チョーヤうめしゅ》

梅酒を主とする酒類製造販売会社。前身の「蝶矢ブドー酒醸造場」、「蝶矢洋酒醸造」の「蝶矢」は、創業地の大阪府南河内《かわち》や生駒《いこま》山系のふもとには古来よりたくさんの蝶が生息していたことと、石器時代に鏃《やじり》や石包丁などに使う石が採取されたことに由来する。その「蝶矢」をカタカナにして現社名とした。

ニッカウヰスキー《ニッカウイスキー》

酒類製造会社。旧社名の「大日本果汁」は、ウイスキーは醸造に時間がかかることから、その間の収入を確保するためにリンゴジュースを販売したことに由来。後に社名の「日」と「果」から「ニッカ」とし、ウイスキーのブランド名を「ニッカウヰスキー」とし、一九五二（昭和二七）年、ブランド名を社名とした。

パイロットコーポレーション

総合筆記具メーカー。パイロットは水先案内人の意。前身は「並木製作所」で、創業者の一人並木良輔がもとは船乗りだったことから、視野を世界に、業界の水先案内人たらんとする意味を込めて、自社の万年筆を「パイロット」と名付けた。社名は「パイロット万年筆」「パイロット」を経て、二〇〇三（平成一五）年、現社名に改称。

バンダイ

総合玩具メーカー。旧社名「萬代屋」の「萬代」は、中国周代の兵法書『六韜《りくとう》』にある「萬代不易（永久に変わらないの意）」に由来する。いつの世も人に愛されるおもちゃ作りと企業の発展を願って、創業者の山科直治が命名。一九六一（昭和三六）年、カタカナで「バンダイ」と改称した。

福助 ふくすけ

足袋・靴下・下着などの衣料品メーカー。創業者の長男辻本豊三郎が伊勢神宮参拝の帰りに古道具屋で見つけた福助人形にヒントを得て、父親の福松と相談の上、足袋の商標とした。ちょんまげにかみしも姿で正座する福助人形は福を招く、縁起のよいものとして江戸時代から人々に親しまれてきたもので、家業の再生・繁盛を願っての命名。社名は「㊖（マルフク）」「福助足袋」を経て、一九六四（昭和三九）年、現社名に改称。

フマキラー

殺虫剤などの衛生薬品メーカー。一九二〇（大正九）年、創業者の大下大蔵《おおしもだいぞう》が除虫菊からハエや蚊などの殺虫剤を開発。「フライ（英 fly）」（ハエの意）と「マスキート（英 mosquito）」（蚊の意）と「キラー（英 killer）」（殺し屋の意）を組み合わせて、「強力フマキラー液」とした。一九六二（昭和三七）年、その「フマキラー」を社名とした。

ポッカコーポレーション

飲料メーカー。創業者の谷田利景《たにだとしかげ》が、ニッカバーを経営していたときに合成レモン液を開発し、一九五七（昭和三二）年に「ニッカレモン」を設立。その後「ニッカ」にかわる社名を検討し、趣味のゴルフで見つけたニッカーボッカーからヒントを得て、「ボッカ」を響きのよい「ポッカ」として社名を「ポッカレモン」に変更した。一九八二年、現社名の「ポッカコーポレーション」に改称。

マンダム

化粧品メーカー。一九七〇（昭和四五）年、男性用化粧品「マンダム」を発売。man+domainの合成語で、男の世界の意。商品がヒットし、翌年、社名を

「丹頂」から「マンダム」に改称。一九八三年、社名マンダムにhuman（人間）+freedom（自由）の意味を付与した。

ミツカン

食品・調味料のメーカー。創業者中埜《なかの》家の家紋は三を丸で囲むもので、「三」を「ミツ」、○を「カン（環）」と呼んで「ミツカン」を酢の商標名とした。マークは「三」の下に「○」が付いているが、「天下一円にあまねし」という易学の理念を表現。一九九八（平成一〇）年、この商標名を社名とした。

ヤンマー

発動機メーカー。一九一二（明治四五）年、山岡孫吉が産業用発動機のメーカーとして「山岡発動機工作所」を創業。稲田にたくさんトンボが飛び交うときは豊作といわれることから、その発動機の名前を、トンボの王様「オニヤンマ」にちなみ、また、創業者「山岡」の姓にも近いことから、「ヤンマー」と名付けた。のちにその商標を冠した「ヤンマーディーゼル」を社名とし、二〇〇二（平成一四）年、現社名となった。

ロート製薬《ロートせいやく》

製薬会社。一八九九（明治三二）年、山田安民が「信天堂山田安民薬房」を創業。一九〇五（明治三八）年のトラコーマの流行をきっかけに、眼科医井上豊太郎に目薬の処方を依頼し、井上が師事したドイツのロートムンドにちなんで、商品名を「ロート目薬」とした。一九四九（昭和二四）年、創業五〇周年を機に現社名に変更した。

ロッテ

製菓会社。一九四八（昭和二三）年の創業。社名は創業者の重光武雄が愛読した、文豪ゲーテの『若きウェルテルの悩み』のヒロイン、シャルロッテにちなむ。ヒロイン同様、誰からも愛されるようにとの願いが込められている。

ワコールホールディングス

下着を中心とする衣料品メーカー。創業者の塚本幸一は近江商人だった父条《くめ》次郎《じろう》が考えていた会社の名称「和江」（江州に和すの意）を冠した「和江商事」を設立。一九五七（昭和三二）年、その名を永遠に留める意の「和江留」をカタカナ表記にした「ワコール」を社名とした。二〇〇五（平成一七）年、持株会社化により、現社名に改称。

実は商標名！という言葉

アクアラング

［Aqua Lung］圧縮空気のボンベが付いた、潜水用の水中呼吸装置。日本アクアラングの商標名。「アクア（aqua）」は水、「ラング（lung）」は肺の意。一般には「スキューバ」という。

ウォークマン

［WALKMAN］ソニーのヘッドホンステレオの商標名。「ウォーク」は歩く意で、歩きながら聞く人という意味からの命名。一九七九（昭和五四）年に発売。当初はカセットテープレコーダーの名称であったが、現在はソニー製の携帯オーディオプレイヤーの総称。

ウォシュレット

［WASHLET］TOTOの温水洗浄便座の商標名。一九八〇（昭和五五）年、発売。洗う意の「ウォッシュ（wash）」に「トイレット（toilet）」の「レット」の部分を合わせた和製語。

エレクトーン

［Electone］ヤマハの電子オルガンの商標名。電子の、の意の「エレクトロニック（electronic）」に音色の意の「トーン（tone）」を合わせた和製語。初代機種は一九五九（昭和三四）年に日本楽器（現ヤマハ）により開発された。

オキシフル

［OXYFULL］殺菌消毒、漂白などに用いられる過酸化水素水。第一三共の商標名。一般には「オキシドール」と呼ばれる。

カップヌードル

［CUP NOODLE］カップめんの商標名。一九七一（昭和四六）年、日清食品（現在は日清食品ホールディングス）が世界で初めてカップめんを発売。世界で通用するネーミングとするため、Ramenではなく英語のNOODLEを採用した。

亀の子束子《かめのこたわし》

シュロの繊維を束ね、針金で巻いて作ったたわし。明治時代、それまで使われていたワラや縄を束ねたたわしに代わるものとして発明された。その楕円の形に加えて、「亀は万年」という縁起も担いで亀の子束子西尾商店の創業者で発案者の西尾正左衛門が命名。一九一五（大正四）年、商標名となった。以来、一般に「たわし」を「束子」と表記するようになった。

キャラバンシューズ

[Caravan] 登山やハイキング用の靴。キャラバン社の商標名。登山家の佐藤久一朗がベースキャンプまでのアプローチ用シューズとして開発したもの。一九五六（昭和三一）年、日本山岳会によるヒマラヤの巨峰マナスルの初登頂成功の際に使われた。「キャラバン」は隊商の意で、登山では荷物を運ぶポーターの列をいう。

クレパス

[CRAY-PAS] クレヨンとパステルの特長を併せもつ棒状の絵の具の商標名。一九二五（大正一四）年、桜クレイヨン商会（現在のサクラクレパス）により開発・発売された。一般名は「パステルクレヨン」。

サランラップ

[Saran Wrap] 食品包装用ラップフィルム。旭化成ケミカルズとダウケミカルカンパニーの商標名。第二次世界大戦中のアメリカで、主に軍事用に開発。戦後、フィルム会社の社員二人がピクニックに出かけた際、妻の一人がレタスをフィルムに包んで持っていき、評判となり、製品化。「サラン」は二人の妻の名前、サラ（Sarah）とアン（Ann）にちなむ。

シーチキン

[SEA CHICKEN] はごろもフーズが製造・販売している、マグロまたはカツオの缶詰の商標名。味が鶏肉のささみに似ていることから、「海の鶏」の意で命名。一九五八（昭和三三）年、後藤物産缶詰（現在ははごろもフーズ）により商標登録された。

ジェットスキー

[JETski] 川崎重工業の水上オートバイの商標名。エンジン付きで、スキーのように水面を疾走することからの命名。一般名は「水上バイク」。

セスナ

[Cessna] アメリカのセスナ・エアク

ラフト社製の軽飛行機の総称で、商標名。「セスナ」は創業者のクライド・セスナの名から。一般には「軽飛行機」を使う。

セメダイン

[CEMEDINE] セメダイン社の工作用接着剤の商標名。一九二三(大正一二)年、創業者の今村善次郎が化学接着剤を完成。「セメント」と物理学の力の単位「ダイン」を合わせて命名。当時、国内ではイギリス製の「メンダイン」という接着剤が売れており、それを追い出す意味を込めて「攻め出す」と「メンダイン」を合わせて名付けられたともいう。

ゼロックス

[XEROX] アメリカのゼロックス・コーポレーション社の乾式複写機(コピー機)の商標名。一九五九年、世界で初めて同社製のコピー機が発売された。一般には、「複写機」「コピー機」という。

セロテープ

[CELLOTAPE] ニチバンの、セロハンで作られた接着用テープの商標名。一九四八(昭和二三)年、アメリカ製のセロハンテープをもとに製品化された。

宅急便《たっきゅうびん》

小荷物を短期間で届ける運送業。また、その小荷物。ヤマト運輸の商標名で、一九七六(昭和五一)年よりサービスが開始された。同業他社はこの名称は使用できず、たとえば、JPエクスプレスは「ペリカン便」というように、それぞれの呼称をもつ。一般には「宅配便」という。

タッパーウェア

[Tupperware] 食品などを保存する、プラスチック製の密閉容器。略していう「タッパー」とともにアメリカのタッパーウェア社の商標名。アメリカで初めてタッパーウェアが誕生したのは一九四六年、日本では一九六三(昭和三八)年に販売が開始された。一般には「プラスチック製容器」「密閉容器」という。

テトラポッド

[TETRAPOD] 海岸や河川などの護岸に使用する、四脚の消波用コンクリートブロック。一九四九年、フランスのネールピック社より発売。日本には一

九六〇年代に導入され、不動テトラ（旧称日本テトラポッド）の商標名。もとはギリシア語で、「テトラ」は四、「ポッド」は足の意。一般には「消波ブロック」という。

テフロン

［Teflon］フッ素樹脂加工。絶縁材料やフライパン・鍋などのコーティング材に用いられる。アメリカの化学製品メーカー、デュポン社の商標名で、一九四六年に製品化された。

ピアニカ

［PIANICA］鍵盤ハーモニカの商標名。一九六一（昭和三六）年、東海楽器製造が開発し、製造・販売。ピアノとハーモニカとの合成語。東海楽器製造、ヤマハの共同登録商標。

ファミコン

［FAMICOM］家庭用テレビゲーム機。和製語「ファミリーコンピュータ（Family Computer）」の略称で、ともに任天堂の商標名。一九八三（昭和五八）年、同社より発売。

ポラロイド

［Polaroid］特殊な印画紙を用い、撮影後すぐに陽画ができるインスタントカメラ。アメリカのポラロイド社の商標名。Polaroid Land cameraの略。

ポリバケツ

ポリエチレン製のバケツ。「ポリ」はポリエチレンの略。積水テクノ成型の商標名。

マジックインキ

［magic INK］速乾性の油性インクを用いたフェルトペン。内田洋行の商標名。どんなものにも書ける魔法のインキということからの命名。一般には「油性マーキングペン」という。

マジックテープ

［MAGIC TAPE］フック状とパイル状のものをかみ合わせて用いるテープ。クラレの商標名。一般には「面ファスナー」「ワンタッチテープ」という。

万歩計《まんぽけい》

体に付けて、歩数を数える計器。山佐時計計器の商標名。一日に一万歩歩くと健康によいとされることからの命名。一般には「歩数計」という。

風俗・風習

岩田帯《いわたおび》

妊娠五か月目の犬の日に妊婦の腹に巻く白い帯。腹部の保温や保護、胎児の位置を正常に保つのが目的で、五は縁起のよい数字とされ、犬の日に着けるのは犬が安産であることにあやかってのもの。語源には諸説あるが、一説には「いはだおび（斎肌帯）」の意で、「岩田」は堅固であることの意味を込めて当てたとされる。また、「いはたおび（斎機帯）」の意ともされる。「斎」は物忌みの意。

盂蘭盆《うらぼん》

陰暦七月一五日を中心に行われる、先祖の霊をまつって弔う仏事。本来、祖霊を死後の苦しみから救うためのもので、梵語ullambana「倒懸（逆さ吊りの苦しみの意）」の音訳。「盂蘭盆会」ともいい、略して「お盆」という。

お中元《おちゅうげん》

世話になった人に中元の時期にする贈り物。中元は三元の一つで、陰暦七月一五日。もともとは中国の道教による習俗で、半年無事に過ごせたことを祝う日であったが、仏教の盂蘭盆会《うらぼんえ》と混同され、種々の仏事が行われる。贈り物のお中元は通例新暦で、七月初めから一四、五日までにする。ちなみに、三元のうち、上元は陰暦一月一五日、下元は陰暦一〇月一五日。

お彼岸《おひがん》

春分の日、秋分の日を中日として、その前後三日を加えた七日間。「お」は丁寧・敬意を表す接頭語。「彼岸」は仏教で、生死の海を渡った向こう岸の意で、悟りの世界、涅槃《ねはん》、いわゆるあの世のこと。春分・秋分のころを「彼岸」というのは、昼と夜の長さが同じになり、太陽は真西に沈む、その真西にあるのが西方浄土であることによる。ちなみに、迷いの多いこの世のことは、こちら側の岸の意で「此岸《しがん》」という。

鏡餅《かがみもち》

正月に神仏に供える餅。大小の丸餅をひと重ねにして、上に橙《だいだい》をのせ、裏白や伊勢海老、昆布などを添える。形が平たく円盤状をした古鏡に似ていることからの命名。一説には三種の神器の一つ、八咫《やた》の鏡を模したともいわれる。また、二つ重ねるのは日月を表し、豊作を祈願してのものとされる。

左義長《さぎちょう》

一月一五日の小正月の行事の一つ。どんど焼き。もともとは宮中行事で、束ねて立てた青竹に三本の毬杖《ぎちょう》（毬《まり》を打つ柄の長い槌《つち》で、正月の飾り物）を結び、そこに扇子や短冊、吉書などを添えて焼いたことから「三毬《さぎ》杖《ちょう》」といった。「左義長」と書くのは近世以降で、仏教と道教の優劣を試すために、右に道教の書、左に仏教の書をおいて焼いたところ、仏教の書が残り、「左の義、長ぜり（優れている）」という、『訳経図記』にある故事からという。

左義長〈難波鑑〉

節分《せつぶん》

立春の前日。本来、「節分」は節を分ける、つまり、季節の変わり目の意で、立春、立夏、立秋、立冬の前日のこと。古くは立春を一年の初めとしたことから、節分といえば立春の前日を指すようになった。夜、鬼を追い払うために豆まきをするのは、新年を迎えるに当たって悪鬼を追い払う宮中行事の「追儺《ついな》」が民間に広まったもの。

端午の節句《たんごのせっく》

五月五日の、男児の成長を祝う日。「端」は初めの意。本来、「端午」は月の初めの午《うま》の日を指すが、「午」が「五」に通じることから、五月五日をいうようになった。もとは中国の行事で、戦国時代楚《そ》の王族で、失脚して汨羅《べきら》に投身自殺した屈原《くつげん》を五月上午の日に弔ったのが起源とされる。

重陽の節句《ちょうようのせっく》

陰暦九月九日の節句。陽数の「九」が重なることから、「重陽」といい、中国から伝わった行事。ちょうど菊の季節で、奈良時代から宮中では観菊の宴が開かれ、「菊の節句」ともいう。

重陽〈大和耕作絵抄〉

新嘗祭《にいなめさい》

宮中行事の一つ。一一月二三日に天皇がその年の新穀を神に供え、自らも食して収穫を感謝する祭事。現在は勤労感謝の日として国民の休日。「新嘗」は一説には「にいのあへ（新饗）」の約転、あるいは「にいなあへ（新肴饗）」の約など、語源には諸説ある。ちなみに、「あへ（饗）」はもてなしの意。

餞《はなむけ》

旅立ちや送別の際に、金品や言葉を贈ること。また、贈る金品。昔、旅立つ人の乗る馬の鼻を行き先の方に向けて、無事を祈って見送ったことから、「鼻向け」の意。平安時代の『土佐日記』や『伊勢物語』には「むま（馬）のはなむけ」と記されている。

ハネムーン

［英 honeymoon］新婚旅行。蜜月《みつげつ》旅行。本来は結婚後最初の一か月間、蜜月のこと。「蜂蜜（honey）」と「月（moon）」を合わせた造語で、愛情の絶頂期を満月の状態にたとえたことからとも、古代ドイツで結婚後の一か月を蜂蜜でつくった酒を飲んで祝った風習からともいう。

引き出物《ひきでもの》

祝宴などで、招待した客に、主人から贈る物品。平安のころ、馬を庭に引き出して贈ったところからいう。後代は、引き出物の名のもとに馬代《うましろ》として金品を贈るのが普通となり、現在では、酒宴の膳《ぜん》に添える物品をさし、さらに、広く招待客へのみやげ物をさすようになった。

三行半《みくだりはん》

離縁、離婚すること。江戸時代に、夫から妻に対する離縁状が三行半で書かれていたことからいうもの。当時は離縁は夫から一方的になされ、文面は今後どこに嫁ごうとも一切関知しない旨などが書かれていた。

村八分《むらはちぶ》

仲間外れにすること。もとは、江戸時代に、村のおきてを破った者とその家族に対して、村全体で行われた私的制裁。「八分」は、一〇の付き合いのうち、葬式と火事の二つを除いて、それ以外の交際を絶つことからいう。また、「はねのける」の意の「撥撫《はちぶ》」からともいわれる。

忌み言葉の由来

忌み言葉は宗教上の理由から、あるいは不吉なことや否定的な意味を連想させるとして使用を避ける言葉。婚礼のときに言ってはならないとされる「去る」「帰る」の類や、「葦《あし》」を「よし」というように、肯定的な言葉に言い直す類などがある。

当たりめ《あたりめ》
するめのこと。「する」が「博打でする」などの使い果たす意の「する」に通じることから、「する」の代わりに縁起のよい「当たり」としたもの。

有りの実《ありのみ》
梨のこと。「なし」が「無し」に通じることから、反対の「有り」を用いて、「有りの実」としたもの。

卯の花《うのはな》
おからのこと。「おから」は、豆乳の絞りかすの「豆腐殻《から》」を略し、接頭語の「お」をつけた言葉だが、「から」が「空」に通じることから忌み嫌われ、ウツギの花の白さに見立てて「卯の花」という。「卯の花」はウツギの別称。ちなみに、包丁で切らなくても食べられることから「切らず」ともいい、「雪花菜」と当てて書くのは、白さを雪の花に見立ててのこと。

猿《えて》
サルのこと。サルが「去る」に通じることから、代わりに「得手」の意でいうもの。

お開き《おひらき》
宴会などを終わりにすること。「終わる」「閉じる」という否定的な意味合いの言葉を避けていう。

鏡開き《かがみびらき》
正月に神仏に供えた鏡餅を割って食べる行事。「割る」という言葉を忌み嫌って、代わりに「開き」という。

キネマ
[英 kinema]「キネマトグラフ（kinematograph）」の略で、映画のこと。一八九九（明治三二）年、日本に「シネマトグラフ（cinematograph）」という映写機が輸入され、当時は略して「シネマ（cinema）」と言っていたが、「死ね」に通じることから、「キネマ」を用いるようになった。キネマはギリシア語、シネマはフランス語に由来。

サイネリア
キク科の越年草。本来は「シネラリア（英 cineraria）」で、「シネ」が「死ね」に通じることから、「サイネリア」と言い換えたもの。

刺身《さしみ》
「さし（刺）」は「切る」を忌み嫌っていったもの。もと女房詞《ことば》で、「お作り」というのも忌み言葉。

葦《よし》
イネ科で、水辺に自生する多年草。「あし」の音が「悪《あ》し」に通じることから忌み嫌われ、反対の意の「善《よ》し」にちなんで、「よし」と呼ぶようになったもの。「葭」「蘆」とも書く。

四《よん》
「し（四）」は「死」に通じることから、代わりに「よん」または「よ」と訓読みする。

戦争・武器

ゲリラ

[スペイン guerrilla] 敵のすきをうかがい、小戦闘や奇襲を繰り返して敵をかき乱す遊撃隊。また、その戦法をいう。もとは、小さい戦争の意。一八〇九年、ナポレオン一世がスペインを征服した時、スペイン軍が用いた戦法に由来する語。

竹刀 しない

剣道の稽古に用いる竹製の刀。割り竹四本を合わせて作る。よく撓《しな》うことから、「撓《しな》い竹《だけ》」の意で、「竹刀」は当て字である。

狼煙 のろし

戦時、遠方の者に緊急連絡や合図をするために、火を焚《た》いて上げる煙。「のろ」は野良、「し」は気、あるいは火の意ともいう。古く中国では、燃やすと風が吹いてもまっすぐに立ちのぼるという狼の糞《ふん》を用いたことから「狼煙《ろうえん》」といい、表記はその漢語を当てたもの。中世以後用いられる言葉で、それ以前は「とぶひ（烽火）」と称した。「のろし」に「烽火」を当てて書くこともある。

ピストル

[英 pistol] 拳銃《けんじゅう》。筒、火器を意味するチェコ語のpíšťalに由来する言葉で、もとは口笛を吹くときの擬音語。他にも、製造されたイタリアの地名ピストイア（Pistoia）にちなむとする説もある。日本へは幕末にジョン万次郎がアメリカから持ち帰ったのが最初とされる。

ミサイル

[英 missile] ロケットなどで推進され、誘導装置により目標に達し爆破する兵器。誘導弾。ラテン語のmissilisから で、投げられるもの、の意。古くは飛び道具のことをいった。

ライフル

[英 rifle] 銃身内部に螺旋《らせん》状の溝を施し、弾丸に回転を与えるようにした銃。古期フランス語のriflerからで、溝を彫る、の意。

冷戦《れいせん》

武力によらず、外交や経済上の圧迫などを手段とする国家間の抗争。第二次世界大戦後の造語で、アメリカと旧ソ連との関係を表していった語。現在は、人間関係などでそれに似た状態をたとえていうこともある。cold war（冷たい戦争）の訳語。

もとは 戦争・武器からの言葉

合い言葉《あいことば》

前もって打ち合わせておいて、仲間かどうか確認するときに用いる秘密の言葉。また、標語、モットーの意味でも用いる。もとは戦場で、敵と味方を区別するために用いたもの。よく知られるところでは、忠臣蔵で知られる赤穂《あこう》浪士の吉良《きら》邸討ち入りで、屋敷の内と外でお互いの確認のため、「山」「川」と言い合ったと伝えられる。

一番乗り《いちばんのり》

誰よりも早く目的地に着いたり、物事を成し遂げること。また、その人のこともいう。もとは昔の戦で、敵陣や敵の城に一番に馬で攻め入ることをいい、一番乗りを果たすことは武士にとっては何にもまさる功名であった。

一騎打ち《いっきうち》

一対一で戦うこと。選挙戦で、有力候補の二人が熾烈《しれつ》な戦いをする場面などによく用いられる。「一騎」は馬に乗った一人の兵士の意。もとは昔の戦で、馬に乗った武士が敵同士互いに名乗りを上げ、一対一で戦ったことからいう。ちなみに、一人で千人の敵を相手に戦うことができるほど強いことを「一騎当千」という。

一本槍《いっぽんやり》

たった一つの方法・手段。また、それで押し通すこと。もとは、一本の槍の意で、戦場で槍のただ一突きで勝負を決めることをいい、江戸初期の軍学書『甲陽軍鑑』にこの言葉が見られる。転じて、ただ一つしかない手段、得意技の意となり、さらに、一つの手段で押し通す、我意を押し通す意味へと展開した。

内幕《うちまく》

外からはわからない内部の事情。もとは戦場で、陣中の周囲をめぐらせた外幕《とまく》の内側に張った幕のこと。その幕の内側で秘密の作戦会議をしたことからたとえていうもの。

埋め草《うめくさ》

新聞や雑誌などで、余白を埋める短い記事のこと。もとは、城を攻めるとき、周りの堀や溝を埋めるために使った草やその他の雑物のことで、室町時代の軍記物語『太平記』に記載が見られる。そこから転じて、江戸時代には欠けた部分や空白を埋めるものをいうようになり、さらに近代になって、新聞・雑誌の用語となった。

裏を掻く《うらをかく》

相手の予想と反対のことをする。昔の戦で、矢や槍などが、それを通すはずのない鎧《よろい》や盾を貫いて、裏側まで届くことをいった。鎧が万全であれば貫かれずにすむが、不備であれば思わぬ不覚をとる。裏を掻くとはすなわち相手の油断を衝《つ》くということになる。

煙幕を張る《えんまくをはる》

本当の意図を隠すために、別の行動をして取り繕う。「煙幕」は戦場で、味方を隠し、敵をあざむくために、幕のようにめぐらした煙のこと。その煙の幕を張ることからたとえていう。

大童《おおわらわ》

なりふり構わず仕事などをするさま。「童」は元服前の、髪を束ねていない、一〇歳前後の子どものこと。昔、戦場では兜《かぶと》を被るために、髻《もとどり》は結わなかった。その兜も脱ぎ捨て、髪を振り乱して戦うさまが、子どもの髪形に似ていたことからたとえていう。

大童〈平治物語〉

押っ取り刀《おっとりがたな》

取るものも取りあえず急ぐこと。「押っ取る」は「おしとる」の変化した語で、勢いよくつかみとるの意。武士が緊急事態の発生に、刀を腰に差すひまもなく、手につかみ持ったまま現場に急行するさまからたとえていう。

影武者《かげむしゃ》

自身は表に出ないで、陰で指図する事実上の首謀者、黒幕のこと。本来は、敵をあざむくために、大将と同じ衣装を着け、いざというときには大将の身代わりとなる武士のことをいった。

牙城《がじょう》

敵の本拠地。また、組織や勢力の中心。「牙」は「牙旗」の意。大将の旗のことで、旗ざおの上部に象牙の飾りがあることからいう。牙旗の立っている城、すなわち大将がいる城であることから、比喩的に本拠地の意で用いられる。

兜を脱ぐ《かぶとをぬぐ》

相手の力量を認め、とてもかなわないと降参すること。昔、戦場で、敵の前で兜を脱いで降参した意志を示したことからいうもの。

口火を切る《くちびをきる》

真っ先に物事を始める。きっかけを作る。また、話を始める。「口火」は火縄銃の火蓋《ひぶた》に用いる火、また、爆薬を爆発させるためにつける火のこと。「口火を切る」はその火を点火することで、小さな火が大きな力を発揮するきっかけとなることからたとえていう。

軍配を上げる《ぐんばいをあげる》

試合や競争、論争などで、勝利の判定をする。「軍配」は「軍配団扇《うちわ》」の略で、戦国時代以降、武将が戦場で陣頭指揮に用いた、団扇の形をした扇のこと。のちに、相撲の行司が立ち合いや勝敗を示すのに用いるようになった。勝った力士のほうに軍配を上げて勝利を示すことから、転じて、一般に勝利の判定をすることをいう。

采配を振る《さいはいをふる》

自ら先頭に立って指揮をとる。指図する。「采配」は、昔、戦場で大将が軍を指揮するために用いた道具。厚い紙を短冊状に細長く切って束ね、柄をつけたもので、それを振って指揮したことからいう。

采配〈武用弁略〉

先駆け《さきがけ》

物事のはじめとなること。他に先んずること。もとは、戦場で敵陣に真っ先に攻め込むこと、またその人をいい、大きな手柄とされた。真っ先の意の漢字「魁」を当てて書くこともある。

鞘当て《さやあて》

ちょっとした意地の張り合いで、二人が争うこと。もとは、武士同士がすれ違うとき、互いの刀の鞘の先端（鐺《こじり》）が触れたのをとがめ立てして、喧嘩になったことからいうもの。また、二人の男性が同じ女性に恋して争うことを「恋の鞘当て」というのは、一人の遊女をめぐって武士二人が鞘当てをする歌舞伎の題材にちなむ。

鎬を削る《しのぎをけずる》

同じ目標に向かって、激しく争うこと。「鎬」は、刀の刃と峰との境界で、高くなった部分のこと。激しい斬り合いをしたときに、互いの鎬が強くこすれて削れることからいう。

出張《しゅっちょう》

用務のために、臨時にいつもの勤め先以外の所に出かけること。もとは、戦いのために他の場所に赴くことで、「でばり」といった。「しゅっちょう」と音読みされるようになったのは室町時代後期と見られる。その後は「でばり」「しゅっちょう」が併用され、江戸時代後半には戦いとは関係のない場面でも用いられるようになった。明治時代以降、官庁用語として「しゅっちょう」が定着した。

出馬《しゅつば》

重要人物がある場所に出向いたり、あることに臨んだりすること。また、選挙に立候補すること。もとは文字通り、馬に乗って出かけることで、特に、戦場に出向くことをいった。そこから、大将が戦場に出向く、あるいは選挙を戦場に見立てて立候補する意で用いられるようになった。

白旗を上げる《しろはたをあげる》

降伏する。降参する。「白旗」は白地の旗で、戦いで戦意がないこと、降伏の合図として用いた。白旗を上げることは負けたことを相手に示すことになることから、一般に降参する意に用いられるようになった。

陣笠議員《じんがさぎいん》

政党などで、役職についていない、平の議員のこと。「陣笠」は薄い鉄やなめし革で作って、漆を塗った笠。昔、足軽や雑兵《ぞうひょう》など身分の低い兵士が、戦場で兜《かぶと》の代わりに陣笠を被ったことから、下級武士を「陣笠」とか「陣笠連」と呼んだ。そこから転じて、身分の低い者のことをあなどっていうようになった。したがって、陣笠議員には下っ端議員というあざけりの意が含まれる。

陣笠〈守貞漫稿〉

殿《しんがり》

列や序列、順番などの最後部のこと。もとは、戦で、軍が退去するときに最後尾にいて、追ってくる敵を撃退する役目のことで、「後駆《しりがり》」が転じたもの。ちなみに、しんがりは屈強な者がつとめ、味方を全員無事に退去させるというのが重要な役目であった。「殿」と書くのは同義の漢語から。

陣中見舞い《じんちゅうみまい》

選挙戦や追い込みに入っている職場などを訪れ、そこで働く人たちを激励すること。また、その際持って行く見舞いの品。「陣中」は陣屋の中、戦場のこと。もとは、戦場で戦う兵士を慰労するために訪れることで、そこから選挙戦や職場を戦場に見立てていう。

助太刀《すけだち》

人に力を貸す、助力すること。また、その人のこと。もとは、果たし合いや敵討ちで、加勢すること、また、その人のことをいい、室町時代ごろから用いられる。一般に加勢する意味で広く用いられるようになったのは江戸時代後期から明治時代にかけてとされる。

すっぱ抜く《すっぱぬく》

突然、人の隠し事などを暴いて、明るみに出す。「すっぱ」は「素っ破」と書き、戦国時代に武家に雇われた忍びの者のこと。「抜く」は刀を抜く意。忍者は刃物をいきなり抜くことから、江戸時代にはいきなり刃物を抜く意で用いられた。のちに、出し抜いて暴く意へと転じ、新聞や雑誌などのメディアで多く用いられるようになった。

図星《ずぼし》

相手の思っていることをぴたりと言い当てることで、「図星をさされてうろたえる」のようにいう。本来、矢の的の中心の黒点のこと。矢を射るとき、図星をねらうことから、ねらい所、目当て、急所の意となり、さらに転じて、相手の思惑をいうようになった。また、一説には、鍼灸《しんきゅう》用語で、壺とされるところに墨でつけた点のことで、そこから急所をさす意が生じたともいわれる。

切羽詰まる《せっぱつまる》

追い詰められて、どうにもならなくなる。「切羽」は、刀の鍔《つば》の両

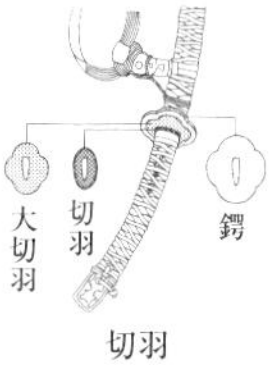

切羽

面につける薄い楕円形の金具のこと。これが詰まってふさがると刀身が抜けなくなり、敵を目の前にして戦おうにも身動きができなくなることからいう。ちなみに、「切羽」は「せつば（狭鍔）」あるいは「そえつば（副鍔）」の転とされる。

先鋒《せんぼう》

主張したり行動したりする際に、皆の先頭に立つこと。また、その人。さらに、真っ先に立って、先鋭的な言動をすることやそうした人のことは「急先鋒」という。本来は、戦闘のとき、軍隊の先頭に立って進む兵士のことで、室町時代に使用例が見られる。

反りが合わない《そりがあわない》

お互いの気が合わない、相性が悪いことをいう。「反り」は刀の峰の反っている部分のことで、鞘《さや》と反り具合が合わないと、うまく刀を鞘に収めることができないことから、人間関係にたとえていうもの。

太刀打ち《たちうち》

互角に争うこと。多くは、「太刀打ちできない」の形で、相手が強くて互角に張り合えないの意味で用いる。「太刀」は腰に吊り下げる長大な刀のことで、「断ち」の意。短小の「刀」に対していう。「太刀打ち」とは本来、太刀で打ち合い、戦うことで、そこから互角に戦う意に転じた。

楯を突く《たてをつく》

目上の人に対して、素直に従わず反抗する。「楯」は敵の刀や槍、矢などを防ぐための武具のこと。戦場で、楯を地面に突き立てて相手の攻撃を防ぎ、抵抗することからのたとえで、「楯突く」ともいう。

短兵急《たんぺいきゅう》

だしぬけ、いきなりの意で、「短兵急にそんなことを言われても困る」のように用いる。「兵」は武器の意、「短兵」は、刀剣や手槍《てやり》などの、長さの短い武器のこと。もとは、その短い武器で急に相手を攻めるさまを「短兵急」といい、江戸時代に、勢いよく急に攻めるさま、さらに、突然ある行動を起こしたり、しかけたりするさま、だしぬけの意へと転じた。

鍔迫り合い《つばぜりあい》

相似た力をもつ者同士が、互いに張

り合って譲らず、はげしく競争すること。「鍔」は刀剣につける金具で、柄《つか》を握るこぶしを守る役目をする。もとは、斬り合いで、互いの刀を鍔もとで受け止め合ったまま、押し合うことをいい、そこからのたとえ。

手薬練を引く　てぐすねをひく

十分に用意をして待ち受ける。「薬《くす》練《ね》」は松脂《まつやに》を油で煮て、練り混ぜたもので、粘着力が強く、弓の弦に塗って強度を増すのに用いる。戦いの前に、手に薬練をとって弓に塗り、準備を万端に整えて敵を待つことから、転じて、あらかじめ用意して待ち構える意となった。

鉄砲玉　てっぽうだま

使いなどで出かけていったきり、なかなか帰ってこない人のこと。鉄砲の玉は一度飛び出したらそれっきりで、戻ってこないことからたとえていう。

七つ道具　ななつどうぐ

仕事をするのに大事なひとそろいの道具のこと。もとは、昔、武士が戦場に行くときに身につけた、具足・刀・太刀・弓・矢・母衣《ほろ》・兜《かぶと》の七つの道具のことをいった。仕事の道具以外にも、「鮟鱇《あんこう》の七つ道具」といえば、とも（尾びれ）・ぬの（卵巣）・肝・水袋・えら・柳肉・皮の七つの部位のことで、おいしいところとされる。

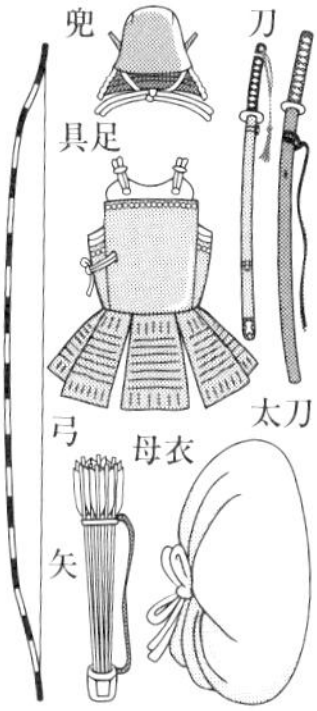

名乗りを上げる　なのりをあげる

自分の名前をいう。また、あることに参加する意志があることを表明する意で、「会長候補に名乗りを上げる」のように用いる。もとは、戦場で武士が戦う前に、儀礼として自分の名前や身分を大きな声で相手に告げることをいった。正々堂々と戦うということを表明するほかに、誰と誰が戦ったかをはっきりさせ、討ち取ったときに自分の武勲であることを示すための行動でもあった。

錦の御旗　にしきのみはた

自分の主張や言動を正当化し、権威付けるための名目のこと。もとは、赤の錦地に日と月を金銀で刺繍《ししゅう》したり描いたりした旗のことで、承久の乱の際に後鳥羽上皇が官軍に賜ったのが最初という。明治維新の際、官軍が旗印としたことから転じていうもの。

伸るか反るか のるかそるか

成功するかどうかはわからないが、運を天に任せて、思い切ってやってみること。一か八か。もとは、矢作りの用語。矢柄は細い竹で作るが、太さが均等でまっすぐでないと思う方向に飛ばない。そこで、伐《き》り出した竹を型にはめて矯正し、乾燥させるが、竹がまっすぐに伸びているか反ったままか、使い物になるかならないかは、型から取り出すまでわからない。そこから、一か八かの意味が生じたもの。一説には、博打《ばくち》の用語で、「乗るか逸《そ》るか」といったことからとされる。

筈 はず

当然のこと、道理、予定の意で、「できるはずがない」「もうすぐ来るはずだ」のように用いる言葉。「筈」は「矢筈《やはず》」のことで、弓に矢をつがえるとき、外れないように矢の末端につけるもので、切れ込みが入れてある。矢筈と弦が合うのは当然であることから、たとえていう。

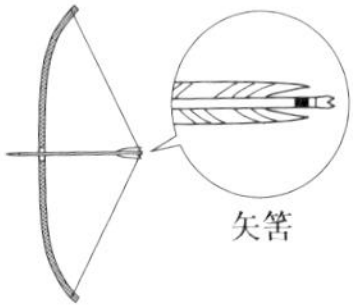
矢筈

旗色 はたいろ

物事の成り行き、形勢の意で、「旗色が悪い」のように用いる。もとは、戦場で、敵味方ともそれぞれ印として旗を掲げたところから、どの旗の色が多いか、あるいは旗の翻る勢いなどで、戦況や形勢がわかったことからたとえていう。

旗印 はたじるし

行動の目標となる主義や主張の意で、「世界平和の旗印のもとに」のように用いる。もとは、戦場で掲げる旗につけた紋所や文字などのことで、敵味方を区別する目印とした。そこから転じて、主義・主張の意に用いられる。

引き金 ひきがね

小銃やピストルなどを撃つときに引く金具。それを引くことによって弾が発射されることから、比喩的に、物事が起こる誘因、きっかけの意味で用いられる。多く、悪い結果をもたらす場合に使う。

一旗揚げる《ひとはたあげる》

地位や財産を得るために、新しく事業などを立ち上げること。「一旗」は一本の旗の意。昔、武士は手柄を立てるべく、家紋などのついた旗を掲げ、戦場に赴いたことからたとえていう。

火花を散らす《ひばなをちらす》

双方が対立して激しく争う。「出場権を巡ってライバル同士が火花を散らす」のように用いる。「火花」は石や金属がぶつかり合って飛び散る火のことで、もとは、刀を交えて、火花が出るほど激しく斬り合うことをいい、そこからのたとえ。

火蓋を切る《ひぶたをきる》

物事に着手する。行動を開始する。特に、戦争や試合などを始めることをいう。「火蓋」は火縄銃の安全装置で、火薬を入れた火皿のふたのこと。そのふたを切る（開ける）ことは、すなわち、火縄銃に点火する、戦闘が始まることを意味し、そこから転じて、物事に着手することをいうようになった。

懐刀《ふところがたな》

常にそばにいて、秘密の計画や相談事などにかかわる腹心の部下のこと。本来は、懐に入れたり、帯の間に挟んで持ち歩いたりする護身用の短刀のことで、「懐剣《かいけん》」ともいう。いざという時に自分の身を守るものであることから、信頼できる腹心の部下のたとえにいう。

矛先《ほこさき》

攻撃の目標や方向、また、攻撃するときの勢いをいい、「政府に非難の矛先を向ける」「矛先をかわす」「矛先が鈍る」のように用いる。「矛」は昔の武器で、両刃の刀に長い柄をつけたもの。戦いのとき、その切っ先を敵に向けることからたとえていう。

的外れ《まとはずれ》

的確に要点をとらえていない、見当外れなこと。「的」は、弓や鉄砲などの練習をするとき目標とするもの。「的外れ」は放った矢や弾が的を外れる意で、言動が核心をついていない、的確でないことのたとえにいう。反対に、的確に要点をとらえることは「的を射る」という。

身から出た錆《みからでたさび》

自分の悪行の結果として、自分自身

が苦しむこと。自業自得であること。「身」は刀身のことで、手入れを怠ると錆が生じ、いざというときに役に立たなくなってしまう。刀を錆つかせたのはまさに自分の怠慢のせいで、そこからたとえていう。

元の鞘に収まる《もとのさやにおさまる》

一度別れたり、仲たがいしたりした者が、またもとの親しい間柄に戻る。特に、夫婦や恋人同士についていうことが多い。刀の反りが合って、鞘におさまる意からのたとえで、江戸時代から用いられる。

矢面に立つ《やおもてにたつ》

非難や抗議、質問などが集中する立場に身を置く。「矢面」は敵の矢が飛んでくる正面のことで、そこに立ちはだかることからのたとえ。

矢継ぎ早《やつぎばや》

続けざまに手早く物事を行うこと。「矢継ぎ早に質問する」のように用いる。「矢継ぎ」は、前の矢を放ったあとに、次の矢をつがえることで、その動作が早いこと、また、手早く次々と矢を射ることを「矢継ぎ早」といい、転じて、物事を続けざまにする意になった。

矢も楯も堪らず《やもたてもたまらず》

気持ちをどうしても抑えきれない、じっと我慢していることができないさまをいう。もとは、矢で攻めても、楯で防いでも、敵の攻撃の勢いを止められない、の意。どうやってもこらえることができないことから、気持ちが抑えきれないいさまをたとえていう。

槍玉に挙げる《やりだまにあげる》

大勢の中から特定の人を選んで、非難や攻撃の目標とする。もとは、人を槍で突き刺して、それを高く掲げ、手玉のように操ることをいい、そこから転じて、大勢の中から選び出して、責め立てる意となった。

横槍を入れる《よこやりをいれる》

他の人が話をしたり、何かをしているときに、横合いから第三者が口を出したり、邪魔をする。反対に、第三者から邪魔をされる場合は「横槍が入る」という。もとは戦闘で、両軍が戦っているときに、別の一隊が側面から槍で突きかかることを「横槍」といい、転じて、戦い以外にも用いられるようになった。

言い出したのはこの人

演出《えんしゅつ》

近代の西洋における演劇用語「英produce」を翻訳した語で、小山内《おさない》薫《かおる》が初めて用いたとされる。当初は上演の意味であったが、築地小劇場時代に、脚本に基づいて、俳優の演技・舞台装置などを統括し、舞台や映画をまとめ上げることをいうようになった。もとは、遠く広くのばし出す意の漢語。

おたく

漫画やアニメ、SFなど、特定のものに常軌を逸するほど熱中する人。一九八三（昭和五八）年、編集者でコラムニストの中森明夫が雑誌『漫画ブリッコ』（白夜書房）のコラム「おたくの研究」で用い、広まった。もとは、二人称で相手のことを呼ぶ言葉。

家庭内離婚《かていないりこん》

夫婦とは名ばかりで、実情は離婚しているのも同然の状態をいう。一九八三（昭和五八）年、作家林郁《いく》による造語で、その二年後に同名の著書を書いて、一般に広まった。

彼氏《かれし》

あの男。「彼」に敬語の「氏」をつけた語だが、むしろからかいぎみに用いる。一九二九（昭和四）年、弁士で漫談家の徳川夢声による造語。「彼女」が二字なのに合わせて、「彼氏」としたという。その後、転じて、恋人や愛人である男性のこともいう。

過労死《かろうし》

働き過ぎによる疲労が原因で、突然死ぬこと。一九八二（昭和五七）年、京都府立大学教授の細川汀《ほそかわみぎわ》、国立公衆衛生院の上畑鉄之丞《てつのじょう》、西淀病院医師の田尻俊一郎の三人による共著『過労死 脳・心臓系疾病の業務上認定と予防』の中で、初めて用いられた言葉。

環境ホルモン《かんきょうホルモン》

環境中に放出され、体内に入るとホルモン代謝に影響を及ぼすとされる、女性ホルモンに似た働きの化学物質の総称。専門用語では内分泌攪《かく》乱《らん》化学物質というが、一般の人にもわかりやすいようにと横浜市立大学理工学部の井口泰泉《たいせん》教授が「環境」と「ホルモン」を合わせて作った語。

キャリアウーマン

専門職、管理職に従事する女性。一九七八（昭和五三）年、翻訳者の税所《さいしょ》百合子が『The Managerial Woman』（M・ヘニッグとA・ジャーディムの共著）を訳す際、高級官僚を「キャリア」と呼ぶことからヒントを得て、「キャリアウーマン」と訳出し、タイトルの一部に用いたことから広まった和製語。

恐妻家《きょうさいか》

妻に頭の上がらない夫。一九五二（昭和二七）年、ジャーナリストの大宅《おおや》壮一が、親友で、上州出身の阿部真之助（元NHK会長）が妻の前では平身低頭し、小さくなっているのを見て言い始めたとされる。

劇画《げきが》

ストーリー性のある漫画で、特に大人向けの硬派な世界を描いた作品。劇画という言葉が初めて使われたのは、一九五七（昭和三二）年、辰巳ヨシヒロの作品『幽霊タクシー』の中で「ミステリイ劇画」としたのが最初とされる。

ゴールデンウィーク

四月末から五月初めにかけて、祝日や休日が連続する週。一九五一（昭和二六）年五月五日、映画会社大映と松竹は競作の形で、獅子文六原作の『自由学校』を上映公開。正月やお盆興業よりも大入りとなったことから、大映の専務松山英夫がこの週間をゴールデンウィーク（黄金週間）と命名したもので、和製語。

告別式《こくべつしき》

死者に別れを告げる儀式。一九〇一（明治三四）年、中江兆民の「一切の宗教上の儀式は無用」という遺言により、無宗教の葬儀を「告別式」として行ったのが最初。板垣退助が遺族の相談に乗り、中江、板垣と同郷の志士、大石正巳がこの名を考案した。

自転車操業《じてんしゃそうぎょう》

無理にでも操業を続けて、資金の回転をはかり、経営を維持すること。ペダルをこがなければ倒れてしまう自転車にたとえていう。文芸評論家の臼井《うすい》吉見の造語で、一九四九（昭和二四）年に広まった。

新人類《しんじんるい》

従来にはなかった新しい価値観や感じ方をもつ若い人たちを総称していう語。概して自分中心で、忍耐力に欠け、組織への帰属意識が低いなど、マイナスの意味合いを含んで使われる。一九八三（昭和五八）年、パルコの広報誌『アクロス』で初めて使われ、その後、『朝日ジャーナル』で編集長筑紫《ちくし》哲也が誌上で頻繁に用いて、一九八六年に流行語となった。当時は、一九六〇年以降の生まれで、共通一次試験実施（一九七九年）以降に大学生になった人たちのことを指していった。

森林浴《しんりんよく》

森林に入り、樹木からの香気を浴びたり、緑による精神的な安らぎを求める健康法。一九八二（昭和五七）年、日光浴や海水浴になぞらえて、当時の林野庁長官、秋山智英が作った語。

団塊の世代《だんかいのせだい》

一九四七（昭和二二）年から一九四九年のベビーブームの時代に生まれた人たちのこと。一九七六年、堺屋太一の著書『団塊の世代』から出た語。戦後まもなくのころで、ほかの世代に比べて人数が多いことから「団塊」と呼んだ。

積ん読《つんどく》

買った本を読まずに積んでおくこと。「積んでおく」の「つん」と読書の「どく」を合わせていうしゃれ言葉。一九〇一（明治三四）年、専修大学の創設者の一人で、財政学者の田尻稲次郎（筆名田尻北雷）が、雑誌『学燈』で用いたのが最初とされる。また、経済学者の和田垣謙三の造語とする説もある。

ニューフェース

映画やテレビなどで、新人のこと。一九四六（昭和二一）年、東宝が新人募集の際に用いたのが最初で、東宝取締役の森岩雄が「新顔」を英語でそのまま訳してnew faceとした和製語。現在ではほかの分野でも、新人の意味で用いる。

ネクラ

「ネ」は「根」で、生まれついた性質。「クラ」は「暗い」の略。ねっから性格が暗い人を称していう。反対は「ネアカ」で、陽気な性格の人をいう。漫画家いしかわじゅんの造語で、タレントのタモリがテレビで使い、一九八二（昭和五七）年に流行語となった。

ハイカラ

西洋風で目新しく、しゃれたさま。明治時代に洋行帰りの政治家や官吏などが丈の高い襟の服を着用したことから、英語のhigh collar（ハイカラー）を略していう語。一九〇〇（明治三三）年、毎日新聞の記者石川半山（本名石川安次郎）が同紙に用いたのが最初とされる。もともとは服装など形をまねただけの西洋かぶれを苦々しく思っての命名。

ハッスル

［英 hustle］元気よくやること。張り切ること。一九六三（昭和三八）年、阪神タイガースの選手たちがアメリカキャンプから持ち帰った言葉で、一般にも広まった。

ピーターパンシンドローム

［英 Peter Pan syndrome］大人になることを拒否し、いつまでも子供のままでいたいと願う若者の心理状態。「ピーターパン症候群」ともいう。「ピーターパン」はイギリスの劇作家J・M・バリーの童話劇。主人公の少年ピーターパンは空を飛び、妖精の国に遊ぶなどして、永遠に大人にならないことから、一九八三（昭和五八）年、アメリカの心理学者ダン・カイリーが名付けたもの。

人寄せパンダ ひとよせパンダ

店や催し物などで、客を集めるための人物。一九七二（昭和四七）年、上野動物園に中国からやってきた二頭のジャイアントパンダ、ランランとカンカンの集客力からたとえていうもの。初めてこの言葉を用いたのは日中国交回復を実現した田中角栄元首相で、一九八一年、都議選の応援演説で自らを人寄せパンダと称した。

標準語 ひょうじゅんご

その国の規範となる言語。英語 standard languageの訳語。一八九〇（明治二三）年、日本における英語教育の先駆者である岡倉由三郎が『日本語学一斑』で用い、一八九五年に言語学者上田万年《かずとし》が論文「標準語に就きて」を発表したことで、一般化した。

マカロニウェスタン

イタリアで制作された西部劇。一九

六五（昭和四〇）年、映画評論家の淀川長治《よどがわながはる》による造語。外国ではスパゲティウェスタンと呼ばれていたが、日本人には今一つしっくりこない名前であったところから、マカロニウエスタンと命名。

民芸《みんげい》

民衆の生活の中から生まれ、伝えられてきた芸術。名もない職人の手で生み出された工芸品の美しさを見直そうという民芸運動の創始者で宗教哲学者の柳宗悦《むねよし》の造語。一九二六（大正一五）年、「日本民藝美術館設立趣意書」を発表し、「民芸」という言葉が広く知られるようになった。

目が点になる《めがてんになる》

驚きあきれるさまの形容。一九七〇（昭和四五）年、漫画家の谷岡ヤスジが自作の漫画の中で、目を点のように描いて驚きの表情を表した。その表現方法をジャズピアニストの山下洋輔がそのまま「目が点になる」と言葉にしたといわれている。

モラトリアム人間《モラトリアムにんげん》

自己が確立できずに、いつまでも大人になれない人間のこと。本来、「モラトリアム（英 moratorium）」は法令により一定期間債務の支払いを猶予すること。アメリカの心理学者エリクソン（E.H.Erikson）はこの言葉を青年が社会人として独立するまでに必要な準備期間、社会的義務からの猶予期間と定義。日本では、精神科医の小此木《おこのぎ》啓吾が『中央公論』（一九七七年一〇月号）で大人になりたがらない青年を「モラトリアム人間」と称したことから、否定的な意味合いで用いることが多い。

ロボット

[英 robot] 人造人間。鋭い文明批評で知られる、チェコの作家でジャーナリストのカレル・チャペック（Karel Čapek）が戯曲『人造人間』（一九二〇）の中で用いた語。チェコ語で、奴隷の意のrobotnik、強制的な仕事の意のrobotaに基づく造語。

ワーカホリック

[英 workaholic] 仕事中毒。働きすぎ。一九六八年、アメリカの作家ウェイン・オーツ（Wayne Oates）の造語。仕事の意のworkにアルコール中毒の意のalcoholicを合わせた語。

俗語・若者言葉

がさ入れ《がさいれ》

⇩87ページ(法律・刑罰)

ぐるになる

共謀する。「ぐる」は示し合わせて事をたくらむ仲間のことで、特に悪事についていう。一説に、物が回ったり巻きついたりする様子を表す擬態語「ぐるぐる」から来た言葉で、ぐるぐると輪になって相談する様子からとされる。

ぐれる

正道から外れて不良になる。「はまぐり（蛤）」を逆にした「ぐりはま」が音変化して「ぐれはま」となり、その「ぐれ」が動詞化した言葉。蛤は二枚貝で、貝殻はぴたりと合っているが、ひっくり返すとまったく合わないことから、物事が食い違うことを「ぐれはま」といい、転じて、人が正道を外れることを「ぐれる」というようになった。江戸時代から用いられる。

さくら

客を装って品物を買ったり、ほめたりして、他の客の購買意欲を誘う人。もと露店商などの業者仲間の隠語。語源には、労働する意の「作労《さくろう》」からきたとする説、ぱっと景気よくやって、ぱっといなくなることから、桜の性質になぞらえていったとする説などがある。また、芝居で、頼まれて役者に声をかける者のこともいい、ともに江戸時代から用いられる。

サボる

仕事や勉強など、やるべきことをしないで怠ける。労働者の争議戦術の一つ、怠業の意のフランス語「サボタージュ（sabotage）」の「サボ」に「る」を付けて動詞化した言葉。

しょっぴく

⇩88ページ(法律・刑罰)

ずっこける

はぐらかされて拍子抜けする。「ずりこける」の転で、「ずり」は「ずる」の連用形、「こける」は転ぶ意。江戸時代から物がゆるんでずり落ちることをいい、のちに羽目を外す、失敗する、さらに現代になって、拍子抜けする意で用いられるようになった。一九六八(昭和四三)年、ザ・ドリフターズの歌「ズッコケちゃん」で流行語となった。

たいまんを張る　たいまんをはる

一対一のけんかをする。「たいまん」は一対一の意の英語「マンツーマン(man-to-man)」を「マン対マン」とし、さらに頭の「マン」を省略した語とされる。「張る」は張り合う意。

ださい

洗練されていなくて、やぼったい。かっこ悪い。「田舎」を「だしゃ」と読み、それを形容詞化した「だしゃい」あるいは「だしゃくさい」が変化したとする説があるが、語源は定かではない。一九七五(昭和五〇)年に流行語となった。

だふ屋　だふや

乗車券や入場券などを買い込み、買いそびれた人に定価より高い値段で売りつけて、利ざやでもうける者。「だふ」は「ふだ(札)」を逆にした語。「ダフ屋」とも書く。

ちんぴら

やくざなどの下っ端。不良の少年少女。もとは、小物のくせに大物のように気取ってふるまう人をあざけっていう語。古くは盗人仲間の隠語で、子どものすりのことをいった。「ちん」は程度が低く劣っている意の「ちんけ」から、「ぴら」は並みの意の「ひら(平)」あるいは薄っぺらなどという「ぺら」がなまったものか、語源は定かではない。ちなみに、「ちんけ」の「ちん」はさいころ賭博で一のことをいう。

デカ

刑事のことで、もとは犯罪者仲間の隠語。明治時代、刑事巡査が着た「かくそで(角袖)」を逆にして略した語。角袖は、袖の形が四角の、和服仕立ての男性用外套のこと。

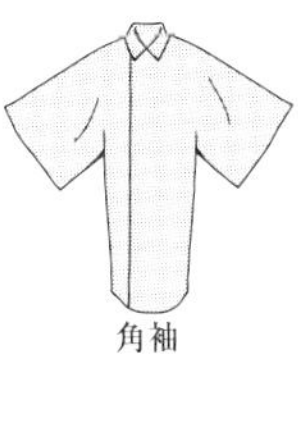
角袖

てき屋　てきや

香具師《やし》のこと。漢字では「的屋」と書く。「ヤシ」を仲間のうちで「ヤ」「ヤー」といい、さらにぞんざいに「ヤー的」といったものをひっくり返して「的ヤ」となったとされる。ほかに、当たればもうかることから、矢が的《まと》に当たることになぞらえたとする説もある。
⇩97ページ「香具師」

とちる

役者などが、せりふや演技を間違える。「とち」は、室町時代からあわてふためく意で用いられていた「とちめく」の「とち」と同源で、「橡《とち》麺棒《めんぼう》」に由来する。「橡麺棒」は橡の実の粉を原料にした橡麺を作るときに使う棒のことで、せわしく動かして伸ばさないと橡麺が固くなってしまうところから、あわてるさまやあわて者をたとえていう。

ねた

新聞・雑誌記事、話芸などの材料。犯罪の証拠。手品などの仕掛け。また、「鮨《すし》のねた」のように、料理の材料の意にも用いる。「たね（種）」を逆にしていう語。

ポシャる

計画などが途中でだめになる。失敗する。「ポシャ」は降参する、脱帽する意の「シャッポを脱ぐ」の「シャッポ」の「シャ」と「ポ」を逆にしたもので、それに「る」を付けて動詞化した語とされる。ちなみに、「シャッポ（chapeau）」はフランス語で、帽子のこと。

ぼる

法外な代価や賃金をとる。不当な利益をむさぼる。一九一八（大正七）年、米価暴騰のために全国各地で米騒動が起き、その際に出された「暴利《ぼうり》取締令」の「暴利」を動詞化した語。

ぽん引き ぽんびき

田舎者や素人を言葉たくみにだまして、所持金を巻き上げる者。売春の客引き。語源は、ぼんやりした客を引っ張って誘惑するところから、「凡引き」が音変化したものとも、詐欺的な賭博犯の意の「盆引き」からともいうが、定かではない。

やじる

人の言動に非難やからかいの言葉を浴びせる。また、あざけりはやしたてて相手の言動を妨害する。「やじ馬」の「馬」を略した「やじ」に「る」を付けて動詞化した語。「野次る」「弥次る」と書くのは当て字。

やばい

⇩90ページ（法律・刑罰）

Ⅲ
文化

文芸・書物・言語

埋め草 うめくさ ⇩124ページ(戦争・武器)

エッセイ

[英 essay フランス essai] 自由な形式で、見聞きしたり感じたりしたことなどを思いのままに書き記した文章。随筆。随想。また、随想風小論。評論。古期フランス語で、試みるという意のessaierから。

しおり

本の読みかけの所に挟んで目印にするもの。昔、山道などで、木の枝を折って道しるべにすることを「枝《し》折《お》り」といい、そこから転じた言葉で、近世半ばから用いられる。「栞」は同義の漢語からの当て字。

事典 じてん

物や事柄を表す言葉を一定の順序に並べて、それらについて説明した書物。一九三一(昭和六)年、平凡社が『大百科事典』を出版する際、社長の下中彌《や》三郎《さぶろう》が英語のエンサイクロペディアは事物現象の説明であるとして「事典」と当てたのが始まり。辞典や字典と区別して、俗に「ことてん」ともいう。

小説 しょうせつ

文学形態の一つ。英語novelの訳語として坪内逍遥《しょうよう》が使い始めた。特に、近代において、想像力・構想力を駆使し、登場人物を通して人間性や社会を描いた、散文体の文学作品をいう。漢語「小説」は中国で、民間に伝わるおもしろい話やとるに足らない話、また、それを記した書物のことをいい、わが国でも江戸時代にはその意味で用いられていた。

川柳 せんりゅう

五・七・五の形式で、人情や風俗、世相などを滑稽や皮肉を交えて鋭く風刺する短詩。俳諧の前句付けから独立したもので、江戸時代中期に盛んになり、点者として代表的存在の柄井《からい》川柳の名から「川柳点《でん》」「川柳句」「柳樽《やなぎだる》」などさまざまに呼ばれていたが、明治時代以降「川柳」と呼ばれるようになった。

俳句《はいく》

五・七・五の形式で、原則として季語を入れる短詩。俳諧連歌の発句が独立したもの。元来は発句および連句の句を指したが、明治時代になって、正岡子規(一八六七〜一九〇二)が発句のみを意味する語として使用し、一般に広まった。

文庫本《ぶんこぼん》

A6判の小型で、携帯に便利な叢書。略して「文庫」ともいう。本来「文庫」は、書籍や古文書などを入れておく書庫のことで、転じて、あるまとまりをもって収集された蔵書をいう。

ページ

[英 page] 書物などの紙面の片面。また、紙面の順序を示すためにつける数字。ラテン語で、しっかり結ばれたパピルスの細片の意のpāginaから。漢字では「頁」を当てるが、その近代音「ヨウ」が紙などを数える「葉」に通じるところからとされる。

ルビ

振り仮名用の小さな活字。また、振り仮名のこと。五号活字につける振り仮名の七号活字が、イギリスの古い欧文活字で、約五・五ポイントのルビー(ruby)と呼ばれるサイズとほぼ同じ大きさであることからいう。欧米では活字の大きさを示すのに、ルビーのほかにも五ポイントをパールというように、宝石の名前で示すことがある。

ルポライター

直接自分で出かけて行って取材し、記事を書く人。フランス語で探訪記事の意の「ルポルタージュ(reportage)」と英語で書き手の意の「ライター(writer)」を合わせた、和製語。評論家竹中労と草柳大蔵の造語とされる。

もとは 文芸・書画からの言葉

悪玉《あくだま》

悪人のこと。また、芝居で、悪役をいう。江戸時代、草双紙の挿絵で、丸の中に悪と書いて、悪人の顔としたことから、悪人のことを「悪玉」というようになったもの。反対は「善玉」で、同じように丸

悪玉〈心学早染艸〉

の中に善と書いて、善人の顔としたことから、善人のことをいう。「玉」は魂の意で、人の心には善と悪の二つがあるとする心学が影響しており、魂を擬人化して描いたのは山東京伝作の『心学早染艸《はやそめくさ》』(一七九〇)が最初とされる。ちなみに、江戸の遊里言葉では、「玉」は女の意。現在でも俗語で、いい女のことを「いい玉」のようにいう。

挙げ句《あげく》

(あれこれあって)その結果、結局、の意で、「揚げ句」とも書く。さらに強めて「挙げ句の果てに」という言い方もする。もとは、連歌・連句の最後の七七の句のこと。五〇句、百句と長く続き、最後の七七が詠まれてようやく終わりになることから、行き着いた結果を意味するようになったもの。室町時代にはすでに、結局の意で用いられている例が見られる。「さんざん迷った挙げ句、参加は取りやめた」のように、ふつうはよくない結果に終わるときに用いられることが多い。

いろは

物事や習い事の初歩、基本のことで、「伊呂波」「以呂波」とも書く。「料理をいろはから習う」「野球のいろはも知らない」のように用いる。もとは、いろは歌の最初の三文字をとった語で、仮名四十七文字の総称。習字で、最初に習うことから、初歩の意が生じた。いろは歌は四十七文字の仮名を用いて作られた七五調の今様歌で、平安時代中期に成立したとされる。「いろはにほへとちりぬるをわかよたれそつねならむうゐのおくやまけふこえてあさきゆめみしゑひもせす(色はにほへど散りぬるをわが世たれぞ常ならむ有為の奥山けふ越えて浅き夢見じ酔ひもせず)」に「ん」または「京」を加えて、習字の手本とする。

鸚鵡返し《おうむがえし》

人から言われた言葉をそっくりそのまま返すこと。言い返すこと。もとは、和歌で、他人の詠んだ和歌を一部だけ変えて、即座に返歌することを「鸚鵡返し」といったことによる。「鸚鵡」は口まねが上手な鳥のことで、歌舞伎では、道化役が主役などのせりふや演技をまねすることを「鸚鵡」という。

合点《がてん》

相手の言うことに納得したり、了解したりすること。「がってん」ともいい、「合点が行く」「合点が行かない」のように用いる。もとは、和歌や連歌、俳諧などを批評するときに、良いと思うものの頭に印を付けることと、また、その印のことを「合点《がってん》」といい、そこから出た言葉。また、回状などを見終わり、承知したという意味で自分の名前の上に付けたかぎ型の印のこともいった。

金釘流　かなくぎりゅう

下手な字のこと。細くて折れ曲がった金釘のようだという意味で、書道の流派になぞらえていうもので、あざけっていう語。

けりをつける

決着をつける。「けり」は、物事の終わり、決着、結末の意で、「けりがつく」のようにもいう。和歌や俳句などでは、「大根引き大根で道を教へけり」(小林一茶)のように、助動詞「けり」で終わるものが多く、また、平曲などの語り物や謡い物では「そもそも」で始まり、「…けり」で終わることから結末の意となったとされる。

しょっちゅう

いつも、絶えず、始終、の意。「初中《しょちゅう》後《ご》」を略した「初中」が変化した語とされる。「初中後」とは物事のはじめ、中ごろ、終わりの三段階のこと。特に、中世には文芸などの、初心から熟達までの学習の三段階をいった。江戸時代には、はじめから終わりまでの意で用いられるようになり、さらに、言葉も「しょちゅう」「しょっちゅう」へと変化していった。

善玉　ぜんだま

⇩143ページ「悪玉」

月並み　つきなみ

平凡で、ありふれていること。「月次」とも書く。本来は、毎月行うことをいい、俳句などの月例会のことを「月並み会」といった。「月並み」が平凡でありふれたさまの意味になったのは、正岡子規(一八六七～一九〇二)が俳句革新運動を展開する際、自分たちの新しい俳句に対して、伝統的な旧派の俳句を「月並み調」と呼んで批判したことによる。

てにをは

文章で、助詞の総称。本来は漢文訓読で、国語の助詞・助動詞・接尾語・活用語尾などを記したヲコト点のうち、四隅の点が「て」「に」「を」「は」であったことからいう。文章を読んだり書いたり、話をしたりするのに、「てにをは」の用法は重要で、「てにをはが合わない」といえば、助詞の用法が間違っている、また転じて、話の筋道が通らなかったり、つじつまが合わなかったりすることをいう。

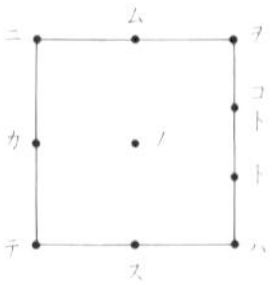

ヲコト点〈博士家点〉

平仄が合わない ひょうそくがあわない

つじつまが合わないこと。矛盾していること。「平仄」は漢字の四声《しせい》で、「平声《ひょうしょう》」と、それ以外の上声《じょうしょう》・去《きょ》声《しょう》・入声《にっしょう》の三声を合わせた「仄声《そくせい》」のこと。また、漢詩では、韻を整えるための、平声の字と仄声の字の配列の決まりのことで、転じて、物事の道理、つじつまの意となった。

もとは 文学作品からの言葉

老いらくの恋 おいらくのこい

老いてからの恋、老人の恋をいう。一九四八（昭和二三）年、当時六八歳の歌人、川田順が弟子で二八歳年下の鈴《すず》鹿《か》俊子と恋に落ち、死を決意して家を出たとき、友人に送った詩「恋の重荷」の一節、「墓場に近き老いらくの恋は怖るる何もなし」から、一般に流布した言葉。「老いらく」は動詞「老ゆ」が名詞化した「老ゆらく」が変化した語で、老いていくことの意。

がめつい

けちで抜け目がないこと。一九五九（昭和三四）年から翌年にかけて上演された、菊田一夫の戯曲『がめつい奴』によって流行した語。麻雀用語で、大きな手で上がろうと無理をする意の「がめる」と関西方言の「がみつい」をつないで使ったもので、菊田一夫の造語とされる。ほかに、「がめ」は亀と同語源でスッポンのことをいい、スッポンが一度くわえたら離さないことから、この「がめ」に「ごっつい」「きつい」などの「つい」が合わさったという説、芸能人仲間の麻雀からきた語で、「がめる」と「ついている」を結びつけたという説などがある。

黒い霧 くろいきり

隠された悪事・不正・犯罪、疑惑をたとえていう語。雑誌「文芸春秋」に一九六〇（昭和三五）年一月号から連載された松本清張のノンフィクション『日本の黒い霧』から出たもので、特に、一九六六年の政界の一連の不祥事を契機に広まった。

源氏名《げんじな》

芸者やバーのホステスなどの呼び名。もとは、『源氏物語』の巻名にちなんで、宮中の女官に贈った称号。江戸時代には、遊女や娼妓などが本名のほかにつけた呼び名のことで、のちには『源氏物語』の巻名とは関係のない名にもいうようになった。

現代っ子《げんだいっこ》

現代風なものの考え方や行動をする若者のことをいう。昭和四〇年代の初め、川崎市の小学校教師の阿部進の著書『現代っ子採点法』（一九六二）、『現代っ子教育法』（一九六三）が話題となり、広まった語。

恍惚の人《こうこつのひと》

認知症の老人のこと。一九七二（昭和四七）年出版された、有吉佐和子の小説『恍惚の人』から広まった語。著者は自身、頼山陽の『日本外史』の中の、三好長慶が松本大膳に滅ぼされるくだり、「三好長慶老いて病み恍惚として人を識らず」にヒントを得たと述べている。

コップの中の嵐《コップのなかのあらし》

当事者にとっては重大なことでも、大局には影響を与えない内輪のもめごと。W・B・バーナード（一八〇七〜七五）作の劇の題名『Storm in a Teacup』から広まった言葉。

死線を越える《しせんをこえる》

生死を考えない、生死を超越する意。この表現が広く用いられるようになったのは、一九二〇（大正九）年に発表された、賀川豊彦の自伝小説『死線を越えて』によるもので、そこにはキリスト教伝道者である作者が、神戸の貧民救済に献身するさまが描かれている。「死線」は死ぬか生きるかの境をいい、もとは、牢獄や捕虜収容所などの周囲に設け、それを越えると銃殺されるという限界線を意味した。

斜陽族《しゃようぞく》

時勢が変わって没落した、旧上流階級の人々のこと。一九四七（昭和二二）年に発表された太宰治の小説で、第二次世界大戦後、華族制度の廃止により没落していく華族を描いた『斜陽』から出た言葉。

象牙の塔《ぞうげのとう》

俗世間を離れて、静かに芸術を楽しむ境地。また、学者の、実社会とは没交渉の現実離れした学究生活、および大学の研究室のこと。フランスの文芸評論家サント・ブーブがロマン派の詩人で小説家のヴィニーの現実逃避的な創作態度を批判した言葉、la tour d'ivoireの訳語。日本では、一九二〇（大正九）年に出版された、西洋文芸や近代思潮の研究で知られる英文学者厨川白村《くりやがわはくそん》の著書『象牙の塔を出て』によって、一般に広まった。

てんやわんや

各自が自分勝手に行動し、騒ぎ立てるさま。われがちに争って混乱するさま。各自勝手に、てんでに、の意で、「手に手に」が変化した「てんでん」と、無茶苦茶の意の「わや」「わやく」が合わさってできた語。江戸時代から用いられるが、一九四八（昭和二三）年から翌年にかけて発表された、獅子文六の新聞小説『てんやわんや』によって、それまで死語同然であったものが流行語となった。

永すぎた春《ながすぎたはる》

恋愛期間が長すぎることで、「あの二人は永すぎた春だったんだ」「永すぎた春に終止符を打つ」のようにいう。婚約期間が長すぎたために生じた男女間の微妙な気持ちの行き違いを描いた、三島由紀夫の小説『永すぎた春』（一九五六）から一般に広まった言葉。

肉弾《にくだん》

兵士の肉体を弾丸にたとえていう語。自ら身を躍らせて敵陣に突入していく戦いを「肉弾戦」という。一九〇六（明治三九）年に発表された、日露戦争の旅順攻防戦を描いた桜井忠温《ただよし》の小説『肉弾』から一般に広まった語。

複合汚染《ふくごうおせん》

いくつかの毒性物質が複合して、さらに毒性を強めた汚染。有吉佐和子の小説『複合汚染』から広まった語。一九七四（昭和四九）年から翌年にかけて新聞に連載され、農薬や食品添加物などがもたらす危険性に警鐘を鳴らした。

ぽんこつ

古い自動車の解体。また、それをする

業者。転じて、中古の自動車のこと。一般的には、古くなって廃品同様になった物のことをいい、人にたとえていうこともある。一九五九（昭和三四）年から翌年にかけて新聞に連載された、阿川弘之の小説『ぽんこつ』から広まった語。作中には、ぽんこつ屋が「ぽん、こつん。ぽん、こつん。」とたがねとハンマーで古い自動車をたたきこわしている音の描写がある。

マイカー

自家用車。一九五六（昭和三一）年、「愛知トヨタ」というPR雑誌の編集をしていた浜口治男が乗用車拡販の標語として考案。一九六〇年に上杉次郎の『マイカーの悪知恵』、翌年に星野芳郎の『マイ・カー』が出版され、小型の大衆車の発売とも相まって、マイカーという和製語が広まった。ちなみに、英語では自分の車のことはmy own carという。

まじめ人間《まじめにんげん》

まじめな人のこと。一九六五（昭和四〇）年に出版された、山口瞳の小説『マジメ人間』から出た語。愚直なまでに懸命に生きる戦中派の人間を自嘲気味に描いた作品で、以来、「会社人間」「遊び人間」のように「…人間」という言葉が使われるようになった。

藪の中《やぶのなか》

関係者の言うことが食い違っていて、真相がはっきりしないこと。一九二二（大正一一）年に発表した、芥川龍之介の小説『藪の中』から出た語。作品には客観的な真理に対する、作者の懐疑的心情が描かれている。

ユートピア

現実には存在しない、理想的な社会。理想郷。イギリスの政治家であり思想家のトマス・モーアが書いた社会啓蒙書『ユートピア』（一五一六）から広く用いられるようになった語。ギリシア語のou（無）とtópos（場所）に基づく造語で、どこにもない場所の意。

ロマンスグレー

中年男性の白髪まじりの髪。また、そういう髪の魅力的な中年男性。飯沢匡《ただす》の戯曲『ロマンスグレー』（一九五四）から広まった語で、和製語。

音楽

ウクレレ

[アメリカ ukulele] 小型の四弦楽器。一九世紀後半にポルトガル人がハワイに持ち込んだブラギーニャという弦楽器がもとになっている。ハワイ語で、ウク(uku)は蚤《のみ》、レレ(lele)は飛び跳ねる意。弦の上で指が跳ねるように演奏することから。一説に、人気のあったウクレレ奏者の愛称からともいう。

エレキギター

音を電気機器によって増幅させるギター。略して「エレキ」ともいう。「エレキ」は電気の意の「エレキテル」の略で、江戸時代に伝わったオランダ語に由来。英語ではelectric guitarという。

演歌《えんか》

歌謡曲の一つ。もとは、明治から大正時代にかけて、街頭でバイオリンなどを弾きながら歌った流行歌をいい、明治初期に、自由党の壮士たちが演説の代わりに歌ったのが始まり。演歌の第一号は「壮士自由演歌」といわれる「ダイナマイト節」である。

オーケストラ

[英 orchestra] 管弦楽。また、管弦楽団。ギリシア語のorkhēstraからで、踊る意のorkhéomaiに基づく語。本来は、古代ギリシアの劇場で、合唱隊が踊るために設けられた舞台前の半円形の場所。

オペラ

[イタリア opera] 歌劇。一六世紀末にイタリアのフィレンツェで始まり、音楽・舞台美術・演技・踊りなどを合わせた総合芸術として発展。もとはラテン語opusの複数形で、作品の意。

オルガン

[ポルトガル orgão 英 organ] 風を送ることで音を出す鍵盤楽器。ラテン語で、器具、楽器の意のorganumから。本来はパイプオルガンのことを指すが、日本ではリードオルガンや電子オルガン

を含めた総称として用いられる。

オルゴール

〔オランダ orgel〕ぜんまい仕掛けで、自動的に曲を奏でる装置。一八世紀末にスイスの時計職人たちによって作られ、日本には江戸時代末期に渡来。ギリシア語で、器具の意のórganonから。

カスタネット

〔英 castanets〕二枚の木片を手のひらの中で打ち鳴らす楽器。もとはスペイン語で、栗の意のcastañaの派生語castañetaから。栗の実を二つに割ったような形をしていることにちなむ。

カンツォーネ

〔イタリア canzone〕イタリアの大衆的な歌謡。もとは一六世紀に起こった通俗的な牧歌をいった。語源はラテン語で、歌の意のcantiōから。

シャンソン

〔フランス chanson〕フランスの大衆的な歌謡。本来は歌の意で、語源はカンツォーネと同じ。

ソナタ

〔イタリア sonata〕三または四楽章から成る独奏・重奏のための器楽曲。奏鳴曲。ラテン語で、鳴るの意のsonāreに基づく語で、原義は楽器を奏でて鳴らす。

タンバリン

〔英 tambourine〕円形の枠の片面に皮を張り、周りに金属円盤をつけた打楽器。古期フランス語で、太鼓の意のtambourから。

ドラム

〔英 drum〕太鼓類の総称。語源は中期オランダ語・低地ドイツ語で、太鼓の意のtromme。もとは、打つ音を表す擬音語。

トランペット

〔英 trumpet〕金管楽器の一つ。古期フランス語で、小さいラッパを意味するtrompetteから。

ノクターン

〔英 nocturne〕夜想曲。ふつう、自由で叙情的なピアノ小曲を指す。ラテン語で、夜の、の意のnocturnusから。

バイオリン

〔英 violin〕弦楽器の一つ。イタリア語で、小さなビオラの意のviolinoから。ちなみに、ビオラ（viola）はイタリア語で、バイオリンより少し大形で、管弦楽では中音部を受け持つ。

ピアノ

［英 piano］鍵盤楽器の一つ。一八世紀ごろまでは「ピアノフォルテ（pianoforte）」といい、それが略されたもの。イタリア語でpianoは弱、forteは強の意。イタリアのクリストフォリ（一六五五〜一七三二）がチェンバロを改良して、gravicembalo piano e forte（強弱のつけられるチェンバロ）と命名し、piano e forteの部分からpianoforteと呼ばれるようになった。

ブルース

［アメリカ blues］アメリカの黒人独特の哀調を帯びた大衆歌曲。ポピュラー音楽に影響を与え、ジャズの源ともなった。原義は気のふさぎ、憂鬱。黒人作曲家William Christopher Handyの命名とされる。

ポップス

［英 pops］軽音楽。ポピュラーミュージック。一般に、クラシック音楽に属さない、娯楽性と大衆性をもつ音楽の総称。popは人気がある、大衆的なの意のpopularから。

ポロネーズ

［フランス polonaise］ポーランドの民族舞曲。四分の三拍子で、力強いリズムを特徴とする。フランスに伝わり、一つの形式となった。原義はポーランドの、の意。

ロック

［アメリカ rock］「ロックンロール（rock'n'roll）」の略。リズムアンドブルースとカントリーアンドウエスタンが融合した音楽で、ロックもロールも揺さぶる意。また、一九六〇年代以降、多様化したロックンロールを総称していう。エレキギターなどの電気楽器にドラムスやボーカルを加えて小編成バンドで演奏されることが多い。

ワルツ

［英 waltz］四分の三拍子の優雅で軽快な舞曲。円舞曲。また、それに合わせて踊る舞踊。西オーストリアや南ドイツ辺りが発祥の地とされ、一九世紀初頭にオーストリアでウインナ・ワルツとして世界に広まった。

ドイツ語のWalzerからで、その語源は古代高地ドイツ語の回る、回転する意のwalzan。

もとは 邦楽・雅楽からの言葉

合いの手を入れる《あいのてをいれる》

歌や踊りに合わせて手拍子を打ったり、掛け声をかけること。また、人との会話で、相手の話を促したり、うまく話題を展開したりするために、言葉を挟むこと。本来、「合いの手」は邦楽で、唄と唄の間に三味線などの楽器だけで演奏される短い部分のこと。「合い」は間、「手」は楽曲、調べの意。

打ち合わせ《うちあわせ》

前もって相談すること。下相談。もとは雅楽で、鼓や鉦鼓《しょうこ》などの打ち物だけの合奏のことを「打ち合わせ」といい、笙《しょう》や篳篥《ひちりき》などの吹奏楽器と息を合わせるために打ち合わせることから、一般に、前もって相談することをいうようになったもの。

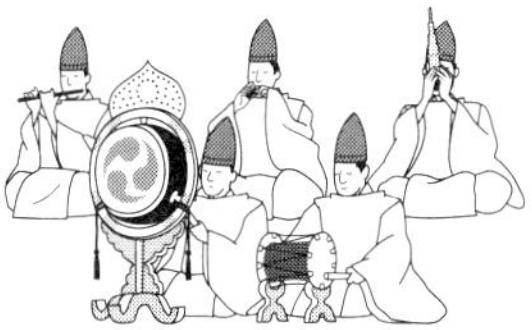

上っ調子《うわっちょうし》

人が軽薄で、言動に落ち着きがないこと。邦楽で、三味線を合奏するときに、基本の調子に対して、従の奏者が弾くそれより高い調子を「上調子《うわちょうし》」といい、その甲高い音がいかにも軽くて落ち着きがなく聞こえたことから、人にも転じて用いられるようになったもの。

乙《おつ》

ふつうと違ってしゃれている、気がきいている、の意で、「乙な味」「乙にすます」「雪見酒とは乙だね」のように用いる。もとは邦楽で、高い音域の音の「甲《かん》」より一段低い音のこと。甲に比べて落ち着きや渋みがあることからたとえていう。

楽屋《がくや》

劇場や寄席などで、出演者が準備や休息をするための控え室。平安時代には、雅楽の楽人が演奏する場所を「楽屋」といい、そこは舞人が装束を着けたり休息をしたりする所でもあった。のちに、演奏は舞台でするようになったため、もっぱら控え室を指すようになった。

琴線に触れる きんせんにふれる

感動したり、共鳴したりすること。「琴線」は琴の糸のことで、人の心の奥深くにある感じやすい心情のたとえ。

三拍子そろう さんびょうしそろう

評価を高める三つの重要な条件がそろう。「三拍子」は、囃子《はやし》などで、小《こ》鼓《つづみ》・大鼓《おおつづみ》・太鼓《たいこ》（または笛）の三種の楽器で拍子を取ること。これらがそろえば最高の演奏となることからいう。

千秋楽 せんしゅうらく

演劇や相撲などの興行の、最終日。略して「楽《らく》」ともいう。もとは雅楽の曲名で、法会や能狂言、芝居などの最後に千秋楽を奏したことからとも、雅楽の最終曲が千秋楽だったことからとも、能「高砂」の終わりに千秋楽の文章があることからともいわれ、由来には諸説ある。「千秋」は千年、長い年月の意で、末永い繁栄を願う言葉。

ちゃんぽん

はっきり異なる二種類以上のものをまぜこぜにすること。もとは、鉦《かね》と鼓、または、三味線と鼓などを合奏することで、その音の形容にもいい、転じて、いろいろなものをまぜこぜにする意となった。ちなみに、長崎名物の麺料理「ちゃんぽん」も肉や野菜などいろいろな材料を入れることからともいう。

鳴り物入り なりものいり

はでに騒ぎたてること。「鳴り物」は邦楽で楽器の総称。歌舞伎では三味線以外の楽器のことをいい、太鼓や鉦《かね》、笛などの鳴り物を演奏してはやし立て、にぎやかな場面を演出したことから、一般にはでに騒ぐことの意で用いられるようになった。

二の句が継げない にのくがつげない

あきれはてて、次の言葉が出ないこと。「二の句」は雅楽の朗詠で、詩句を三段に分けて詠うときの二段目の句のこと。一段目は一の句、三段目は三の句といい、各句ごとに独唱してから続けて合唱に入る。二の句は高音のため、そのまま合唱に移ると息が切れるため、二の句を続けるのは容易ではない、の意で「二の句が継げない」といい、次の言葉が出ない意へと転じた。

派手 はで

華やかで、人目を引くさま。一説には、

三味線の弾き方の「破手《はで》」から出た語で、従来の弾き方である「本手組《ほんてぐみ》」に対して、新しい弾き方を「破手組」、略して「破手」といい、その曲風が華やかなことから、一般的な意味に転じたとされる。ほかに、「映え手」あるいは「花手」の略とする説もある。

囃す　はやす

大勢が大きな声で、ほめたり冷やかしたりすること。映えるようにする、引き立てる、という意味の古語「映やす」と同源。本来は、声を出したりして曲の調子を引き立てること、特に、囃子《はやし》を演奏することをいい、そこから転じたもの。ちなみに、「囃子」は、能・歌舞伎・寄席などで拍子を取ったり、演技や舞台を盛り立てたりするための伴奏の音楽のことで、「子」は当て字。

間が抜ける　まがぬける

肝心なところが抜けていること。「間」は、邦楽・舞踊・演劇などで、音と音、動作と動作、せりふとせりふの間に入れる休止のこと。また、拍子やリズムをいう。その間が抜けるとは演奏や演技で拍子が抜けることをいい、転じて、肝心なところが抜ける意となった。

減り張り　めりはり

ゆるむことと張ること。「乙張り」とも書く。もとは邦楽用語で、音の高低、抑揚をいう「乙甲《めりかり》」から転じた語。「乙」は低い音、下がる音で、「甲」は高い音、上がる音のこと。江戸時代に、「かり」が「はり」に言い換えられ、歌舞伎の演技やせりふ回しの強弱・伸縮の意味でも用いられるようになった。転じて、「文章にめりはりがない」「生活にめりはりをつける」のように、物事における緩急の区別や変化をいう。

やたら

むやみに、みだりに、の意。一説には、雅楽の、二拍子と三拍子を繰り返す「八多羅《やたら》拍子」から出た語で、拍子が早くて調子が合わないところから、順序や秩序、節度などがないさまの意となったとされる。「矢鱈」と書くのは当て字。

呂律が回らない　ろれつがまわらない

うまく舌が動かず、発音がはっきりしないこと。「呂律」はものをいうときの調子の意。雅楽で、「呂《りょ》」と「律《りつ》」という二つの音階を「呂律《りょりつ》」といい、それが「ろれつ」と変化したもの。

美術

エッチング

［英 etching］銅板などに耐酸性の膜を塗り、針で引っかいて模様や絵を描き、露出した部分を酸で腐食させて原版とする版画の技法。etchは刻みつける、食刻する意。オランダ語の美術用語etsenから借り入れた語。もとはゲルマン語で、食べさせる意。

オブジェ

［フランス objet］表現の対象として象徴的・暗示的に用いられる題材。また、それらを使って表現した作品。原義は物体。

クレパス

⇩115ページ（商標名）

クレヨン

［フランス crayon］蠟《ろう》・脂肪などに顔料を混ぜて棒状に固めた絵の具。ラテン語で、白墨、白亜（白粘土）の意のcretaから。白亜は棒状で用いられたので、古期フランス語では棒状の筆記用具の意。

スケッチ

［英 sketch］ありのままに描くこと。写生。写生画。オランダ語の美術用語schetsから借り入れた語。ギリシア語で、即興の意のschédiosから。

デッサン

［フランス dessin］黒やセピアなどの単色の線によって対象を描くこと。素描。また、その絵。油絵などの下絵として描かれる。もとラテン語で、線を引く意のdesignareから。

パレット

［フランス palette］絵の具を調合するときに使用する板。paleはラテン語で鋤《すき》、シャベルの意のpalaに基づき、それに接尾語の-etteがついた語。

モザイク

［英 mosaic］さまざまな色の石やガラスなどの小片を組み合わせ、図案化したもの。ギリシア神話の女神ミューズ（ギリシア Moûsa）に捧げられた洞窟《どうくつ》にこの装飾がされていたことにちなむ。

演劇・演芸・映画

アドリブ

[英 ad lib] 台本にないせりふを即興で言うこと。また、即興で演奏すること。ラテン語 ad libitum の略で、自由に、気ままに、の意。

脚色《きゃくしょく》

小説や事件などを演劇などの脚本の形に書き改めること。この意味での使用は近世末以降のこと。本来、古代中国では、出仕の際に提出した身分証明書や履歴書を意味し、元・明以降、演劇の仕組みを書いたもの、また、俳優の役柄や扮装《ふんそう》をいうようになった。

脚本《きゃくほん》

演劇や映画などの筋書きを書いた台本のことで、日本における造語。近世末から明治時代初めにかけては「脚色」が脚本の意を兼ねていたが、のちに「脚色」がもっぱら小説などを演劇化する意味で用いられ、「脚色の本」の意で、「脚本」というようになった。

高座《こうざ》

落語や講談などを演じるために、客席より一段高くした席。また、寄席のことをいう。本来は仏教語で、僧侶が説教などをするときに座る、一段高くしつらえた座席のこと。古くは、天皇や将軍が謁見の時などに座る御座所をいい、上座の意味でも用いられた。

大根役者《だいこんやくしゃ》

演技の下手な役者のこと。大根は白いことから、「素人」の「しろ」にかけていったもの。また、大根は消化のよい野菜で、食あたりしないことから、「当たらない役者」の意味でいうようになったともいわれる。

ト書き《とがき》

芝居の脚本で、せりふ以外の動作や舞台装置などの説明を記してある部分。「…ト言って前を見る」のように、「…ト」の形で書かれることからいう。

どさ回り《どさまわり》

劇団などが地方で興行すること。「どさ」は田舎、地方をさげすんでいう語。

一説に、語尾に「どさあ（…ということだの意）」を付けて話すことから、東北弁や東北地方の人を「どさあ」といい、それが「どさ」になったともいう。また、江戸時代、佐渡金山の人夫確保の博徒狩りを、「佐渡」の倒語で「どさ」といったことから、遠く離れた地の意味で用いたともいわれる。

俳優《はいゆう》

映画・演劇などで、役を演じる人。もとは身振りおかしく歌ったり舞ったりして人を楽しませること、また、その役の人のこと。「俳」は常識にそむいた一風変わったふるまいの意。「優」は面をつけて舞う人、役者、楽人の意。

パントマイム

［英 pantomime］せりふを一切用いず、身振り・手振り、顔の表情だけで演じる劇。無言劇。ギリシア語のpan-tómīmosからで、すべて（panto-）をまねする（mīmos）意。

封切り《ふうぎり》

映画で、新作を初めて上映すること。江戸時代、小説の新刊本のことを「封切り」といったが、通俗小説の類は袋に入れて発売され、その封を切って読んだことによるもので、それが映画についても用いられるようになった。

悲劇《ひげき》

不幸な結末に終わる劇。転じて、人生や社会の痛ましい出来事。英語tragedyの訳語。一八八八（明治二一）年の『ウェブスター氏新刊大辞書和訳字彙』に見られる。当初は「悲哀の戯曲」「悲戯」などと訳されていたが、明治三〇年代以降、「悲劇」という語が一般化し、演劇以外の比喩的な用い方もされるようになった。

漫才《まんざい》

二人の芸人がおもしろい仕草や言葉のやりとりで観客を笑わせる演芸。新年に太夫《たゆう》と才蔵《さいぞう》が二人一組で家々を訪れ、祝いの歌舞を演じる万歳《まんざい》に由来。近世に、二人の芸人が滑稽な掛け合いをする演芸となり、昭和初期に現在のスタイルが登場。一九三三（昭和八）年、吉本興業の宣伝誌の中で「万歳」から「漫才」に改称。名付け親は

万歳〈絵本満都鑑〉

橋本鉄彦とも林正之助ともされる。

梨園《りえん》 ⇩166ページのコラム

レビュー

[フランス revue] 舞踊・音楽・寸劇・曲芸などを組み合わせた豪華多彩なショー。もとは、一八～一九世紀にフランスではやった、一二月にその年の出来事を風刺的に扱った喜劇のこと。二〇世紀に入って世界に広まり、ショー的要素が強くなった。revueは再び見る意のrevoirの過去分詞。

もとは 演劇・演芸からの言葉

顎足つき《あごあしつき》

人に招かれたとき、飲食費、交通費が先方持ちであること。「顎」は物を食べてかむ所であることから、食事を意味する。「足」は「足代」の略で、交通費の意。もとは寄席芸人の間で用いられた隠語。

暗転《あんてん》

状況がよくない方向に変わること。英語dark changeの訳語。本来は、幕を下ろさずに、舞台の照明を暗くして、場面を転換させることをいう。

板に付く《いたにつく》

服装や態度、職業などが、その人にふさわしくなじんでいること。「社長業が板に付く」のようにいう。「板」は板張りの舞台のこと。本来は、役者が経験を積んで、芸が舞台にしっくりなじむようになることをいう。

一枚看板《いちまいかんばん》

上方歌舞伎で、勘亭流《かんていりゅう》で外題《げだい》を書き、その上に主要な役者の絵姿を描いた、一枚の大きな飾り看板のこと。転じて、その一枚看板に描かれる役者のことをいうようになり、さらに、一般に、大勢の仲間のうちで、他に誇れる中心人物の意で用いられる。また、たった一枚きりの衣服、一張羅の意味でも用いる。

一枚看板〈守貞漫稿〉

大立者《おおだてもの》

その分野の一番の実力者、重要人物。本来は、歌舞伎で、座頭《ざがしら》や立女形《たておやま》など、一座の中心役者を「立者《たてもの》」といい、さらに、その中でも主要な幹部役者のことを「大立者」といったことによる。

ちなみに、「立て」は、中心、筆頭を意味する接頭語で、「立て行司」といえば最高位の行司のこと。

大詰め《おおづめ》

最終段階、最終局面のことで、そうした状況になることを「大詰めを迎える」という。もとは、江戸歌舞伎からきた言葉で、時代物を演じる一番目狂言の幕のことをいった。のちに、芝居全体の最終幕のことをいうようになり、一般的な意味へと展開。

ちなみに、世話物を演じる二番目狂言の最後の幕は「大切り」という。

大向こうを唸らせる《おおむこうをうならせる》

芝居通の観客を感心させること。また、一般大衆を感心させること。歌舞伎で、舞台から見て正面の二階の桟敷を「向こう桟敷」といい、さらにその後方にある立ち見席のことを「大向こう」という。天上桟敷で、料金は最も安いが、そこの観客は目の肥えた芝居好きが多いことから、転じて、芝居通の人、さらに、一般の見物人のことを「大向こう」というようになった。

遅かりし由良之助《おそかりしゆらのすけ》

時間に間に合わなかったときに、少しふざけ気味にいう言葉。歌舞伎や人形浄瑠璃の、赤穂浪士の討ち入りを題材にした『仮名手本《かなでほん》忠臣蔵』から出たもの。殿中で高師直《こうのもろなお》に狼藉を働いた罪で、切腹を申し渡された塩谷判官《えんやはんがん》が、家臣の大星《おおぼし》由良之助の到着を待つが、時間が来てついに切腹というときにようやくやってきた由良之助に言う言葉である。実際にはこのせりふは台本にないが、語り継がれる間に定着していったのであろう。

十八番《おはこ》

最も得意とする芸や技。また、その人の、よくやる動作や口癖。「じゅうはちばん」ともいう。江戸歌舞伎の七世市川団十郎が一八三二（天保三）年に選定し、家の芸とした「歌舞伎十八《じゅうはち》番《ばん》」から出た言葉。「おはこ」と呼ぶのは、秘蔵の得意技として代々受け継がれ、台本を大切に箱に保管したことからとも、書画・骨董の品質を保証して、鑑定家あるいは作者本人が箱に記す「箱書き」の意からともいわれる。

傀儡政権《かいらいせいけん》

陰に実権を握る黒幕がいて、表舞台に立つ人はただ操られているだけの政権。

「傀儡」は操り人形のことで、他人に操られる人のたとえ。「くぐつ」ともいう。江戸時代には、胸に箱をかけ、その箱の上で木偶《でく》人形を操って門付けをする芸人を「くぐつ回し」とか「傀《かい》儡師《らいし》」と呼んだ。比喩の意味での用法も江戸時代から見られる。

陰で糸を引く かげでいとをひく

見えないところで指図して、人を思い通りに動かすこと。人形遣いが黒装束をまとったり、客の目に触れないようにしたりして、人形を糸で操るところからのたとえ。

脚光を浴びる きゃっこうをあびる

人々の注目の的となること。「脚光」は、舞台の床の前方に据えて、俳優を足元から照らす照明、フットライトのこと。脚光を浴びるのはその場の中心となる役者で、観客の目はいっせいにそこに注がれることからたとえていう。

切り口上 きりこうじょう

一語ずつ区切るように、はっきりという言い方。改まった調子の話し方、堅苦しい言葉遣いのこと。歌舞伎で、一日の興行の終わりに、座頭《ざがしら》が舞台で客席に向かって、「まずは今日《こんにち》はこれぎり」というあいさつをする。このあいさつを「切り口上」といい、一句一句をはっきり区切る言い方がいかにも堅苦しいことから、転じて、一般のそうした話し方についても用いられるようになった。

黒幕 くろまく

陰で画策したり、指図したりする人のこと。陰の実力者。もとは、歌舞伎で、舞台背景として闇を表したり、場面の変わり目などに用いたりする、黒い木綿の幕のこと。背後の暗がりで舞台を操ることから、転じて、裏で操る人、特に実権を握る人をたとえていう。

差し金 さしがね

陰で人をそそのかして操ること。もとは、歌舞伎や人形浄瑠璃に由来する語。歌舞伎では、作り物の蝶や小鳥などを先端につけた黒塗りの細いさおのことで、針金で作り物を結わえ、黒衣《くろご》が動かす。また、人形浄瑠璃では、操り人形の腕に取りつけた長い棒のことをいい、これで腕を動かし、棒につけた麻糸を引いて手

首や指を動かす。どちらも見えないところで操ることから、背後で人を操る意へと転じ、「きっとあいつの差し金に違いない」とか「誰の差し金か」のように用いられるようになった。

三枚目《さんまいめ》

演劇で、こっけいな役、また、それを演じる役者のこと。一般には、こっけいなことを言ったりしたりして、人を笑わせる役回りの人、道化者のことをいう。もとは、江戸時代に、歌舞伎小屋に掲げられた番付や看板のうち、三枚目に道化役の役者が描かれたことからいうもの。また、二枚目には、色恋沙汰を演じる美男の役者が描かれたことから、美男、色男のことを「二枚目」というようになった。ちなみに一枚目には主役が描かれた。

助六鮨《すけろくずし》

稲荷鮨と海苔巻きを詰め合わせた弁当。「助六」は歌舞伎十八番の一つ、「助六《すけろく》所縁《ゆかりの》江戸《えど》桜《ざくら》」の略で、主人公の名前でもある。その助六の恋人が「揚巻《あげまき》」。稲荷鮨の油揚げの「揚げ」と「海苔巻き」の「巻き」を合わせて「揚巻」となることから、しゃれて名付けたもの。

揚巻(左)と助六

捨て台詞《すてぜりふ》

別れ際に、相手に一方的に言い捨てる乱暴な言葉。本来は、歌舞伎で、役者がその場に応じて言い捨てる、台本にない台詞のこと。主に、舞台に登場するとき、あるいは退場するときにいう。

太平楽《たいへいらく》

のんきで、好き勝手なことを言ったりしたりするさま。また、そういう人のこともいう。もとは舞楽の一つで、中国の楚の項荘《こうそう》と項伯《こうはく》の二人が鴻門《こうもん》の会で、剣を抜いて舞ったのを模したもの。舞楽の中でも最も悠長《ゆうちょう》なことから、のんきなさまにたとえられる。

たらい回し《たらいまわし》

一つのことを次から次へと送り回すこと。もとは、仰向けに寝て、足でたらいを回す曲芸のこと。曲芸師は寝たままで、たらいだけを次々に受け渡すところから、転じて、「政権をたらい回しにする」のように、一つのことを馴れ合いや責任回避などから順繰りに送り回すことをいうようになった。

茶番《ちゃばん》

底が見え透いていて、ばかばかしい振る舞いのことで、「茶番劇」ともいう。江戸時代に、余興に歌舞伎のパロディーとして、おもしろおかしく演じた素人の寸劇を「茶番狂言」、略して「茶番」といったことにちなむ。そもそも「茶番」とは楽屋で茶をくむ係のこと。茶番に当たった大部屋の役者が余興にやったことから広まったとされる。

木偶の坊《でくのぼう》

何の役にも立たない者。機転の利かない者。また、そういう人をののしっていう言葉。「木偶」は木彫りの人形。また、操り人形のこと。人に操られるだけで、自分では何もできないことから、ぼうっと立っているだけの役立たずの人をたとえていう。「坊」は「朝寝坊」「忘れん坊」というのと同じで、人の意を表す語。

手玉に取る《てだまにとる》

人を思う通りに操ること。「手玉」は布の袋に小豆などを入れて縫いくるんだもので、女の子が遊びに使う、いわゆるお手玉のこと。このお手玉を曲芸師が自由自在に操ったところから、転じて、人を翻弄する意味に用いられる。

てんてこ舞い《てんてこまい》

あわただしく動き回ること。うろたえて騒ぐこと。「てんてこ」は里神楽や祭り囃子《ばやし》などでたたく小太鼓の音の形容。それに合わせてせわしなく舞う様子からたとえていうもの。「天手古」と書くのは当て字。

とことん

最後の最後まで。徹底的に。もとは、日本舞踊で足拍子の音の形容。近世末には民謡の囃子《はやし》言葉として使われるようになった。明治時代初め、官軍の東征に際して士気を発揚するために作られた軍歌で、のちに流行歌となった「とことんやれ節」の最後につく囃子言葉「とことんやれとんやれな」から、最後までの意が生じたとされる。

泥仕合《どろじあい》

本来の争点を忘れて、互いに相手の欠点や秘密を暴露し合うなど醜く争うこと。また、その争いのこともいう。もとは、泥にまみれて争うこと。特に、歌舞伎で、舞台に泥田を作り、その中で立ち回りをすることをいう。泥の中でし合う（互いに争い合う）、の意で「泥仕合」と書く。

どろん

姿を隠すこと。「公金を横領してどろんを決め込む」のように用いる。歌舞伎の下座音楽で、幽霊や妖怪などが姿を消すときに、効果音として連打する大太鼓の音からたとえていうもの。古くは「どろどろ」ともいい、江戸末期には姿をくらます、駆け落ちをするなどの意味で、「どろどろを食わす」という言い方が流行語として使われた。

どんちゃん騒ぎ《どんちゃんさわぎ》

酒を飲んだり、歌ったり、踊ったりして、大勢で騒ぐこと。「どんちゃん」は太鼓や鉦《かね》を同時にたたいたときの音の形容。歌舞伎や芝居などでは、合戦の場の効果音として用いることから、転じて、鳴り物を鳴らして大騒ぎする意となった。現在は特に酒席などで大騒ぎすることをいう。

どんでん返し《どんでんがえし》

話の展開や物事の形勢が、それまでとは正反対にひっくり返ること。本来は、歌舞伎の舞台で、大道具を一気に九〇度後ろにひっくり返して、底になっていた面を立てて、場面を転換することで、その仕掛けのこともいう。もとは、中が自在に動く仕掛けの「強盗提灯《がんどうちょうちん》」に似ているところから、「強盗《がんどう》返し」といい、一説にはその時に下座の鳴り物が「どんでんどんでん」と鳴ったので「どんでん返し」というようになったとされる。

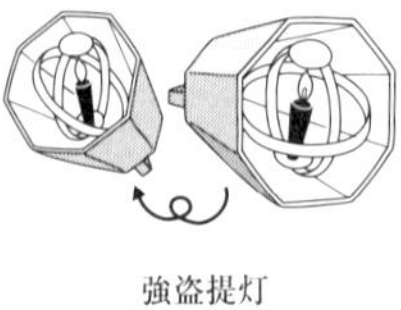

強盗提灯

とんとん拍子《とんとんびょうし》

物事が滞りなく、順調に進むこと。「とんとん」は続けざまに軽くたたいたり、階段や床などを調子よく足早に踏む音の形容で、転じて、物事が順調に進むさまをいう。特に、舞の舞台で、拍子を取って「とんとん」と床を踏み、舞うところから、いかにも調子よく事が運ぶさまを「とんとん拍子」という。

二の舞《にのまい》

前の者がしたのと同じような失敗を繰り返すことで、「二の舞を演じる」のように用いる。もとは舞楽で、安摩《あま》の舞のあと、咲面《わらいめん》と腫面《はれめん》をつけた舞人二人がこっけいな所作でそれをまねてする舞のこと。そのまねがなかなかうまくいかなくて笑いを誘うことから、人のまねをして失敗する意に転じたもの。

二の舞〈舞楽図〉

二枚目　にまいめ

⇩162ページ「三枚目」

のべつ幕なし　のべつまくなし

絶え間なく続くさま。もとは芝居で、幕を引かずに、開けたままずっと芝居を続けることをいい、そこから転じたもの。「のべつ」は、絶えず、ひっきりなしに、の意で、動詞「延べる」の連用形に助動詞「つ」がついたもの。

馬脚を現す　ばきゃくをあらわす

化けの皮がはがれる。「馬脚」は芝居で馬の脚に扮する役者のことで、芝居の途中でうっかり姿を見せてしまうことからたとえていう。

花道　はなみち

世の注目や称賛が集まる、華やかな人生行路。また、惜しまれて華やかに引退する意味で、「花道を飾る」という。本来は、歌舞伎の劇場で、舞台の下手から観客席を縦に貫く通路のこと。役者が登場したり、退出したりするときに用い、そこで見得を切るなど、一つの見せ場を演出する所でもあることから、転じて、華々しいさまをいうようになったもの。一説には、役者に花(祝儀)を贈るために設けられたことからの命名という。ちなみに、相撲で、支度部屋から土俵までの通路も「花道」というが、これは平安時代の宮中行事、相撲節会《すまいのせちえ》で、力士が髪に花をかざして登場したことにちなむ。

半畳を入れる　はんじょうをいれる

他人の言動をからかったり、やじったりすること。「半畳」は、昔の芝居小屋で客に貸した小さなござのこと。役者が下手だったり、芝居がおもしろくなかったりすると、客はそのござを舞台に投げ入れたことからたとえていうもので、「半畳を打つ」ともいう。

檜舞台　ひのきぶたい

自分の実力を示す晴れの舞台。本来は、檜の板を床に張った舞台のこと。能や歌舞伎、大劇場などに使われ、格の高い舞台であることから、一般に晴れの場面の意で用いられる。

幕切れ《まくぎれ》

物事が終わること。「騒動があっけなく幕切れとなる」のように用いる。もとは芝居で、一幕が終わって幕が下りること。同類の言葉で、物事を終わりにすることを「幕引き」というが、これは幕を引いて芝居を終えることからいう言葉。ちなみに、物事が始まる意の「幕開き」も芝居の幕が開く意が語源。

幕の内弁当《まくのうちべんとう》

小さな俵型のおむすびにおかずを添えた弁当。「幕の内」は芝居見物で、一幕が終わって次の場面に移るまでの、幕が下りている間のこと。その幕間《まくあい》に弁当を食べることからいうもので、食べやすいように工夫されている。現在では弁当の一形式として、駅弁などにも取り入れられている。

見得を切る《みえをきる》

ことさら自分を誇示するような態度をとること。「見得」は歌舞伎で、役者が感情の高まりを示すために、一瞬動きを止めて、目だった姿勢や表情をする所作のことで、その所作をすることを「見得を切る」という。その様子がいかにもおおげさなことから、一般的に比喩として用いられる。「見得」は当て字で、「見え」、すなわち、見えるさま、外観の意。ちなみに、体裁をつくろうことを「見栄を張る」というが、この「見栄」も当て字で、原義は「見得」と同じ。

歌舞伎は「かぶく」から

歌舞伎は江戸時代に誕生、発達した我が国固有の演劇。一六〇三（慶長八）年に出雲阿国《いずものおくに》が京都で踊った念仏踊りが評判となり、のちに歌舞伎踊りを創始。それが若衆歌舞伎、野郎歌舞伎へと展開し、元禄（一六八八～一七〇四）のころに演劇として完成を見た。「かぶき」は妙な格好をしたり、変わった行動をしたりする意の動詞「傾《かぶ》く」の連用形で、阿国の踊りを称して「かぶき」といったもの。「歌舞伎」と書くのは当て字。ちなみに、戦国時代から江戸時代初期にかけて、奇抜な風体で常軌を逸した行動をする者をかぶき者といった。歌舞伎役者の世界を「梨園《りえん》」というのは、唐の玄宗皇帝が梨の木のある園で自ら舞楽を教えたという、『唐書』にある故事によるもの。もとは舞楽を奏する人を「梨園の弟子」といい、広く演劇界の意味に用いられたが、江戸時代に歌舞伎が定着すると、その世界のことを指すようになった。

娯楽・趣味・遊技

おもちゃ

子どもの遊び道具。手に持って遊ぶ意で、「持ち遊び」が「もちゃそび」に、さらに「もちゃ」となり、接頭語の「お」がついたもの。もと幼児語。

カラオケ

歌の伴奏だけを録音したもの。また、その再生装置。「カラ」は何も入っていない意の「空」、「オケ」は「オーケストラ」の略。もとは、生伴奏なしの意の放送業界用語。

カルタ

[ポルトガル carta] 遊びや博打《ばくち》などに用いられる札。また、それを使った遊び。カルタは英語のカード(card)と同源。室町時代にポルトガルから伝わり、漢字ではポルトガル語の音写「歌留多」、または漢語の「骨牌」を当てて書く。

クイズ

[英 quiz] 問題を出して答えを当てさせる遊び。また、その問題。ラテン語で、口述試験の最初の質問、「あなたは誰ですか?」の意の「qui es?」から。

こけし

丸い頭に円筒形の胴の木製の人形。頭の部分を芥子《けし》の実に見立てた芥子坊主に、小さくてかわいいという意味で「小」がついたものとされ、漢字では「小芥子」と書くことがある。語源にはほかにも、木屑《くず》を意味する「こけら」の「こけ」に、女子衆《おなごし》のように人につける「衆《し》」がついたという説、頭髪を中央だけ丸く残し、周りを剃った子どもの髪型「おけし」からとする説などがある。

独楽《こま》

円錐形の盤の中心に心棒をつけ、回して遊ぶおもちゃ。古くは「こまつぶり」「こまつくり」「つぐむり」などと呼び、「つぶり」は円形の意。「こま」は古代朝鮮の高麗《こま》から渡来したことによる。のちに、「つぶり」が省略されて単に「こま」というようになった。「独楽」は本来ひとりで楽しむ意の漢語で、日本における当て字。

シャボン玉《シャボンだま》

せっけん水にストローの先を浸し、反対側から息を吹き込んで作る泡の玉。「シャボン」はせっけんの意のポルトガル語sabão、あるいはスペイン語のjabónの古い発音から。

双六《すごろく》

さいころを振って出た目の数だけ「振り出し」から駒を進め、早く「上がり」に行き着くことを競う遊び。「絵双六」ともいう。このもととなったのは奈良時代に中国から伝わった「盤双六」と呼ばれるもの。盤を挟んで二人が向かい合い、二つのさいころを振って出た目の数だけ自分の石を進め、先にすべての石を相手の陣に入れたほうが勝ちとなる。六・六の目が出れば最高で、二つの六の意で「双六」という。古くは「すぐろく」といい、「すぐ」は「双」の古い中国音sugに由来。

ダービー

［英 Derby］イギリスのロンドン郊外で毎年六月第一水曜日に行われる、サラブレッド四歳馬のレース。一七八〇年、第一二代ダービー伯爵によって創設。日本ダービーは五月の最終日曜日に東京の府中競馬場で行われる。

千代紙《ちよがみ》

さまざまな模様を色刷りにした和紙。「千代」の由来は諸説あり、京都で鶴亀や松竹梅などのめでたい図柄が刷られ、千代の繁栄を祝う意味で名付けられたとも、また、江戸城を別名千代田城といい、その大奥で使われたことからともいう。

トトカルチョ

［イタリア totocalcio］プロサッカーチームの試合の勝敗を予想して行う宝くじ方式の賭博。原義は、totoはすべての、calcioはサッカーで、「全サッカー」の意。

トランプ

［英 trump］西洋カルタ。本来は切り札の意で、勝利の意のtriumphに由来。英語ではトランプはcardsという。

ハイキング

［英 hiking］野山を楽しんで歩くこと。hikeは長距離をてくてく歩く、徒歩旅行をする意の動詞で、その現在分詞が名詞化した語。

パチンコ

Y字形の木や金具の上端にゴムを張り、小石などを挟んで飛ばす子どものおもちゃ。また、ばね仕掛けで玉をはじいて、盤上の当たり穴に入れる遊技。語源ははっきりしないが、はじけ飛ぶところから、擬音語の「ぱちん」に状態を表す接尾語の「こ」がついたものとも考えられる。遊技のパチンコはアメリカから伝来したコリントゲームを改良したものといわれるが、経緯ははっきりしない。

ピクニック

[英 picnic] 野山に遊びに出かけること。フランス語で、持ち寄りの食事を意味するpique-niqueから。つまむ意の動詞piquerとつまらないものの意のniqueが合わさった語。一八世紀ごろから見られる風習で、はじめは各人が手軽でちょっとした食べ物を持ち寄るパーティーを指したが、やがて野外や田舎の屋敷で催されるようになり、遠足の意味になった。

ヒッチハイク

[アメリカ hitchhike] 通りがかりの車にただで乗せてもらって旅行すること。引っ掛ける意のhitchと徒歩旅行の意のhikeを合わせた語。

ままごと

子どもが食事を作るなど、家庭生活のまねをして遊ぶこと。「まま」は「飯」の意の幼児語で、「うまうま」が「まんま」、さらに「まま」へと変化した語。「ごと」は「事」の意。

雪だるま ゆきだるま

雪を転がして作った丸い塊を二つ重ねて、張り子の人形のだるまの形にしたもの。「だるま」は禅宗の始祖、達磨《だるま》大師のこと。南インドの王子で、中国に渡り、嵩山《すうざん》少林寺で九年間面壁《めんぺき》座禅をしたと伝えられる。張り子の人形は座禅する達磨大師を模したもので、開運の縁起物。

達磨大師

指切りげんまん ゆびきりげんまん

約束を守るあかしに、互いの小指を絡ませ合うこと。「指切り」は、かつて遊女が客に対する誓約のあかしとして、小指を切ることをいったが、のちにその代わりの仕草として、指を絡ませ合うようになった。「げんまん（拳万）」は、約束を破ったら、げんこつで一万回ぶつ意。

レジャー

［英 leisure］ 余暇。また、余暇を利用しての娯楽。ラテン語で、許されているの意のlicēreに基づき、フランス語のloisirを経て英語化。

もとは 遊びからの言葉

いたちごっこ

同じことの繰り返しで、いつまで経っても決着がつかないこと。もとは、二人が向かい合って、「いたちごっこ、ねずみごっこ」と

唱えながら、すばやく相手の手の甲をつまみ合いながら、順次その手を上に重ねていく、子どもの遊び。その遊びがいつまで経っても終わらないことからたとえていうもので、イタチが追いかけっこをするわけではない。

首っ引き《くびっぴき》

辞書や参考となる書物を傍らに置き、絶えず引いたり、参照したりしながら、読書や調べ物をすること。もとは、輪に結んだひもを互いの首にかけて引っ張り合う、子どもの遊び「首引き」から出た言葉で、首を書物の間を往復させて格闘するさまがその遊びに似ていることからいうもの。

竹馬の友《ちくばのとも》

幼いころからの親しい友人。竹馬《たけうま》に乗っていっしょに遊んだ友の意。中国の二十四史の一つ『晋書《しんじょ》』にある故事にちなむ。古くは竹馬は笹竹を適当に切り、それを馬に見立ててまたがり、走り回る遊びのことをいった。現在のような二本の竹竿に足がかりをつけて、その上に乗って遊ぶようになったのは江戸時代後期になってのこと。

振り出しに戻る《ふりだしにもどる》

最初の状態。出発点に戻ること。「振り出し」は双六《すごろく》で、さいころを振り始める所。振り出しに戻る指示がある所に駒が行き着くと、出発点に戻ってやり直さなければならないことから、それまでの努力が無になる意に用いる。

水掛け論《みずかけろん》

双方が自分の主張や自説を曲げず、結論の出ないまま続く議論のこと。水辺でお互いに水を掛け合う子どもの遊びから出た言葉で、水を掛けられれば、掛けて返すといった具合で、切りがないことからいう。また一説には、狂言「水掛聟《みずかけむこ》」の舅《しゅうと》と聟のように、互いに自分の田に少しでも多く水を引こうと争うことからきているともいう。

もとは　囲碁・将棋からの言葉

一目置く《いちもくおく》

自分よりすぐれている人に対し、一歩下がって敬意を払うこと。「皆に一目置かれる」のように用いる。元来は、囲碁で、弱い方が最初に一つ石を置いて対局を始めることからたとえていう。

岡目八目《おかめはちもく》

当事者より第三者のほうがかえって物事の本質・是非がわかるということ。「岡」はかたわら、局外の意で、「岡目」は「傍目」とも書く。囲碁をそばで見ている人のほうが、打っている本人たちよりも八目も先が読めるという意。

局面《きょくめん》

物事の成り行き。情勢。本来は、囲碁・将棋の盤面のこと。また、そこで繰り広げられる勝負の形勢をいう。

禁じ手《きんじて》

使うことを禁じられた手段。本来は、囲碁・将棋、相撲などで用いられる言葉。たとえば、囲碁では相手の石に囲まれた一目《いちもく》の地《じ》に石を打つこと、将棋では二歩といって、同じ縦の列に歩を二つ置くことなどが禁じられている。相撲ではまげをつかむ、こぶしでなぐるなど、八つの禁じ手がある。

結局《けっきょく》

物事の終わり。また、副詞として、最後には、つまるところ、の意。本来は、囲碁・将棋で、一局打ち終える、ひと勝負終わることをいう。「結」はしめくくり、「局」は囲碁・将棋などの勝負の意。また同様に、物事の終わりを意味する「終局」も囲碁・将棋で対局が終わることからいう言葉。

後手にまわる《ごてにまわる》

相手に先を越され、受け身の立場になること。「後手」は囲碁・将棋で、相手よりあとから打ったり指したりすることで、あとのほうが受け身になり、不利になることからいう。

将棋倒し《しょうぎだおし》

混雑した中で一人が倒れると、隣の人から順々に折り重なって倒れること。本来は、将棋の駒を少しずつ間を空けて一列に立て並べ、一端を軽く押して順々に倒していく遊びのこと。古くからあった遊びのようで、室町時代の軍記物語『太平記』には比喩で用いた記述が見られる。西洋にも似たようなゲーム「ドミノ倒し」があり、比喩的に連鎖反応が起きる意味に用いられる。

定石《じょうせき》

物事を処理する上での決まったやり方。本来は、囲碁・将棋の用語で、基本の型とされる決まった石の打ち方、駒の指し方をいう。ちなみに囲碁では「定石」、将棋では「定跡」と書く。

序盤《じょばん》

物事の初めの段階・局面。本来は、囲碁・将棋で、布石や駒組みなど、勝負の最初の段階・局面をいう。「盤」は囲碁・将棋の台のこと。ちなみに、中ほどの段階のことを「中盤」、最終段階は「終盤」という。

捨て石《すていし》

将来役に立つことを見越してする、今は無駄だと思える物事や行為。本来は、囲碁で、あとの局面でより以上の効果を得るために、わざと相手に取らせる石のこと。

先手を打つ《せんてをうつ》

相手より先に物事を行うこと。また、機先を制すること。「先手」は囲碁・将棋で、相手より先に打ち「指し」始めることをいい、「先手必勝」というように、先のほうが主導権を握り、有利とされることからいう。

高飛車《たかびしゃ》

相手に対して、頭から押さえつけるような高圧的な態度をとること。本来、将棋で、飛車を自分の陣の前に出す攻撃的な戦法のこと。いかにも相手を威圧するやり方であることから、人のそうした態度にたとえられる。

駄目《だめ》

やっても無駄なこと。してはいけないこと。本来、囲碁で、双方の境にあってどちらの地《じ》にもならない所のこと。そこに石を置いても勝敗とは関係ないことから、無駄な目の意。確実とはわかっていても再度確かめる、念を押すことを「駄目押し」というのも、囲碁の駄目に石を置いて詰め、自分の地であることを確認することからいう。

成金《なりきん》

急に金持ちになった人のこと。ふつう、軽蔑していう。本来、将棋で、王将と金将以外の駒が、相手の陣内に入り、裏返って金将と同じ働きをする資格を得ることを「成る」といい、その成った駒を「成金」という。成金の中でも、特に、歩の成ったものを「と金」といい、歩兵がいきなり金将になるところから、にわか長者にたとえられる。

布石《ふせき》

将来のためにしておく用意のこと。本来、囲碁で、対局の初めに打つ石の配置のこと。それによってその後の勝敗の行方が左右されるので、全体を見通して配置する必要があることからたとえていう。「布」は敷く、配置する意。

待ったを掛ける《まったをかける》

進行を一時止めること。「待った」は、囲碁や将棋で、相手が仕掛けてきた手を待ってほしいときに発する掛け声。相撲でも、相手に立ち合いを待ってもらうことをいう。

もとは 賭博・博打からの言葉

一か八か《いちかばちか》

結果はわからないが、運を天に任せてやってみること。さいころ賭博で、偶数を「丁《ちょう》」、奇数を「半《はん》」といい、そのどちらが出るか、「丁か半か」とかけるところからいうもので、「一」は「丁」、「八」は「半」の字の上部を取ったもの。また一説に、一の目が出るか、それとも駄目かの意味で、「一か罰か」といったところからともいう。

一宿一飯《いっしゅくいっぱん》

他人の家に一晩泊めてもらい、一度食事をさせてもらうこと。もとは、賭場から賭場を渡り歩く博徒の用いた言葉で、その世界では一生の恩義とされる。一般に、ちょっとした世話になることの意味でも用いる。

一点張り《いってんばり》

一つのことにこだわって頑固に押し通すこと。もとは、花札やさいころなどの賭け事で、同じところにばかり賭けることをいったもの。賭けという点ではあまり賢いやり方とはいえず、「何を聞いても知らぬ存ぜぬの一点張りだ」のように、ふつう、よい意味には用いない。

裏目に出る《うらめにでる》

予想と違って悪い結果になること。「裏目」はさいころの、ある目と反対の目。さいころを振って、出したいと思う目と反対の目が出ることからのたとえ。

思う壺《おもうつぼ》

予期した状態。また、たくらんだとおりになること。「壺」は、博打でさいころを入れて振る壺皿のこと。腕のいい壺振りになると、思ったとおりにさいころの目を出せることからいう。

買って出る《かってでる》

人に頼まれたわけではなく、自分から進んで物事を引き受けること。もとは花札で、定員三人に対して、参加者がそれ以上いた場合、四人目以降の下座の人は外れることになるが、どうしてもやりたければ上座の人から役札を買い上げて参加できることからいう。

切り札《きりふだ》

とっておきの、最も有力な手段・方法。本来は、トランプで、どの札よりも強い力を持つと決めた役の札のこと。最後に出すことから「限《き》り札」の意とも、ほかの札を切るための札の意ともいう。

しかと

無視すること。花札で、秋の一〇月に当たる鹿の絵が横向きになっていてこちらを無視しているように見えることから、「しか」＋「一〇（と）」、つまり「しかと」が無視の意に用いられるようになったとも、また鹿の札が一〇点であるところからともいう。

ちょんぼ

失敗。へま。もとは麻雀で、上がり

の牌《パイ》を間違えたり、上がれないのに上がりを宣言したりするなどの反則をすること。「ちょんぼ」は中国語の「ツォーホー（錯和）」が変化した語。

ちんけ

程度が低くて劣っている、器量が小さい、貧相なさまなどをいう語。さいころ賭博で、一の目を「ちん」といい、一は最低の目であることからいうもの。「け」はある様子や傾向などがあることを表す接尾語。

付け目 つけめ

ねらいどころ。目当て。また、自分が有利になるように付け入る、相手の弱点や欠点。もとはカルタやさいころ賭博で、出ることを予想し、ねらいをつけた札やさいころの目のこと。

出たとこ勝負 でたとこしょうぶ

前もって計画を立てずに、その場の成り行きで事を決めること。さいころ賭博は出た賽《さい》の目で勝負を決めるが、どの目が出るか予想がつかないことから、転じて、行き当たりばったり、運任せでやってみることのたとえにいう。

でたらめ

思いつくままに、勝手なことをするさま。一説に、さいころ賭博で、出た目次第の意味で、「出たらその目」が「でたらめ」となったという。また、「出る」の「で」に、助動詞「たり」の未然形「たら」、助動詞「む」の已然形「め」がついたもので、言葉が「出たら出たでかまわない」の言い回しの名詞化ともいう。「出鱈目」と書くのは当て字。

どさくさ

取り込んでいる状態。混乱していて騒々しい状態。一説に、江戸時代、佐渡金山の人夫確保のための博徒狩りを、「佐渡」を逆にして「どさ」といい、その時の賭場の混乱振りからのたとえとされる。「くさ」は語呂合わせに付け足した語であろう。また、「どさ」は「とっさ」の転とする説もある。

はったり

実際以上に見せようと、おおげさに言ったりしたりすること。語源には諸説あり、賭場で客に勝負を促す「張ったり張ったり」という掛け声からとする説、「はる（張る）」はなぐる意で、なぐっておどすことから、おどしやゆすりのことを「張ったり」といい、そこから転じたとする説などがある。

ぴか一《ぴかいち》

多くの中で、一番すぐれているもの。本来は花札の手役の一つで、七枚の手札の中で、一枚だけが「光り物（ぴか）」と呼ばれる二〇点札で、残りの六枚はかす札か柳札であることをいう。実際にはありがたくない手札で、相手の二人からは同情点として四〇点ずつもらえる。「光二」とも書く。

ピンからキリまで

最高のものから最低のものまで。また、最初から終わりまで。「ピン」はカルタやさいころの目の一の数で、点の意のポルトガル語ピンタ(pinta)から。「キリ」はポルトガル語で十字架の意を表すクルス（cruz）から転じて、一〇または最高の意となったとする説、花札で一二月を表す「桐《きり》」からとする説、限りの意で「切り」からとする説などがある。

ピンはね

他人の利益の上前をはねること。「ピン」は「ピンからキリ」までの「ピン」と語源は同じで、一の意。転じて、一割、さらに上前の意味で用いられる。

ぼんくら

ぼんやりしていて見通しの利かない人。「ぼん」は博打で、さいころを振り出すところ、「盆」のこと。盆に伏せた壺の中のさいころの目が読めない意で「ぼんくら（盆暗）」といい、そこから転じた言葉。また、「ぼん」は小児の意とする説もある。

不見転《みずてん》

あと先のことを考えずに事を行うこと。もとは、花札で、場の状況を考えず、手持ちの札を手当たり次第に出すこと。また、芸者が誰彼かまわず情を売る（転ぶ）ことをいう。花札では本来「不見点」と書き、その「点」を芸者が転ぶの「転」にかけて「不見転」と書く。

やくざ

正業に就かず、法に背く行為などで生活の糧を得る者。カブ賭博の一種の三枚ガルタから出た語。手札三枚の合計が一〇または二〇点になると無得点になる決まりで、八《や》、九《く》、三《さん》の札がそろうと最悪の二〇点となることから、役に立たないものを称して「やくざ」というようになったもの。

スポーツ

エアロビクス

［英 aerobics］有酸素運動。エアロ(aero)は空気、気体の意。aerobicは本来生物学や化学の用語で、好気性の、有気性の、という意味の形容詞で、それにsをつけて名詞化した語。酸素を多く取り入れることで循環や呼吸機能の活性化をはかる運動をいう。アメリカの医師K・H・クーパーの造語。

駅伝競争《えきでんきょうそう》

長距離のリレー競争。略して「駅伝」という。一九一七（大正六）年、京都三条大橋から東京不忍池までの一二七里（五一六キロメートル）間で行われたのが最初で、大会を主催した読売新聞の社会部長土岐《とき》善麿が神宮皇学館の武田千代三郎に相談して「奠都《てんと》記念駅伝競走」と命名。以来、各種の駅伝が行われるようになった。そもそも「駅伝」とは古代律令制度における交通制度「駅馬伝馬《えきばてんま》」のことで、街道の宿駅ごとに駅馬が用意され、各郡で飼われた乗り継ぎ用の伝馬とともに公用の旅行に供された。伝馬は江戸時代には民間の輸送用としても使われた。

オリンピック

［英 Olympic］フランスのクーベルタン男爵の提唱により、一八九六年より四年に一度開かれる国際スポーツ大会。古代ギリシアの都市、オリンピアにちなんでの命名。オリンピアでは四年ごとにゼウスの祭典が開かれ、その際に余興として行われたとされるさまざまな競技がオリンピック競技の起源となっている。ちなみに、オリンピックの俗称「五輪」は読売新聞記者の川本信正が一九三六（昭和一一）年に造語。オリンピック旗に五大陸の象徴である五つの輪が描かれていることに由来する。

キャディー

［英 caddie］ゴルフ場で、プレーヤーの道具を運んだり、プレーにおける助言をしたりする人。もとはフランス語で、長男以外の青年貴族、士官学校の生徒を意味するcadetから。イギリス貴族が仕官候補生をゴルフの従者にしたことにちなむ。英語の綴りは

caddyとも書く。

クリケット

[英 cricket] イギリスの伝統的なスポーツ。一一人ずつ二組のチームに分かれ、ボールをバットで打ち、二ヶ所にある木の門（ウィケット）の間を走って得点を競う。古期フランス語で「かちっ」という擬音語のcriquerから。

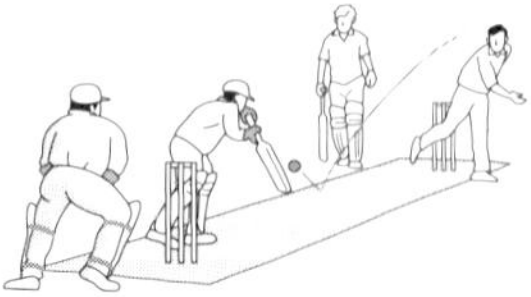

クロール

[英 crawl] 両手で交互に水をかき、ばた足で進む泳法。最速であることから、自由形の競泳に用いられる。ヘビのように這《は》うが原義。

コーチ

[英 coach] スポーツなどの指導員。ハンガリー語のkocsi（四頭立ての四輪馬車）からで、初めてこの馬車が用いられたハンガリーの村の名Kocsに由来。馬車を御するのは訓練が必要であることから指導員の意が生じた。

コールドゲーム

[アメリカ called game] 野球で、悪天候、日没、大量の得点差などのために、審判が途中で試合終了を宣告した試合。五回以降ならば試合は成立し、その時点の得点差で勝敗が決まる。「コール」は中止を宣言する意。

サーブ

[英 serve] テニス・卓球・バレーボールなどで、攻撃側が相手側にボールを打ち込むこと。「サービス」ともいう。もとは、相手が受けやすいようにボールを打ったことからいったもので、言葉通り「奉仕」の意味。

サーフィン

[英 surfing] 舟形の板（サーフボード）に乗って、大波が崩れ落ちる斜面を滑走する水上スポーツ。波乗り。サーフ（surf）は海岸や岩礁などへ寄せては砕ける波のこと。動詞として波乗りをする意味となり、その現在分詞surfingが名詞化した。

サッカー

[英 soccer] イギリスで生まれたスポーツ。古くから各地で足を使った遊び、フットボールが行われていたが、産業

革命で都市に人口が集中するようになると、統一したルールが必要となり、フットボール協会が結成され、協会式フットボール（association football）が誕生。当時の学生たちによって、associationの部分がassoccer、さらに簡略してsoccer（サッカー）と呼ばれるようになった。

ジョッキー

［英 jockey］競馬の騎手。スコットランドの男子に多い名前Jockに愛称を表す語尾をつけたもの。騎手にスコットランド出身者が多かったことによる。

スカッシュ

［英 squash］四方を壁に囲まれたコートで、ゴムボールをラケットで交互に壁に打ち合い、得点を競う競技。スカッシュは押しつぶす、ぐにゃぐにゃにする、の意。一説に、一九世紀半ば、ロンドンのパブリックスクール、ハロー校の生徒が、壁打ちテニスのコートが狭くてボールにスピードが出過ぎるので、ボールをつぶして使ったところからこの名があるという。

スキー

［英 ski］冬の雪上のスポーツ。またその道具。もとはノルウェー語のシー（Ski）で、古代北欧語の割られた木を意味するシース（Skith）に由来する。

スケート

［英 skate］氷上を滑走する競技。オランダ語で、竹馬を意味するschaatsが語源。また一説には、すねや脚を意味する低地ドイツ語のschakeが語源ともいう。古くはスケート靴の歯が鹿や雄牛、トナカイなどのすねや肋骨の骨で作られていたことによる。

スポーツ

［英 sport］運動。また、運動競技。もとは古期フランス語で、楽しむ意のdesporterに基づく。語源はラテン語のdeportareで、deは遠くへ、portareは運ぶの意。日常から離れる、すなわち、気晴らしをすることを意味する。

テニス

［英 tennis］古期フランス語で、サーブするとき相手にボールを受け取って（take）の意で呼びかけたtenezが語源。訳語の「庭球」は、一八九三（明治二六）年、第一高等学校野球部の選手だった中馬庚《ちゅうまんかなえ》による造

語で、女性や子どもがする庭遊びのようなものの意で命名。

ドーピング

[英 doping] 運動能力を高めるために不正に興奮剤などの薬物を使用すること。dopeは麻薬、興奮剤のことで、それを投与する意で動詞としても用いる。もとはオランダ語で、液体の意。

ドッジボール

[英 dodge ball] 二組に分かれてボールを投げ合い、相手に多く当てたほうが勝ちとなるゲーム。アメリカで生まれ、明治時代の終わりごろ日本に伝わった。当初は「デッドボール」と呼ばれ、大正時代になって「ドッジボール」と改称。ドッジ(dodge)はひらりと身をかわす意。

トライアスロン

[英 triathlon] 一日で、遠泳、自転車、マラソンの三つの競技を順に行い、その所要時間を争う耐久レース。その過酷さから鉄人レースとも呼ばれる。ギリシア語で三を意味するtriに競技の賞品を意味するâthlonが付いた語。

バーベル

[英 barbell] 鉄棒の両端に円盤状の鉄のおもりをつけた道具。重量挙げやボディビルなどに用いる。「バー(bar)」は棒、「ベル(bell)」は鈴・鐘の意。ベルとしたのは初めはおもりに鉄球を用いたことによる。

ハットトリック

[英 hat trick] サッカーで、一人の選手が一試合で三点以上得点すること。もとはクリケット用語で、連続三球で三人の打者をアウトにした投手にハット(帽子)を贈ったことにちなむ。

バドミントン

[英 badminton] ネットを挟み、ラケットでシャトルコックを打ち合う競技。インドのムンバイで行われていたテニスに似た球技が原型で、進駐していたイギリス人将校が本国のビューフォート公爵に伝え、普及した。「バドミントン」は公爵の領地の地名に由来。

バレーボール

[英 volleyball] 一八九五年、アメリ

カのマサチューセッツ州ホリヨークにあるYMCAの体育主事W・G・モーガンが考案したもので、ボールをボレー（volley）し合うことからの命名。「ボレー」はボールが地に着かないうちに打ち返したり蹴り返したりすること。このボレーをバレーというのは日本独自の音変化。ちなみに、テニスやサッカーなどではボレーという。

ハンディキャップ

［英 handicap］力の差が歴然としていて勝負にならないとき、強い者に課す不利な条件。もとは、イギリスで古くから行われてきた賭け事で、互いの掛け金を帽子に入れ、第三者の審判が双方から出したものを確かめ、還元金または掛け率を決め、不平等にならないようにしたことにちなむ。賭け事の手法、一回の勝負などの意味をもつ「手（hand）」に「帽子（cap）」が結びついてできた言葉。一般に、不利な条件の意でも用いる。

ピッチ

［英 pitch］イギリスで、クリケットやサッカー、ホッケーなどの競技場をいい、日本では特に、サッカーをするグラウンドを指す。クリケットや野球で打者にボールを投げる意の「ピッチ」と同語源。ちなみに、アメリカではフィールド（field）という。

ピンポン

［英 ping-pong］ネットを張った台を挟んで互いに球を打ち合うスポーツ。球がラケットやテーブルに当たる擬音語をそのまま競技名としたもので、もと商標名。正式名は「テーブルテニス」。日本には一九〇二（明治三五）年に伝わった。「卓球」は、一九二一（大正一〇）年に城戸尚夫による造語。

フェンシング

［英 fencing］fencing の fence は、defence（防御）の略語。一六世紀以降、火薬の発達で、剣はそれまでの攻撃的な役目から防御を主とする武器へと転換を余儀なくされ、そこから生まれた剣法。一八世紀後半に競技化された。

フットサル

［英 Futsal］室内で行われる、サッカーに似た競技。スペイン語で「室内で行うサッカー」の意の「fútbol de salón（フット・デ・サロン）」が変化してできた言葉。南米中心に行われ

ていた、弾まないボールを使うサロンフットボールと、イギリスで始まり、ヨーロッパからアメリカに広まったインドアサッカーの二つの流れがあるが、国際サッカー連盟の管轄のもとに、一九九四年、公式名称を「フットサル」とし、統一ルールが定められた。

ブルペン

［アメリカ bullpen］ 野球場に設けられた、投手の投球練習場。bullは雄牛、penは囲いの意で、闘牛場の牛の囲い場のこと。投手を牛に見立て、練習場に囲いがあることからのたとえ。

ペナントレース

［英 pennant race］ 優勝旗争奪戦。特に、プロ野球で、リーグ優勝をめざす公式戦のこと。ペナントは細長い三角形の小旗のこと。中世ヨーロッパで騎士が槍の先につけた三角の小旗pennonと吊るす意のpendantが合わさった語。校章旗や船旗などに用いられ、転じて、優勝旗、さらに優勝を意味するようになった。

ボクシング

［英 boxing］ 二人の競技者が、革製のグローブをつけてリング内で戦う格闘技。boxは、こぶしで殴る意。もとはこぶしを使って攻撃しあう競技で、古代オリンピックで行われたのが始まり。「拳闘」は訳語。

ホッケー

［英 hockey］ 一一人ずつが二組に分かれて、一つの球をスティックで相手チームのゴールに打ち込んで得点を争う競技。語源は古期フランス語のhoquetで、羊飼いの杖の意。ボールをスティックで奪い合いながら相手のゴールに入れるという、古くから行われていた球技に使うスティックが羊飼いの杖の形状に似ていたことから、この球技をホッケーと呼ぶようになった。

ボブスレー

［英 bobsleigh］ 氷で作った曲がりくねったコースを鉄鋼製のそりで滑走し、速さを競う競技。「ボブ」は犬や馬などの切り尾、「スレー」はそりのこと。初期のころは、二つのそりを前後につないだ二連ぞりがあり、その動きが切り尾の動きに似ていたことから、「切り尾のそり」の意で命名。

マラソン

［英 marathon］フランスのクーベルタン男爵が近代オリンピック復興に当たり、道路を使っての長距離走を提案して始まった競技。紀元前四九〇年、マラトン（Marathon）の古戦場でギリシア軍がペルシア軍に勝利したことをアテネに知らせるために、兵士フェイディピデスが走ったという故事にちなむ。距離は、マラトン古戦場から途中で息絶えた地点（アテネ市公会堂跡）までを測り、約四〇キロメートルとされたが、第四回大会で四二・一九五キロメートルとなり、第八回大会以降正式採用された。

モーグル

［英 mogul］スキーのフリースタイル競技種目の一つで、でこぼこに隆起した斜面を滑走し、速さと技を競う。スカンジナビア語で、こぶの意。

野球《やきゅう》

英語 baseballの訳語で、一八九三（明治二六）年ごろに、第一高等学校野球部の選手だった中馬庚《ちゅうまんかなえ》が考案。一八七一年に来日したホレース・ウイルソンが東京神田の南校で教えたのが日本における野球の始まりとされ、野球と訳されるまではベースボールと呼ばれていた。

ラグビー

［英 rugby］イギリス発祥のスポーツの一つ。イングランド郊外にあるパブリックスクールのラグビー校で、一八二三年、フットボール（サッカー）の試合中、一人の生徒が突然ボールを抱えて相手のゴールをめがけて走り出したのがこの競技の始まりとされる。正式にはラグビーフットボールという。

レスリング

［英 wrestling］二人の競技者がマット上で素手で闘う格闘技。先に相手の両肩をマットにつけたほうが勝ちとなる。組み合って闘う、格闘する意の動詞wrestleの現在分詞が名詞化した語。

もとは 相撲からの言葉

揚げ足を取る《あげあしをとる》

相手の言葉じりや言い間違いをとらえて、攻撃したりなじったりする。相撲や柔道で、相手が技をかけようと浮かせた足を逆に取って倒すことから転じた言葉。

勇み足《いさみあし》

調子に乗ってやりすぎて失敗すること。本来、相撲で、相手を土俵際まで追い詰めながら、勢い余って自分の足が先に土俵を出て負けることをいい、そこからのたとえ。

痛み分け《いたみわけ》

けんかなどで、双方が互いに損害を受けたまま、あいこの形で決着をつけること。本来は相撲で、取り組み中に一方が負傷した場合に勝負を引き分けにすることで、「痛み」は負傷の意。

肩透かし《かたすかし》

意気込む相手を巧みにそらすこと。本来は、相撲の決まり手の一つで、相手が押してくる瞬間に体を開いて、肩口に手をかけて引き倒す技。その技の様子からのたとえで、「肩透かしを食う」「肩透かしを食わせる」のように用いる。

勝ち名乗りを挙げる《かちなのりをあげる》

試合や競争などに勝って、勝利を宣する。「勝ち名乗り」は相撲で、行司が勝った力士の名を呼んで、軍配を上げることをいい、そこから、相撲以外の勝負に勝つ意味にも用いられる。

変わり身が早い《かわりみがはやい》

状況に応じて、態度や意見などをすばやく変えるさま。「変わり身」は相撲の立ち合いで、とっさに体の位置を変えて、相手の攻撃をかわすこと。そこから、人の言動にたとえていう。

金星《きんぼし》

優勝候補と見られている強い相手に勝つこと。また、大きな手柄のことで、「金星をあげる」のようにいう。相撲で、平幕の力士が横綱を倒すことをいい、そこから一般に大手柄の意味で用いられる。ちなみに、ふつうの勝ちは「白星」といい、横綱は特別であることから「金星」という。

黒星《くろぼし》 ⇩185ページ「白星《しろぼし》」

腰砕け《こしくだけ》

進行していたことが途中で勢いがなえて、挫折すること。本来、相撲で取り組みの最中に腰の力が抜けて、体勢が崩れることをいい、転じて一般に、途中で続けられなくなる意に用いる。

仕切り直し　しきりなおし

初めからやり直すこと。「仕切り」は相撲で、両力士が土俵に両手をついて、立ち合いの構えをすること。立ち合いの際、両者の呼吸が合わずに、仕切りをやり直すことから転じて、一般にやり直す意にも用いられるようになった。

死に体　しにたい

それまでの勢いを失って、再生の見込みがない、死んだも同然の状態。本来は相撲で、体勢を崩して、自分では立て直すことができない状態をいう。

序の口　じょのくち

物事の始まったばかりの段階。「こんな苦労はまだ序の口だ」のように用いる。本来は相撲で、力士の最下位の位、また、その力士のことをいう。ちなみに、位は上から、幕内（横綱・大関・関脇・小結・前頭）・十両・幕下・三段目・序二段・序の口の順で、十両以上の力士を関取と呼ぶ。

白星　しろぼし

勝負に勝つ、成功する、手柄をあげる意。本来は相撲の勝ち星のこと。勝敗を記す星取り表に、勝つと白い丸印（白星）がつくことからいうもの。反対に、負けると黒い丸印（黒星）がつくことから、「黒星を喫する」といえば、勝負に負ける、失敗や失策をすることを意味する。

谷町　たにまち

力士のひいき筋、後援者のこと。明治時代末期、大阪の谷町筋の相撲好きの外科医が、けがをした力士から治療代を取らなかったことにちなむ。

露払い　つゆはらい

相撲で、横綱の土俵入りのときに、先導役を務める力士のこと。古くは、宮中の蹴鞠《けまり》の会で、まずは鞠を蹴って周囲の木の露を払うこと、また、その役目の人のことをいった。転じて、貴人の先に立って導く人の意味となり、さらに、相撲の先導役をいうようになった。一般に、ある物事に先立っていること、先導役の意味でも用いられる。

褌担ぎ　ふんどしかつぎ

その世界で一番地位の低い者。下っ端。この「褌」は力士のまわしのこと。相撲では、序二段以下の力士を指し、関取のまわしを持ち運ぶなど、身の回りの世話をすることから、下っ端のたとえにいう。

胸を借りる《むねをかりる》

自分より上位の人、実力のある人に練習の相手をしてもらう。本来は、相撲で下位の力士が上位の力士にぶつかり稽古の相手をしてもらうことをいう。

八百長《やおちょう》

前もって勝ち負けを示し合わせた上で、競技をすること。勝負事以外にも、反対の立場の者同士が示し合わせて事をする意味にも用いられる。明治初期、八百屋の長兵衛、通称八百長と呼ばれる人の碁仲間に相撲の年寄りで、伊勢五太夫がいた。八百長は商売上の打算から、碁の実力は上でありながらわざと負けて一勝一敗になるように手加減していたが、後にそれがばれて、相撲の世界ではわざと負けることを「八百長」というようになったという。

四つに組む《よつにくむ》

互いに正面からぶつかり合って、互角に争うこと。また、物事に全力で取り組むこと。「四つ」は、相撲で双方が両手を差し合って組み合うことで、そうして、がっぷり組み合うことから転じて、正々堂々と渡り合う意に用いる。

脇が甘い《わきがあまい》

守りの態勢が弱いこと。相撲で、脇があいていると、四つに組んだとき相手の差し手を許しやすいことからいう。反対に、守りをしっかりすることは「脇を固める」という。

相撲の由来あれこれ

「すもう」は歴史的仮名遣いでは「すまふ」と書き、負けまいとして相手と張り合う意の動詞「すまふ(争ふ)」の終止・連体形の名詞化。また、連用形「すまひ」が転じて「すまう」となったとする説もある。「相撲」「角力」と書くのは向かい合って闘う意味からの当て字。『古事記』や『日本書紀』に記述が見られるように、古くからある武技で、もとはその年の豊凶を占う神事として行われた。現在は比喩的な意味で用いる「独り相撲」も本来は神事の一つ。神様と相撲を取るもので、神様は姿が見えないから一人で相撲を取っているように見えるところからいい、最後は神様に負けて終わる。また、力士が土俵上で四股《しこ》を踏むのは、本来はどっしどっしと踏み鳴らして悪霊を追い払う意味が込められている。

文化
スポーツ

もとは 柔道・剣道からの言葉

一本取る《いっぽんとる》

相手をやりこめたり、言い負かすこと。ふつう、受け身で「一本取られた」の形で用いることが多い。「一本」は柔道や剣道で、技が一つ完全に決まること。柔道では一本で勝つことを「一本勝ち」といい、剣道では一本を二つ先に取ったほうが勝ちになる。

活を入れる《かつをいれる》

活発でないもの、気力のない人などに刺激を与えて、活気づけたり、元気づけたりすること。本来、柔道で、気絶した人の急所を突いたり、もんだりして、息を吹き返させることをいう。

斜に構える《しゃにかまえる》

物事にまともに向き合おうとせず、皮肉やからかいの態度をとる。また、おつに気取る意味にも用いる。剣道で、刀をまっすぐ相手の正面に向けないで、斜めに構えることをいい、転じて、人の態度についていうもの。

真剣勝負《しんけんしょうぶ》

本気で闘うこと。また、本気で取り組むこと。「真剣」は竹刀や木刀ではなくて、本物の剣の意。その真剣を使って命がけで勝負することから転じて、本気で物事を行うさまをいう。

大上段に構える《だいじょうだんにかまえる》

相手に対して上からものを言うような、威圧的な態度を取ること。「大上段」は剣道で、刀を頭上高く振りかぶり、相手を威圧する構えのことで、上段の構えを強調していう語。その構えの様子から、比喩的に人の態度についていうもの。

二刀流《にとうりゅう》

酒と甘い物のどちらも好むこと。本来は、左右の手に長短の刀を持って闘う剣術のことで、「両刀遣い」ともいう。ちなみに、二刀流では宮本武蔵が創始した二天一流がよく知られる。

技あり《わざあり》

技術的な成功を評価していう言葉。本来は柔道で、もう少しで一本になるようなときに下す判定で、「技あり」が二回で一本になり、勝ちとなる。

仏教

閼伽桶 あかおけ

仏に供える水を入れて運ぶ手桶のこと。墓参りの際に墓に水をかけたり、花の水やりに用いたりする。「閼伽」は価値を意味する梵語arghaの音訳で、敬意を表すための贈り物の意。のちに、仏に供える功徳水をいうようになった。

阿修羅 あしゅら

梵語asuraの音訳で、非天、不矯正の意。略して「修羅」ともいう。もとは古代インドの鬼神で、闘争を好み、つねに雷を武器として闘う英雄神インドラと敵対し闘っていたが、仏教に取り入れられて、仏法を守護する神となった。八部衆《はちぶしゅう》の一人で、奈良の興福寺の阿修羅像はつとに知られる。ちなみに、インドラは仏教に帰依し、帝釈天となった。

供養 くよう

仏や死者の霊に物を備え、法会を営むなどして冥福を祈ること。梵語pūjanāの訳語で、尊敬する、崇拝する、が原義。本来は、崇拝の対象である仏・法・僧の三宝、つまり仏に仕える者に対して衣服、食物、財物などを捧げて養うことをいう。

ご利益 ごりやく

神仏の力によって授かる幸福、恩恵。「利益《りやく》」は仏教語で、他のためになることを意味し、仏や菩薩が衆生など他に対して恩恵を与えること、また、その恩恵をいう。「益」を「やく」と読むのは呉音。ちなみに、「りえき」と読めば、利得、もうけの意味で別語。

荼毘 だび

火葬。死者を火葬にすることを「荼毘に付す」という。焚焼《ふんしょう》、焼身の意の梵語jhāpetiの音訳。

通夜 つや

死者を葬る前に、家族・縁者などが遺体のそばに終夜付き添い、守ること。この風習は江戸時代から見られるもので、古くは、神社・仏閣にこもって夜を通して祈願することをいった。現在では、葬儀の前夜に行われる法要をいうことが多い。

涅槃《ねはん》

仏教で理想とされる、一切の迷いや苦しみから解放された、不生不滅の悟りの境地。また、釈迦の死、入滅をいう。梵語nirvāṇaの音訳で、吹き消すこと、消滅、迷いの世界へ行かないことなどを意味するとされる。

布施《ふせ》

僧に金品を施し与えること。また、その金品。特に、仏事の際の謝礼をいう。梵語dānaの訳語。音訳は「檀那」となる。本来は、涅槃の境地に到達するために、菩薩が実践すべき六種の修行、六波羅蜜《ろくはらみつ》の一つで、人に施しをしたり、教えを説いたりすることをいう言葉。

曼荼羅《まんだら》

密教で、仏の悟りの世界、宇宙のあり方を、仏と菩薩の配置により図示したもの。もとは、梵語maṇḍalaの音訳で、本質を有するものの意。「曼陀羅」とも書く。

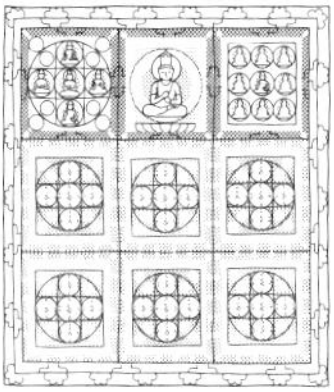

金剛界曼荼羅

もとは 仏教からの言葉

愛敬《あいきょう》

親しみやすくてかわいらしいこと。にこにこと愛想のよいこと。もとは仏教語で、「あいぎょう」と読み、慈しみ敬うというのが本義。仏や菩薩の慈愛に満ちて、人々が敬わずにはおられない姿かたちを「愛敬相」といい、そこから出た語。「愛嬌」とも書くが、「嬌」はかわいらしい、なまめかしいの意で、意味合いから当てたもの。

挨拶《あいさつ》

出会いや別れなどの際にお互いに交わす言葉やしぐさ。また、敬意や感謝の意を表す言葉や行為。本来は禅宗で、僧が悟りの深さを確かめるために問答を繰り返すことをいう。「挨」は押す、「拶」は迫る意。室町時代には、一般に人と人との応答、受け答えを意味するようになり、さらに、現代のような儀礼的な言葉や行為へと展開した。

愛着《あいちゃく》

心が引かれること。もとは仏教語で

「あいじゃく」と読み、愛情に執着すること、また、人や物に心がとらわれて思い切れないことをいう。

阿吽の呼吸《あうんのこきゅう》

共同で作業するときに、何も言わなくても息がぴったり合うこと。「阿吽」の「阿」は吐く息、「吽」は吸う息のこと。寺院の門にある一対の仁王像や、神社の社頭などに置かれる狛犬《こまいぬ》の、一方が口を開け、もう一方が口を閉じている、その顔の相を「阿吽」という。もとは梵語 a-hūṃで、「阿」は口を開けて出す音で、字母の最初の字。「吽」は口を閉じて出す音で、字母の最後の字。そこから、「阿吽」は宇宙の初めと終わりを意味する。「阿呍」とも書く。

阿吽
〈滋賀県 大宝神社〉

阿弥陀くじ《あみだくじ》

人数分引いた線の先に目的の事柄を記し、その部分を隠して、互いに引き当てるくじ。阿弥陀仏の光背（⇩42ページ「阿弥陀被《かぶ》り」）の放射光のように斜めに線を引いたことからいう。もとは、金額を書いておき、引き当てた分をそれぞれが払い、菓子などを買って平等に分ける仕組みで、仏の功徳が平等であることにちなむとされる。現在は平行に線を引くのが一般的。

一大事《いちだいじ》

重大なできごと。仏教語で、仏がこの世に現れたただ一つの大きな理由を指していうもので、それは取りも直さず、衆生を救済することを意味する。

一味《いちみ》

悪事を企てる仲間。仏教では、川が海に入ると一つの味になるように、仏法は貴賤や男女、大小などに関わりなくすべて平等無差別であることをいう。ちなみに、文字通り、一つの味、また、一味唐辛子のように成分が一種類の意味でも用いられる。

引導を渡す《いんどうをわたす》

最終的な宣告をして、あきらめさせる。本来は、葬式で導師の僧侶が死者に対し、この世への未練を断ち、迷わず成仏するように法語を与える意。禅宗では「かっ」と大声を発する。

有頂天《うちょうてん》

喜びや得意の絶頂にあること。頂上に

あるありさまの意の梵語bhavāgraの訳語。欲界・色《しき》界・無色《むしき》界の三界のうち、形ある（有）世界の最上（頂）にある色究竟天《しきくきょうてん》を指す。また一説には、無色界の最上である非想《ひそう》、非非想処天《ひひそうじょてん》を指すとされる。最上、頂に登りつめることから、得意になる意が生じた。

会釈《えしゃく》

あいさつのしるしに軽くお辞儀をすること。また、相手への思いやりの意味で、「遠慮会釈なく」のようにいう。仏教語で、前後の内容を照らし合わせて矛盾がないように解釈する意の「和会通釈《わえつうしゃく》」から出た言葉。あれこれ照らし合わせることから、お互いにあれこれ気を配る、さらに、あいさつの意へと転じた。

縁起《えんぎ》

吉凶の前兆、また、吉凶を判断するもととなるものをいい、「縁起がよい」、「縁起を担ぐ」のように用いる。本来は仏教語で、すべての事象は種々の因（原因）と縁（条件）によって生じるとする、「因縁正起《いんねんしょうき》」の意で、仏教の重要な教えの一つ。また、寺社などの由来やそれを記したものをいう。

縁の下の力持ち《えんのしたのちからもち》

陰で人のために苦労や努力をすること。また、その人。一説に、大阪の四天王寺で経供養に聖霊院で舞われた「縁の下の舞」から出た言葉とされる。古来、その舞は院の前庭で、非公開で演じられたことから、人が見ていない所でむなしく骨を折ることにたとえられた。現在、舞は公開されている。

大袈裟《おおげさ》

実際より大きく言ったり、振る舞ったりするさま。「袈裟」は僧衣の一つで、左肩から右脇にかけて衣の上をおおうもので、大きい袈裟を「大袈裟」という。それをつけると大きく立派に見えることから、誇大なさまをいうようになった。

億劫《おっくう》

面倒くさくて気が進まないこと。仏教では「おっこう」と読む。「劫」は極めて長い時間の単位で、「億劫」はその一億倍、すなわち、気の遠くなるような長い時間を意味する。長時間かかることはわずらわしく、やる気にならないことからいうもの。

親玉《おやだま》

集団の中で中心となる人。かしら。本来は、数珠《じゅず》の中心となる大きな玉のこと。その玉の周りに小さな玉をつないで、一連の数珠を作る。

餓鬼《がき》

子どもをいやしんでいう語。本来は生前の悪業の報いとして餓鬼道に落ちた亡者のこと。餓鬼道は六道（衆生が善悪の業によって住む世界）の一つで、そこでは食べることも飲むこともできず、常に飢餓に苦しむという。

我慢《がまん》

辛抱すること。耐え忍ぶこと。仏教では、七慢の一つで、高慢、うぬぼれのこと。本来は我をたのんで自らを高いものとし、他をあなどるという、悪い意味の言葉であるが、我が強い、負けん気が強い、その気の強さをよしとして、よい意味で耐え忍ぶことをいうようになった。

がらんどう

建物などの中に何も入っていなくて、広々としたさま。一説に、漢字では「伽藍堂」と書き、「伽藍」は寺院の大きな建物、「堂」は神仏をまつる建物のことで、伽藍や堂の中が広々としていることからたとえていうとされる。ほかに、「からと（空所）」がなまったもの、「がらん」は「から（空、虚）」の音変化したものとする説などがあるがいずれも定かではない。

観念《かんねん》

物事に関する考えや意識。また、諦めること。もとは仏教語で、観察し、思念すること、すなわち、心を集中し、仏陀の姿や真理を深く考える意。明治時代に西洋哲学が入ってきて、ギリシア語のイデア（idea）の訳語に「観念」が当てられたことから、一般的な意味へと広がった。

愚痴《ぐち》

言っても仕方がないことをくどくどと言って嘆くこと。また、その言葉。本来は仏教語で、真理を理解する心がないことをいう。「愚」も「痴」も真理に暗い、おろかの意。

下品《げひん》 ⇩194ページ「上品」

玄関《げんかん》

建物の正面の入り口。本来は仏教語で、玄妙な道に入る関門の意で、奥深い教えに入る糸口のこと。転じて、禅寺の方丈に入る門をいう。この形式は室町時代末に興り、桃山時代に完成した書院造りに取り入れられ、江戸時代になって庶民の住宅や一般の建物にも用いられるようになった。「玄」は奥深いの意。

講堂《こうどう》

学校などで、儀式や講演などをする建物のこと。本来は寺院の建物である七堂伽藍《しちどうがらん》の一つで、経文の講義や説教をする堂をいう。ちなみに、七堂伽藍は金堂《こんどう》、講堂、塔、鐘楼《しょうろう》、経蔵《きょうぞう》、僧房《そうぼう》、食堂《じきどう》の七つの建物。

虚仮脅し《こけおどし》

見せかけだけで中身のない手段。見え透いた脅し。仏教では「虚仮」は外面と心の中が違うこと、いつわりの意。一般に、思慮が浅い、愚かなこと、さらに、ばかの意となり、人をばかにすることを「虚仮にする」のようにいう。

権化《ごんげ》

抽象的な特質などを具体的な姿で表している人。「悪の権化」「金銭欲の権化」のように用いる。仏教では、仏や菩薩が衆生を救うために仮の姿でこの世に現れること、また、その姿をいい、そこから転じたもの。

金輪際《こんりんざい》

絶対に、決しての意で、打ち消しの語を伴って用いる。仏教の世界観で、「金輪」は地下にあって大地を支える三輪の一つ。その下に「水輪」「風輪」がある。「金輪際」は金輪の最下底で、水輪と接する所をいい、底の底、大地の果てであることから、物事の極限の意となった。

三昧《ざんまい》

あることに熱中すること、したい放題にすることの意で、複合語として「読書三昧《ざんまい》」「ぜいたく三昧《ざんまい》」のように用いる。もとは、梵語のsamādhiの音写。雑念を捨て、精神を集中する意で、仏道修行上大切なこととされる。

しっぺ返し《しっぺがえし》

相手からの仕打ちに、即座に仕返しをすること。「しっぺ」は「竹篦《しっぺい》」の転で、禅宗で用いる竹製の細長い棒のこと。座禅の際、師が雑念や居眠りなどで姿勢の乱れた弟子を戒めて打つのに用いる。師に打たれていた者も修行を積めば打つ側に立つことができることから、やられたらやり返す意でいう。

冗談 じょうだん

ふざけて言う話。仏教では、修行に関係のない無用な話のことをいう。「冗」は不必要、むだの意。

正念場 しょうねんば

ここぞという大事な場面。「正念」は仏教語で、真理を求める心を常にもつこと、また、邪念をはらって心の安定した状態、平常心をいう。歌舞伎や浄瑠璃で、主人公がその性根《しょうね》（本領）を発揮する大事な場面を「性根場」といい、その場面を演じるのに平常心が必要であることから「正念場」というようになったとされる。

上品 じょうひん

品性、品格がよいさま。反対は「下《げ》品《ひん》」という。仏教では「上品《じょうぼん》」「下《げ》品《ぼん》」と読む。極楽浄土に往生を願う衆生を能力や資質によって上・中・下の「三品」に分け、「上品」は最上、「下品」は最下位になることからいう。

図に乗る ずにのる

思うように事が運び、いい気になってつけあがる。調子に乗る。「図」は声《しょう》明《みょう》（仏教の教文を朗唱する声楽のこと）における転調のこと。転調がうまくいくことを「図に乗る」といい、そこから調子づく意へと転じた。

醍醐味 だいごみ

物事の真の味わい。最高のおもしろさ。「醍醐」は仏教で、五味の一つ。牛や羊の乳を精製していくと、乳《にゅう》味《み》、酪味《らくみ》、生酥味《しょうそみ》、熟酥味《じゅくそみ》へと変化し、最後が醍醐味で、濃厚で最高の味とされる。

台無し だいなし

すっかりだめになること。めちゃくちゃになること。「台」は仏像の蓮の台座、蓮座のこと。これがないとせっかくの仏像も威厳がなくなることからいう。

断末魔《だんまつま》

死に際。また、そのときの苦しみ。「末魔」は人の体の致命的部分の意で、梵語marmanの音写。そこに触れて命を断つ意。

爪弾き《つまはじき》

人を嫌ってのけ者にすること。仏教で、親指の腹に人差し指を当ててはじいて音を出す、「弾指《だんし》」から出た語。その動作は、許可や歓喜のほかに、軽蔑・嫌悪・非難などの意を表すことから、転じて、のけ者にする意味になった。

堂々巡り《どうどうめぐり》

同じことの繰り返しで、話などが少しも進展しないこと。「堂」は仏をまつる建物で、「堂々巡り」は本来は儀式や願掛けのために仏堂の周りを何度も歩くことをいい、そこからのたとえ。

道楽《どうらく》

本職以外の趣味などにふけること。また、その趣味。特に、博打や酒色にふけることをいう。本来は、仏道修行によって得た悟りを自ら楽しむ意。

馬鹿《ばか》

愚かなこと。また、そういう人。梵語で愚かの意のmohaまたは無知の意のmahallakaからで、僧侶が隠語として用いた。「馬鹿」と書くのは当て字。

皮肉《ひにく》

遠まわしで意地悪く言う批判や非難。あてこすり。また、予想や期待に反した結果になること。仏教では、皮と肉、転じて、身体の意。また、うわべ、表面を意味し、悟りの浅いことをいう。

分別《ふんべつ》

物事の道理や善悪などをわきまえること。梵語vikalpaの漢訳で、仏教では事物を知識によって認識することをいい、煩悩を生むもとになるとされる。

方便《ほうべん》

目的のために利用する便宜的な手段。梵語upāyaの訳で、近づく、到達する意。仏教では、衆生を真の教えに導くために用いる便宜的な手段をいう。

微塵《みじん》

きわめて細かいこと。本来は仏教語で、物質を構成する単位。最小単位の極微《ごくみ》が七個集まったもの。

未曾有《みぞう》

今までに一度もなかったこと。びっくりしたという意味の梵語adbhutaを、いまだかつてないほど(素晴らしい)の意で「未曾有」と漢訳したもの。「未曾有の惨事」のように悪い意味で用いることが多いが、本来はすばらしいこと、めでたいことを形容する語。

無尽蔵《むじんぞう》

いくら取っても無くならないほど豊富なこと。本来仏教では、仏法が無限の功徳を有することを蔵にたとえていう。

迷惑《めいわく》

他人の行為で不快に思ったり、煩わしさを感じたりすること。本来仏教では、どうしてよいかわからず、途方にくれることをいう。

滅相もない《めっそうもない》

とんでもない。あるはずがない。仏教で、万物が生滅変化する四つの段階を四相（生相・住相・異相・滅相）といい、その一つの「滅相」は因縁によって生じた一切の存在を過去の存在として滅し去る、心身が消滅する意。そこから、とんでもない意で「滅相な」「滅相もない」のようにいう。

滅法《めっぽう》

甚だしく、やたら、の意で、「数字に滅法強い」のように用いる。仏教で、因縁によって造られたものではない絶対的な真理、無為法のこと。絶対的であり究極的なものであることから、この上なく程度が甚だしい意へと転じた。

遊山《ゆさん》

野山に遊びに出かけること。あちこち見物しながら遊びまわることを「物見遊山」という。仏教では、禅僧が修行を終え、諸国を遊歴することをいう。

老婆心《ろうばしん》

他人への必要以上の親切心。おせっかい。仏教では、老婆が子や孫をいつくしみかわいがるように、師が弟子をいつくしみ導くことをいう。

渡りに船《わたりにふね》

何かをしようと思っているところに、ちょうど都合よく望みの条件が与えられること。『法華経』の「薬王品《やくおうぼん》」にある、「子の母を得るは渡りに船を得るがごとし」による。

神道・祈禱

絵馬《えま》

神社に祈願や報謝のために奉納する、馬が描かれた板絵や額のこと。古来、神は馬に乗って降臨するといわれ、生きた馬が奉納されたが、のちに、木製や土製の馬になり、さらに絵馬にとって代わられた。

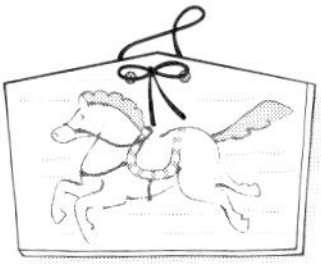

柏手《かしわで》

神を拝むときに、両手を合わせて打ち鳴らすこと。一説に、古代では柏の葉を食器として用いたことから、宮中の食膳を調理する者を「かしわで」（「で」は「人」の意）と呼び、その料理人が手を打って神饌《しんせん》を供したことに由来するという。また、合わせて打ち鳴らすときの手の形が柏の葉に似ているからとする説、「拍手」の「拍」を「柏」と間違えたからとする説などがある。

鳥居《とりい》

神域を示すために、神社の参道入り口に建てられた門。古くから、神に供えた鶏の止まり木の意とされる。ほかに、通り入《い》る意から、あるいは、鳥が居やすい所の意からなど、諸説ある。

禊《みそぎ》

罪やけがれをはらうために、川や海などで水を浴びて身を清めること。身をすすぐ意の「みそそぎ（身濯ぎ・身滌ぎ）」の約とされる。

もとは 神道・祈禱からの言葉

後の祭り《あとのまつり》

後になって、ああすればよかったと思ってももう遅い、手遅れであること。祭りが終われば御輿《みこし》や山車はもう用はないことからのたとえ。また一説には、祭礼が終わった翌日に、神饌《しんせん》を下げて、それをいただく宴会のことを「後の祭り」といったことからともいう。

お払い箱《おはらいばこ》

いらなくなった物を捨てたり、人を辞めさせたりすること。もともとは、中世から近世にかけて、伊勢の御師《おし》が毎年地方の檀那《だんな》に配った、お祓《はら》いの札や薬種、暦などを入れた箱を「お祓い箱」といい、新しい札がくると古い札はいらなくなることから、「祓い」を「払い」にかけて洒落でいったもの。

御幣担ぎ　ごへいかつぎ

縁起や迷信をことさら気にすること。また、その人のこともいう。「御幣」は「御幣帛《はく》」の略で、神前に捧げたり、神主がお祓《はら》いをしたりするときに用いる神祭道具。御幣を担いで不吉なものを祓うことからたとえていう。

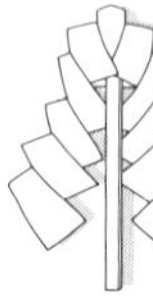
御幣

鈴生り　すずなり

果実がたくさん実っていること。また、人が一か所に大勢あつまっている様子をいう。神楽を舞うときに用いる、小さな鈴がたくさんついた神楽鈴に似ていることからの形容。

御輿を担ぐ　みこしをかつぐ

人をおだてて祭り上げること。「御輿」は祭礼でご神体または御霊代《みたましろ》を乗せて運ぶ輿のことで、「神輿」とも書く。その御輿をうやうやしく担ぐことからたとえていう。

埒が明かない　らちがあかない

物事がはかどらない。決まりがつかない。「埒」は馬場の周囲に巡らした柵のこと。その柵が開かない（埒が明かない）と競《くら》べ馬が始まらないことからたとえていう。競べ馬は馬を走らせて勝負を競うもので、平安時代中期ごろまでは五月五日に宮廷の行事として行われたが、のちに神社で神事として行われ、賀茂神社のものは有名。一説に、奈良の春日大社の祭礼で、金春太夫《こんぱるだゆう》が祝言を読まないと前夜から御輿の周りに置かれた柵が開かないことからともいう。本来は「埒が明く」と肯定形であったが、現在は多く否定形で用いる。

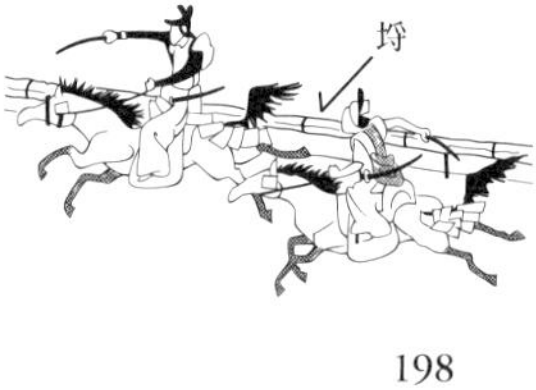

もとは　陰陽道・呪術からの言葉

有卦に入る　うけにいる

巡り合わせがよく、幸運が続くこと。「有卦」は陰陽道で、幸運が七年続くという年回りをいい、本来はその年回りに入ることをいう。ちなみに、反対に不運が続く年回りを「無卦《むけ》」といい、無卦に入ると五年不幸が続くとされる。人の一生はこの有卦と無卦が交互に巡るという。

口裏を合わせる《くちうらをあわせる》

人と前もって示し合わせて、お互いに言うことが食い違わないようにする。「口裏」は古くは「口占」とも書いて、人の言葉を聞いて吉凶を判断すること。転じて、口ぶりでその人の心中や真意を察すること、また、言葉や口ぶりに隠されているものをいう。

けったくそ悪い《けったくそわるい》

縁起が悪い。いまいましい。「けったくそ」は「卦体糞《けたいくそ》」の転で、「卦体」に「糞」をつけて強調していう語。「卦体」は易で、卦に現れた算木の形、占いの結果のこと。転じて、縁起の意となり、慣用句として「卦体が悪い」、さらに「けったくそ悪い」と変化して用いられるようになった。

御託を並べる《ごたくをならべる》

自分勝手な言い分をさも偉そうにくどくどと言い立てること。「御託」は「御託宣」の略で、神のお告げのこと。それを巫女などがいかにも一方的で、もったいぶって伝える様子からたとえていう。

本命《ほんめい》

競馬・競輪などで、優勝の第一候補。また、一般に、最も有力視されている人。陰陽道で、「本命」は「ほんみょう」と読み、その人の生まれた年によって定められている星のこと。その星によって吉凶を判断することから、競馬などの賭け事の予想に用いられるようになり、一般の意に転じた。

もっけの幸い《もっけのさいわい》

思いがけなく手に入れた幸運。平安時代には、人にとりついて祟りをもたらす死霊や生霊を「もののけ（物の怪）」といい、それが「もっけ（物怪）」と変化して、妖怪のことをいうようになった。室町時代ごろになると、妖怪の出現は思いもよらないことから、思いがけないこと、予期しないことへと意味が転じた。もとは不吉なことをいったが、しだいによい意味で「もっけの幸い」のように用いられるようになった。

キリスト教

クリスマス

［英 Christmas］ キリストの誕生を祝う祭日。降誕祭。Christはキリスト、救世主の意で、masはミサ、祭儀、聖人の祝日を意味するmassから。ギリシア語でキリストの意のXristosの頭文字をとって、Xmasとも書く。

ゴスペル

［英 gospel］ 福音。また、福音書のこと。古くはgodspeleとつづり、よい(good)知らせ(spele=news)が原義。ちなみに、ゴスペルソングは二〇世紀初頭にアメリカで生まれた宗教音楽。

サンタクロース

［英 Santa Claus］ クリスマスイブに子どもたちに贈り物をするという、欧米の伝説上の老人。四世紀の小アジアの司教で、子どもや船乗りなどの守護聖徒である聖(セント)ニコラウス(St.Nicholas)に由来。オランダ語の「シンタクラース(Sinterklass)」がなまってサンタクロースとなった。彼は三人の貧しい娘に結婚の持参金として金貨入りの袋を夜中に窓から投げ入れたといわれる。ヨーロッパでは彼の祝日の一二月六日前夜にニコラウスの扮装をした者が子どもたちに贈り物を配って歩く風習があり、これがアメリカへ一七世紀に移住したオランダ人の新教徒によって伝えられ、一九世紀に既存のクリスマスイブに贈り物をする風習と合わさり、世界中に広まった。

バイブル

［英 Bible］ キリスト教の聖典。聖書。比喩的に、ある分野で権威のある書物、また、人生の指針とする座右の書をいう。もとはギリシア語で、巻物・本の意のbibliaから。本来はパピルスの内皮の意味で、パピルスを輸入した古代フェニキアの港町Byblosにちなむ。

ハレルヤ

［英 hallelujah］ 神を賛美する言葉。もとはヘブライ語のhalalū-yáh (yáh

は万物の創造主ヤハウェのこと）で、「（あなた方は）主をほめたたえよ」の意。

福音《ふくいん》

キリストによって人類が救われるという喜ばしい知らせ。また、それを伝える教え。もとは、喜ばしい知らせの意で、ゴスペルの訳語として用いた。漢訳聖書からの借用語。

ミサ

［ラテン missa］カトリック教会の秘跡の一つ、聖餐式。式の終わりに司祭が述べるラテン語 Ite, missa est「立ち去れ、（儀式は）終わった」に由来するといわれる。

ミッションスクール

［英 mission school］キリスト教の団体が、キリスト教の精神に基づいた教育を行うために創設した学校。「ミッション」はキリスト教の外国への伝道、また、伝道団の意。現在は一般に、使命、任務、使節団などの意で用いる。

もとは キリスト教からの言葉

黄金律《おうごんりつ》

奥深い意味をもった有益な教訓。本来は、『新約聖書』の「マタイによる福音書」第七章にある、「何事でも人々からしてほしいと望むことは、人々にもそのようにせよ」というキリストの教えを指す。英語golden ruleの訳語。

救世主《きゅうせいしゅ》

苦しい状況を救ってくれる人。人類を救済する人の意で、キリスト教では、罪からの救い主であるイエス・キリストを指す。Messiahの訳語。

禁断の木の実《きんだんのこのみ》

禁じられているが、非常に誘惑的な快楽。もとは、『旧約聖書』の「創世記」第二章に記されている、エデンの園の知恵の木の実のこと。神から食べることを禁じられていたが、アダムとイブは蛇の誘惑に負けてこの実を食べ、楽園を追放されたという話に基づく。

三位一体《さんみいったい》

三つのものが本来一つであること。また、三者が心を一つにすること。本来は、キリスト教で、創造主である父なる神、神の子イエス・キリスト、聖霊は、唯一の神の三つの在り方で、本質的には一体であるとする教理をいう。

死に至る病《しにいたるやまい》

不治の病気。また、絶望。『新約聖書』の「ヨハネによる福音書」第一一章にある、「この病気は死で終わるだけのものではなく」に基づく。宗教思想家キルケゴール（一八一三～五五）に同名の著書がある。

スケープゴート

［英 scapegoat］他人の罪や責任を負わされる人。もとは『旧約聖書』の「レビ記」第一六章に出てくる、人間の罪や苦難を背負って荒野に放たれたという山羊《やぎ》のことで、贖罪《しょくざい》の山羊の意。

狭き門《せまきもん》

競争が激しくて、入学や就職などが難しいこと。『新約聖書』の「マタイによる福音書」第七章にある、「狭い門から入れ。（略）命にいたる門は狭く、その道は細い」から出た言葉。

バベルの塔《バベルのとう》

実現の可能性のない計画。『旧約聖書』の「創世記」に出てくる塔にちなむ。ノアの洪水のあと、人々が天まで届くような高い塔を築き始めると、神は人間の傲慢を憎み、人々の言葉を混乱させて、その工事を中止させたという。

ハルマゲドン

［ギリシア Harmagedōn］世界の終わり。もとはヘブライ語で、メギドの丘の意。『新約聖書』の「ヨハネの黙示録」第一六章に記され、世界の終末に悪魔と神が最後に戦う場所とされる。

豚に真珠《ぶたにしんじゅ》

価値のわからない者に貴重な物を与えても無駄だということ。『新約聖書』の「マタイによる福音書」第七章の「豚に真珠を投げてやるな。彼らはそれを足で踏みつけ、あなたがたにかみついてくるであろう」から出た言葉。

目から鱗が落ちる《めからうろこがおちる》

あることをきっかけに、突然物事がよく理解できるようになる。『新約聖書』の「使徒行伝《しとぎょうでん》」第九章によるもので、イエス・キリストの信者を迫害しようとしたサウロ（パウロのこと）は天からの光で失明するが、弟子の一人が来てサウロに手を置くと、たちまち目から鱗のようなものが落ちて、元通り見えるようになったという。

故事・伝説 神話・寓話

赤い糸 あかいいと

将来結婚する二人を結んでいるという、目に見えない運命。中国唐の時代の伝奇小説『続幽怪録』に基づく。幼少時に両親を亡くした韋固《いこ》という未婚の若者が旅の途中で、月明かりの下で袋にもたれかかって本を読んでいる老人と出会う。老人は袋の中の赤い縄を見せて、これで男女の足をつなぐと二人は必ず結婚するといい、韋固の相手を予言したところ、その通りになったという。結婚の仲人を「月下老人」と呼ぶのもここから来ている。また、「月下氷人」ともいうが、これは『晋書』に出てくる「氷人」が合わさってできた言葉である。

圧巻 あっかん

書物の中で、最もすぐれた部分のこと。また、一般に、全体の中ですぐれた部分や場面。昔、中国の科挙と呼ばれる官吏登用試験で、最優秀者の答案を他の答案の上に置いたことからいうもの。「圧」は上からおさえる、「巻」は答案のことで、他の答案を圧倒する意。

天邪鬼 あまのじゃく

何でも人の言うことに逆らうひねくれ者、へそまがりのこと。『古事記』『日本書紀』に出てくる、人の心の内を探って、その意に逆らうことをするという、「天探女《あまのさぐめ》」に由来し、「あまのさぐめ」がなまって「あまのじゃく」となった。仏教では、悪事を働いて、仁王や四天王の足元に踏みつけられ、もがいている小鬼のこと。また、毘沙門《びしゃもん》天《てん》の鎧《よろい》の腹部につけた鬼の面のこともいう。民話では『瓜子姫《うりこひめ》』に登場する悪い鬼のことをいう。

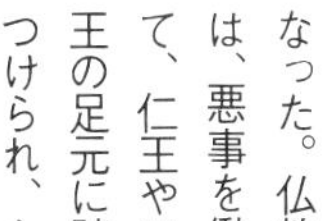
天邪鬼
〈多聞天像部分 西大寺蔵〉

海千山千 うみせんやません

経験豊富で、世の中の裏も表も知り尽くしていてずる賢いこと。また、その人。海に千年、山に千年棲んで生き抜いた蛇は竜になるという言い伝えによるもので、人が世の中の荒波にもまれ、したたかになるさまをたとえていう。

置いてきぼり おいてきぼり

その場に置き去りにすること。江戸の本所《ほんじょ》七不思議の一つで、金糸《きんし》堀（俗称、置いてけ堀）で、釣った魚を魚《び》籠《く》に入れて持ち帰ろうとすると、どこからか、「置いてけ、置いてけ」という声がして、魚を全部返すまでその声が止まなかったという言い伝えによるもの。もとは「置いてけぼり」で、音変化して「置いてきぼり」という。

小田原評定 おだわらひょうじょう

いつまで経っても結論が出ない会議や相談。一五九〇（天正一八）年、豊臣秀吉が小田原城を攻めたとき、北条側は城中にこもり、戦うか、和睦するかを相談したが、なかなか結論が出なかったことに由来する。

矍鑠 かくしゃく

年を取っても元気でしっかりしていること。中国の歴史書『後漢書《ごかんじょ》』の「馬《ば》援《えん》伝」から出た語。六二歳の馬援が光武帝に戦陣に加わりたいと申し出たところ、帝は老齢であることを気づかって許しを与えなかった。そこで、馬援は甲冑《かっちゅう》を身につけ、さっそうと馬に乗ってみせたところ、帝は「矍鑠たるかな、この翁《おう》や」といって称えたという。

隠れ蓑 かくれみの

実体、特に、悪事を隠すための手段。「子会社を隠れ蓑に脱税をする」のように用いる。もとは、鬼や天狗《てんぐ》が持っていて、それを着ると姿が見えなくなるという蓑（雨具の一種）のことで、その蓑を着て悪事を働いたとされる。

火中の栗を拾う かちゅうのくりをひろう

他人の利益のために危険をおかすことのたとえ。猿が猫をおだてて、炉の中の焼けた栗を拾わせ、猫が大やけどをしたという、フランスの詩人ラ・フォンテーヌ（一六二一〜一六九五）の寓話（イソップの寓話などをもとに人間の普遍的な姿を動物に託して描いたもの）から。

完璧 かんぺき

欠点が少しもなく完全であること。「璧」は輪の形をした宝玉《ほうぎょく》のことで、「完璧」は、傷一つない宝玉の意。中国戦国時代に、趙《ちょう》の藺相如《りんしょうじょ》が璧を持って使いに行き、無事持ち帰ったという故事から、仕事を完全に成し遂げる意にも用いられる。

杞憂《きゅう》

無用の心配、取り越し苦労をすること。「杞」は中国古代の国名。その杞の国の人が天が崩れ落ちるのではと心配して、夜も眠れず食べる物も食べることができなかったという、『列子』にある故事から。日本では明治以降一般に広まった。

牛耳る《ぎゅうじる》

組織や団体などで、中心人物となってその集団を支配し、思い通りに動かすこと。春秋戦国時代、諸侯が同盟を結ぶとき、盟主が牛の耳を裂き、その血をすすって誓い合ったという故事による。「牛耳を執る」から「牛耳」を動詞化した語。

桑原桑原《くわばらくわばら》

雷が落ちないように唱えるまじないの言葉。のちに、災難や不吉なことを避けるための呪文ともなった。一説に、菅原道真が大宰府に流されたのち、各地で落雷があったが、彼の領地である桑原には一度も雷が落ちなかったという伝説からとされる。また、「桑原」は桑畑のことで、雷神は桑の木が嫌いだからという説もある。

逆鱗に触れる《げきりんにふれる》

目上の人を激しく怒らせること。「逆鱗」は、竜のあごの下に逆さに生えたうろこのことで、それに触れると竜が怒ってその人を殺すという、『韓非《かんぴ》子《し》』にある故事に由来する。竜は天子のたとえで、本来は、天子を怒らせることをいった。

檄を飛ばす《げきをとばす》

自分の主張を強く訴え、賛同や決起を促すこと。「檄」は「檄文」の略で、古代中国で、人民を招集、または説諭するために木札に書いて出した文書のこと。それを急いで回す意の「飛檄《ひげき》」を読み下したもの。近年、激励する意味で用いられることがあるが誤用。

五十歩百歩《ごじっぽひゃっぽ》

似たり寄ったりで、ほとんど同じであること。本質的には変わらないこと。孟子が戦争好きの梁《りょう》の恵王に、戦場で、五〇歩逃げた者が、百歩逃げた者を臆病だとあざけり笑ったが、どう思うか尋ねたところ、王はどちらも逃げたことには変わりないと答えたという、『孟子』にある故事から。

賽は投げられた《さいはなげられた》

事はすでに始められていて、もう後戻りはできない。古代ローマ時代、将軍カエサル（シーザー）がイタリア進撃で、ルビコン河を渡るときに言ったとされる言葉から。

左遷《させん》

それまでより低い地位に格下げすること。古来、中国では、右より左を卑下することからいう。「遷」は官職や地位を下げる意。ちなみに、「あの人の右に出る者はいない」「右腕になる」「座右の銘」などともいうのは、右を上として尊ぶことによる。

指南《しなん》

人に技術などを教え、指導すること。古代中国で、仙人の形をした人形の指が常に南を指すようにした装置をつけた車を「指南車」といい、味方に方向を示して教えたことから、教え導く意で、「指南」というようになった。

指南車
〈和漢三才図会〉

食指が動く《しょくしがうごく》

食べ物を前にして、食べたいという気が起きること。また、何かを欲しいとか、何かをしてみようという気が起きることにもいう。「食指」は人差し指のこと。中国の春秋時代、鄭《てい》の子公が自分の人差し指が動くのを見て、ご馳走にありつく前触れだと言ったという、『春秋左氏伝』にある故事による。

白羽の矢が立つ《しらはのやがたつ》

多くの人の中から特に選ばれること。神が人身御供《ひとみごくう》にする少女の家の屋根に矢羽が白い矢を立てたという伝説に基づき、本来は多くの人の中からいけにえを選ぶことをいった。のちに、抜擢されるというよい意味に転じたもの。

推敲《すいこう》

詩歌や文章の字句を何度も練り直すこと。中国の唐の詩人賈島《かとう》が、「僧は推《お》す月下の門」という詩句の「推す」を「敲《たた》く」にすべきか迷って、韓愈《かんゆ》に相談し、「敲く」に直したという故事による。

杜撰 ずさん

誤りが多く、いい加減なこと。ぞんざいなこと。もとは、詩歌や著述などに誤りが多いことをいった。中国宋の杜《と》黙《もく》が作った詩は、詩の規則に合わないものが多かったという故事にちなむもので、「撰」は詩歌を作る意。

スパルタ式 スパルタしき

きわめて厳しい教育や訓練のやり方。スパルタは古代ギリシアの都市国家で、強大な軍事国家を目指し、幼少時から厳格な教育や訓練を施したことで有名で、そのやり方からいうもの。

折角 せっかく

苦労してしたのに、わざわざ、といった意味で用いられる語。一説に、中国後漢の郭泰《かくたい》という人がかぶっていた頭巾が雨に濡れて角が折れていたのを、ほかの人がまねて、わざわざ角を折って頭巾をかぶったという故事にちなむとされる。漢語の本来の意味は、高慢な人をやり込めることで、前漢の朱雲という人が五鹿（地名）の充宗と易について論じ合って勝ち、人々がよくぞ鹿の角を折ったと朱雲をほめたという、『漢書』に見られる故事にちなむ。語源は諸説あり、また、語義も時代とともに変化していったものと考えられる。

折檻 せっかん

厳しく叱ったり、こらしめたりすること。中国前漢の時代、朱雲が成帝を強くいさめたところ、その怒りを受け、朝廷から引きずり出されようとしたときに手すりにつかまったため、それが折れたという、『漢書』の「朱雲伝」にある故事による。「檻」は手すりの意。

先鞭をつける せんべんをつける

人より先に物事を始めること。「先鞭」は戦場で、人より先に馬に鞭を当てて、先駆けの手柄を立てること。中国の晋の劉琨《りゅうこん》は友人の祖逖《そてき》と張り合っていて、いつも祖逖が自分より先に馬に鞭を当てて戦場に行き、手柄を立てはしまいかと心配しているという手紙を親しい人に送ったという、『晋書《しんじょ》』にある故事にちなむ。

双璧 そうへき

甲乙つけがたいほどすぐれている、二つの人や物。「璧」は輪の形をした玉《ぎょく》のことで、一対の宝玉が原義。中国の史書『北史』の「陸凱《りくがい》伝」にある、陸凱の二人の息子はそろって優秀で、洛陽の長官の賈禎《かてい》がこの兄弟を「双璧」と評したという故事に基づく。

太公望《たいこうぼう》

釣りをする人。また、釣り好きな人のこと。中国に呂尚《りょしょう》という人がいて、世を避けて渭水《いすい》で釣りをしていたところ、周の文王に見出され、太公（父）の時代から待ち望んでいた人材であるとして師に迎えられ、「太公望」の敬称で呼ばれたという故事にちなむ。

蛇足《だそく》

よけいなもの、むだなもののたとえ。中国の『戦国策』にある故事から出た言葉。酒を振る舞われた召し使いたちが、早く描いた者が酒を飲めるという約束で、蛇の絵を描く競争をした。最初に描き上げた者が酒を飲もうとしながら、蛇に足を描き足したところ、別の者が「蛇に足はない」といって、酒を取り上げて飲んでしまったという。

立ち往生《たちおうじょう》

立ったままで何もすることができないこと。また、行き詰って動きがとれない様子。もとは、立ったまま死ぬ意。武蔵坊弁慶が奥州に逃れた義経に従い、衣川《ころもがわ》の戦いで全身に矢を受けながらも討っ手の前に立ちはだかって討ち死にした、「弁慶の立ち往生」はよく知られ、ここから進退窮まる意味に用いられるようになった。

断腸《だんちょう》

はらわたがちぎれるほど、つらく悲しいこと。中国の逸話集『世説新語』にある故事にちなむ。東晋の武将、桓温《かんおん》が長江の三峡を旅しているとき、従者が猿の子を捕まえた。その母猿はずっとあとを追いかけ、ようやく船に飛び移ることができたが、そのまま息絶えた。その腹を裂いてみると腸がずたずたに断ち切れていたという。

帝王切開《ていおうせっかい》

出産時に、妊婦の子宮壁を切開して胎児を取り出す手術。ドイツ語Kaiser-schnittの訳語。古代ローマの将軍カエサル（シーザー）がこの方法で生まれたという伝説にちなむ。語源はラテン語のsectio caesareaで、切る意のcaesareaをCaesar（シーザー）と混同したことによる誤訳ともいう。

敵に塩を送る《てきにしおをおくる》

敵が困っているときに、弱みにつけ込まず、援助の手を差し伸べること。戦国時代、北条・今川軍に兵糧攻めにあい、窮地に立たされていた宿敵武田信玄のもとに、上杉謙信が塩を送ったと伝えられることにちなむ。

天衣無縫《てんいむほう》

⇩213ページのコラム

天狗になる《てんぐになる》

高慢なこと。いい気になって自慢すること。「天狗」は深山にすむという、想像上の妖怪。赤い顔をし、鼻が異様に高く、山伏姿で、手には団扇や金剛杖を持ち、翼があって空を自在に飛び回り、神通力をもつという。山伏姿をしているとされるのは修験道と結びついて考えられたことによる。その天狗の鼻が高いところからたとえていうもの。また、実力もないのに自慢したり、怨恨や憤怒によって堕落した僧侶は天狗道という魔道に落ちるといわれ、そこから、高慢になる、自慢することをいうようになったともされる。

天王山《てんのうざん》

勝敗や運命などが決まる重大な分かれ目。本来は京都府南部にある山の名で、一五八二（天正一〇）年、羽柴秀吉が明智光秀を破った山崎の合戦は、交通の要衝であったこの山をどちらが支配するかが勝敗を決める鍵となったことから、重大な分かれ目、分岐点の意味で用いられるようになった。

登竜門《とうりゅうもん》

そこを通れば立身出世ができるといわれる関門。また、運命を決めるような大切な試験のたとえ。中国の黄河中流の急流、竜門は大変な難所で、ここを登った鯉《こい》は竜になるという言い伝えによる。『後漢書』や『太平広記』などに記されている。

虎の巻《とらのまき》

秘伝の書。俗に、あんちょこのことをいう。中国の兵法書『六韜《りくとう》』の一編、「虎韜《ことう》」巻にちなむ。虎が武勇と威厳の象徴であることからの命名で、危機に陥ったときの対処法が記される。

トロイの木馬《トロイのもくば》

奇襲作戦のたとえ。「トロイ」は小ア

ジアの北西端にあった古代都市。ほぼ紀元前一三世紀と推定されるトロイ戦争の際、ギリシア連合軍の将オデュッセウスが立てた作戦「木馬の計」に由来。大きな木馬の中に兵を潜ませ、戦場に放置すると、トロイ軍は戦利品として城内に持ち帰ったが、夜になって木馬の中からギリシア兵が現れ、ついにトロイは陥落したという。ホメロスの叙事詩『イーリアス』に描かれる。

濡れ衣《ぬれぎぬ》

無実の罪のこと。人に無実の罪を負わせることを「濡れ衣を着せる」という。一説に、継母が先妻の娘の美しさをねたんで、娘が若い漁師と忍び会っているように見せかけるために、漁師の濡れた着物を娘の寝ている所に置いたところ、父親がそれを見て烈火のごとく怒り、娘を殺してしまったという故事によるとされる。

パンドラの箱《パンドラのはこ》

ギリシア神話で、ゼウスがあらゆる災いを入れて、人間界に行くパンドラに渡した箱。パンドラはゼウスが命じて泥から造らせた人類最初の女性で、禁を犯して箱を開けたため、諸悪が地上に出てしまい、急いでふたをしたが希望だけが箱の中に残ったという。人類の不幸はここから始まったとされる。

判官贔屓《ほうがんびいき》

弱い者や敗者に同情してひいきすること。平安時代末期、兄の頼朝に滅ぼされた悲劇の英雄、源義経に人々が同情したことからいう。「判官」は義経の通称で、官職が今でいう警察に当たる、検非違使《けびいし》の尉《じょう》であったことにちなむ。

ほくそ笑む《ほくそえむ》

思い通りになったと、一人ひそかに笑うこと。一説に、「ほくそ」は「北叟《ほくそう》」の転で、古く中国北方の国境近くに住んだ老人、塞翁《さいおう》のことをいい、うれしい時にも心配な時にもかすかに笑ったという故事から、「北叟笑む」が転じて「ほくそ笑む」となったとされる。

洞ヶ峠を決め込む《ほらがとうげをきめこむ》

両者を比べて、有利な方につこうとして形勢を見ること。日和見《ひよりみ》的な態度を取ること。「洞ヶ峠」は京都府南部と大阪府枚方《ひらかた》市との境にある峠。一五八二（天正一〇）年、本能寺の変の後、山崎の合戦で、筒井順慶《つついじゅんけい》が羽柴秀吉と明智光秀のどちらに加勢しようかと、この峠に陣取って形勢をうかがったことからとされる。しかし、史実は違って、光秀の親友であるはずの順慶が、早々と光秀の劣勢を見極め、秀吉側についたことから、このような話が流布されるようになったといわれる。

孫の手《まごのて》

背中など手の届かない所を掻くときに用いる道具。中国の伝説上の仙女「麻姑《まこ》」に由来。この仙女の手は鳥のような長い爪をしていて、それでかゆい所を掻いてもらうと気持ちがよかったことから、かゆい所を掻く棒を「麻姑」と呼んだ。その「まこ」と「孫《まご》」の音が似ていることや、棒の先が小さな手の形をしているところから孫を連想し、「孫の手」となったもの。

三日天下《みっかてんか》

極めて短い期間しか、地位や権力を保持できないこと。「失言がたたって、大臣の座も三日天下に終わった」のように用いる。一五八二(天正一〇)年、明智光秀は京都本能寺に宿泊中の織田信長を襲い、討ち果たしたが、羽柴秀吉にたった一二日で討伐されたことにちなむ。「三日」というのは、非常に短い期間のたとえにいうもの。

矛盾《むじゅん》

論理的に二つのことのつじつまが合わないこと。昔、中国楚《そ》の国に、矛《ほこ》と盾《たて》を売る者がいて、「この矛はどんな盾でも突き通すことができ、またこの盾はどんな矛も通さない」と言ったところ、「それではその矛でその盾を突いたらどうなるか」と問われ、返事ができなかったという、『韓《かん》非子《びし》』にある故事による。

元の木阿弥《もとのもくあみ》

いったん良くなったものが、再び元の悪い状態に戻ること。一説に、戦国時代に、大和郡山の城主、筒井順昭《つついじゅんしょう》が病死したとき、跡継ぎの順慶《じゅんけい》は一歳とまだ幼く、順昭の遺言で三年間死去が伏せられた。その間、順昭に姿や声の似ていた盲人の木阿弥を身代わりとし、病気と偽って寝室に置いた。三年後死去が公表され、葬儀が行われると、木阿弥は役目を終えて元の生活に戻ったという故事によるとされる。

おもしろい由来をもつ四字熟語

何気なく使っている四字熟語だが、並んだ漢字をよくよく見てみると、はて、どこからこの言葉は来たのだろうと不思議に思うことがある。もとは中国の典籍にある故事にちなむもの、仏教に由来するもの、日本の古くからの言い伝えや生活から生み出されたものなど、その由来はさまざま。そんな四字熟語の来歴をたどってみる。

異口同音《いくどうおん》
多くの人が口をそろえて同じことを言うこと。多くの人の意見が一致すること。仏典によく出てくる言葉で、本来は釈迦の説法に感激して、衆生が口々に賛嘆するさまや、堂に集まった信者が口々に念仏を唱えるさまなどを形容していう。

以心伝心《いしんでんしん》
口に出して言わなくても、思っていることがお互いの心から心に伝わるということ。本来は禅の宗旨の一つで、釈迦の教えの真髄を経典などの文字や言葉によらず師の心から弟子の心に伝えることをいう。

一期一会《いちごいちえ》
一生にたった一度の出会いであること。千利休の弟子、山上宗二の著『山上宗二記』にある、「一期に一度の会」から生まれた言葉。茶道の心得として、何度同じ主客で茶の湯の会を催そうと、今日という日は一生に一度、また、その出会いも同じことで、主客ともに心を配って交わるようにという教えを説いた言葉。

一蓮托生《いちれんたくしょう》
人と行動や運命をともにすること。悪事を働いて、それがばれそうになったときに「こうなりゃ一蓮托生だ」のように、運命共同体の意味合いで使われることが多い。本来は仏教語で、死後、極楽浄土で同じ蓮華《れんげ》の上に生まれること。江戸時代には、この世で結ばれない恋人同士が来世で添い遂げることを願うときなどに用いられた。

臥薪嘗胆《がしんしょうたん》
目的を遂げるためにどんな苦労も耐えること。中国の春秋時代、呉王夫差《ふうさ》は父の敵の越王勾践《こうせん》を討つまで薪の上に寝て志を奮い立たせ、会稽《かいけい》山で勾践を破り、勾践はその恥を忘れないために苦い肝を嘗《な》め、夫差を滅ぼしたという、『史記』『十八史略』にある故事から。

画竜点睛《がりょうてんせい》
最後に大切なところに手を加えて物事を完成させること。最後の仕上げ。また、物事の肝心なところ。「画竜点睛を欠く」といえば、肝心なところが抜けているために、全体が引き立たないこと。「睛」は瞳の意。梁《りょう》の絵の名人張僧繇《ちょうそうよう》が、金陵の安楽寺の壁に竜の絵を描き、最後に瞳を描き入れたら、たちまち竜が天に昇ったという、『歴代名画記』にある故事から。

言語道断《ごんごどうだん》
もってのほかのこと。本来仏教語で、仏教の真理は奥深くて言葉では到底説明できないことをいう。「道」は口で言うことで、言葉に出して言うことが断たれる、の意。また、言葉で説明する道が断たれる意ともされる。一般に、口では言い表せないことをいい、さらに、とんでもないこと、許しがたいことへと意味が転じた。

自画自賛《じがじさん》
自分で自分をほめること。自分が描いた画に自分で賛をする意。「賛」は書画に添えて書く詩歌や文章で、本来は人に書いてもらうもので、自分でするものではない。「賛」は「讃」とも書く。

四苦八苦《しくはっく》
さんざん苦労すること。もとは仏教語で、人がこの世で生きる上での苦をいう。「四苦」は生・老・病・死の四つの苦。それに、愛する者と別れる「愛《あい》別離苦《べつりく》」、うらみ憎む者に会う「怨憎《おんぞう》会苦《えく》」、求めるものが得られない「求《ぐ》不得苦《ふとくく》」、人間の体と精神を形成する五要素から起こる「五陰盛苦《ごおんじょうく》」を合わせて「八苦」という。

四面楚歌《しめんそか》
孤立無援の状態であること。中国、楚の項羽《こうう》が漢の劉邦《りゅうほう》の軍に囲まれたとき、四方の漢軍から楚の歌が聞こえてきた。それは劉邦が仕組んで、漢の兵士に歌わせたものであったが、項羽は捕らわれた楚の兵士が歌っているものと思い込み、すでに漢に降伏したかと驚き嘆いたという、『史記』の故事による。

白河夜船《しらかわよふね》
ぐっすり寝込んでいて、その間に何が起きたかまったく知らないこと。また、知ったかぶりをすること。昔、京都見物をしてきたとうそをついた者が、白川（京都の東北部に位置する地名）のことを聞かれて、てっきり川の名と思い、夜中に船で通ったので何もわからなかったと答えたという逸話によるもの。「白河」は「白川」とも書く。

他力本願《たりきほんがん》
もっぱら他人の力を当てにすること。本来は仏教語。「他力」は仏・菩薩の加護の力、「本願」は仏が過去において立てた衆生救済の誓願のこと。浄土真宗では、阿弥陀仏の衆生を救おうという強い願いの働きを「他力本願」といい、また、衆生がそれに頼って成仏を願うこともいう。

単刀直入《たんとうちょくにゅう》
前置きなしにいきなり本題に入ること。もとは、一振りの刀を持ち、一人で敵陣に斬り込む意。出典は中国宋の時代に禅者の問答を集大成した『景徳伝灯録』の「単刀直入すれば、即《すなわ》ち凡聖尽《ことごと》く真を現す」による。

天衣無縫《てんいむほう》
人柄が自然のままで、飾り気がないこと。出典は中国五代(九〇七〜九六〇)の怪談や奇談を集めた『霊怪録』で、天人の衣には人工の縫い目がないという意。もとは、詩歌や文章が技巧がこらされていなくて、自然でありながら、完成されていて美しいさまをいった。

八面六臂《はちめんろっぴ》
多方面にわたり、めざましい活躍をすること。一人で何人分もの大活躍をすること。本来は仏像の八つの顔と六つのひじの意。同様の意味で「三面六臂」ともいい、三つの顔と六つのひじをもつ仏像としては阿修羅像が知られる。

明治時代の翻訳語

暗示《あんじ》

英語suggestionの訳語。明治初期、『哲学字彙』初版(一八八一)に「暗指」の表記で載り、『明治英和字典』(一八八九)に初めて「暗示」の表記で収録。

意志《いし》

英語willの訳語。もとは漢籍に基づく語で、日本では明治初期、『哲学字彙』初版(一八八一)に収録され、定着した。明治中期から後期にかけて、「意思」との混同が起こったが、「意志」は主に哲学や心理学のほか、日常生活で多く用いられ、「意思」は主に法律関係で用いられる。

意識《いしき》

英語consciousnessの訳語。西周《あまね》によるものか。もとは心の働きを意味する仏教語。明治以降、目覚めているときの心の状態の意味で、哲学や心理学の用語として使われるようになった。

印象《いんしょう》

英語impressionの訳語。明治初期の『哲学字彙』初版(一八八一)に見える。もとは仏教語で「いんぞう」といい、印影を押したように形がはっきり現れる意。

環境《かんきょう》

英語environmentの訳語。もとは漢語で、四方の境、周囲の境界の意。明治初期の『哲学字彙』初版(一八八一)には、environmentは「環象」と訳されており、「環境」の語が一般化したのは大正時代のこと。

義務《ぎむ》

英語obligationの訳語。津田真道《まみち》訳の『泰西国法論』(一八六八)や福沢諭吉の『学問のすゝめ』(一八七二〜七六)などに使用が見られ、漢訳の『万国公法』(一八六四)から借用したとされる。

逆説《ぎゃくせつ》

英語paradoxの訳語。明治初期の『哲学字彙』初版(一八八一)に見える。一八八二年、『英和字彙』の再版で、語釈に「逆説」が付加されたことで、訳語としてしだいに定着していったと考えられる。

客観《きゃっかん》

英語objectの訳語。西周《あまね》訳の『心理学』(一八七八)に見える。もとは漢籍で、立派な容貌、外観の意で用いられた語で、日本では明治初期に訳語として一般化。当時は「かっかん」と読まれていた。また、対義語の「主観」も同じく西の『心理学』に見える語で、英語subjectの訳語。

恐慌《きょうこう》

英語panicの訳語。明治初期の『哲学字彙』初版(一八八一)では「驚慌」とあり、経済用語として「恐慌」の表記が一般化したのは、一九世紀末に日本が実際に経済恐慌に見舞われた後とされる。また、経済用語と並行して、おそれあわてる意でも用いられる。

共鳴《きょうめい》

物理学の用語で、英語resonanceの訳語。一八八八(明治二一)年の『物理学に用ゆる語の和英仏独対訳辞書』に収録されている。比喩的に、あることに共感する意味での使用も明治時代後期に見られる。

芸術《げいじゅつ》

英語artの訳語。一八七二(明治五)年の『和英語林集成』再版に収録。近世までは学芸・技術の意で用いられていたが、明治期に西洋文化の流入とともに、英語のartをはじめ、美の表現・創造を共通概念とするヨーロッパ各国語の訳語として用いられるようになった。当初は訳語として「美術」が用いられたが、明治三〇年ごろ「芸術」の語が定着した。

現象《げんしょう》

英語phenomenonの訳語。西周《あまね》が『利学』(一八七七)を翻訳する際に用いた。もとは仏教語で、「げんぞう」ともいい、形として現れること、また、その形の意。

権利《けんり》

英語rightの訳語。幕末ごろから使用される語で、漢訳の『万国公法』(一八六四)からの借用とされる。もとは中国の『荀子』にある言葉で、権力と利益の意。

公園《こうえん》

英語parkの訳語。欧米の公園制度の

導入とともに造られた語。一八六〇（万延元）年の遣米使節団の記録では「遊園」「逍遥《しょうよう》園」とあるが、一八七三（明治六）年に寺社境内や公有地を万人が楽しむ地として、「公園」と定める太政官布告が出て、一般化した。

肯定《こうてい》

英語affirmativeの訳語。明治初期、西周《あまね》が論理学の用語として造ったとされる。明治中期以降、一般に是認の意味でも用いられるようになった。対義語の「否定」も西によるもので、英語negationの訳語。ともに『哲学字彙』初版（一八八一）に収録。

個人《こじん》

英語individualの訳語。「個人」が一般に用いられる前は「一個人」あるいは「各個人」といっており、それらが略された語とされる。一八八二（明治一五）年、文部省訳『国家生理学』に「箇人」として記述が見られる。

社会《しゃかい》

英語societyの訳語。一八七五（明治八）年、新聞記者で小説家の福地桜痴《おうち》が「東京日日新聞」（一月一四日）で、「社会」に「ソサイチー」の振り仮名付きで用いたのが最初とされる。一八七七年ごろから一般に普及。もともとは中国宋の朱熹《しゅき》・呂祖謙《りょそけん》の共編になる儒学書『近思録』にある語。

自由《じゆう》

英語libertyまたはfreedomの訳語。心のまま、気ままの意の漢語からの借用。明治以前の一八六二（文久二）年刊の『英和対訳袖珍《しゅうちん》辞書』にlibertyの訳として見える。

主義《しゅぎ》

英語principleの訳語。明治初期に新聞記者で小説家の福地桜痴《おうち》が最初に用いたとされ、一八七七（明治一〇）年、久米邦武の『米欧回覧実記』に記述が見られるように、このころから頻繁に用いられるようになった。もとは漢語で、正しいと信じて守る主張の意。また、「主義」は-ismの訳語としても用い、中国へ逆輸出された。

常識《じょうしき》

英語common senseの訳語。『哲学字彙』初版（一八八一）に収録。一八八八（明治二一）年ごろまでは「常見」「常情」「通感」などが当てられたが、一八九二〜九三年ごろから「常識」の語が定着。日本から中国にも渡り、使用されている。

象徴《しょうちょう》

フランス語symboleの訳語。中江兆民が『維氏美学』（一八八三〜八四）を翻訳する際に用いたのが最初。その前の『哲学字彙』初版（一八八一）には「表号」とある。

人格《じんかく》

英語personalityの訳語。井上哲次郎の造語とされるが、『哲学字彙』（一八八一）や『改訂増補哲学字彙』（一八八四）には訳語として「人品」が当てられている。サトウ・石橋の『英和口語辞典』第三版（一九〇四）に「人格」と訳されており、明治後期には定着したものと考えられる。

人生観《じんせいかん》

ドイツ語Lebensanschauungの訳語。明治二〇年代から、ドイツ語のAnschauungの訳に「—観」が接尾語として成立するに伴って生じた語。

世紀《せいき》

英語centuryの訳語。当初は「百年」「世期」などさまざまな語が当てられていた。「世紀」の早い例はモンテスキューの『万法精理』（一八七六）（のちに『法の精神』）の鈴木唯一訳述の部分に一例見られるが、「世期」の誤表記とも考えられる。新聞・雑誌の記事、辞書の訳語などに用いられるようになったのは一八八二（明治一五）年ごろからとされる。

絶対《ぜったい》

英語absoluteの訳語。明治初期、哲学者の井上哲次郎が仏教語の「絶待」を「絶対」として、訳語に当てたもの。対義語の「相対」も井上によるもので、英語relativityの訳語。もとは漢語で向かいあう意。ともに『哲学字彙』初版（一八八一）に収録。

先天《せんてん》

ラテン語a prioriの訳語。もとは中国の『易経』にある語で、天に先立つ意。反対のa posterioriの訳語は「後天」で、これも同様に『易経』にある語で、天におくれる意。「先天」「後天」ともに、明治初期、西周によって訳語として用いられた。現在は「先天的」「後天的」のように用いることが多い。

哲学《てつがく》

英語philosophyの訳語。西周《あまね》が東方儒学と区別するために造った語。その前は「理学」「窮理学」「希哲学」「希賢学」などが試されたが、最終的には「哲学」が定着。

背景《はいけい》

英語backgroundの訳語。舞台の正面奥に描いた景色のことで、近代演劇の発達により、明治後期から用いられる語。ほぼ時期を同じくして、人や物の背後の風景、周囲の状況、物事の裏の事情など、演劇以外の意味でも用いられるようになった。

版権《はんけん》

英語copyrightの訳語。一八七三（明治六）年、福沢諭吉は自分の著作の海賊版が出回っていることに憤り、文部省に厳しく取り締まることを要求し、『版権論』を訳して東京都に提出。この時初めて「版権」が用いられた。明治一〇年代に入って、図書の奥付に「版権免許」の文言が入るようになり、「版権」が一般化。一八九九年、著作権法が制定され、版権は法律上、著作権に取って代わられた。

文化《ぶんか》

ドイツ語Kultur（英語culture）の訳語。古く漢籍に見られる語で、明治初期に、civilizationの訳語として「文明」とともに用いられ、ほぼ同じ意味で用いられた。明治三〇年代に入り、ドイツ哲学が浸透するにつれて、「文化」はドイツ語Kultur（英語culture）の訳語となり、「文明」とは区別して用いられるようになった。

理性《りせい》

英語reasonまたはドイツ語Vernunftの訳語。明治初期、西周《あまね》が哲学用語として用いた。『哲学字彙』初版（一八八一）にはドイツ語Vernunftの訳語として収録。ちなみに、仏教語では「りしょう」と読み、変わらない存在の本性、普遍の真理などの意。

理想《りそう》

英語idealの訳語。明治初期、西周《あまね》が哲学用語として用いた。『哲学字彙』初版（一八八一）に収録。哲学以外では、明治一〇年代終わりごろから「現実」に対する語として文芸を論ずる場などで盛んに用いられるようになった。

Ⅳ 様相

事態・状況

当たり前《あたりまえ》

当然であること。ふつうであること。かつて、共同で鳥獣や魚、穀物などを得たときの、一人当たりの分け前を「当たり前」といい、それを受け取るのは当然であることから意味が転じたとされる。

後の祭り《あとのまつり》

⇩197ページ（神道・祈禱）

芋蔓式《いもづるしき》

一つのことから、それに関連することが次々に現れること。サツマイモなどの蔓《つる》をたぐると、次々に土中の芋が連なって出てくることからたとえていう。

おじゃんになる

物事が途中でだめになる。失敗に終わる。一説に、物事がだめになる意で「じゃみる」といい、その連用形に接頭語「お」がついた「おじゃみ」が「おじゃん」へと変化したとされる。また、江戸時代に、火事の鎮火を知らせるために半鐘を「じゃん、じゃん」と鳴らしたことから、「じゃん」に詠嘆の「おお」をつけて「おおじゃん」、それが「おじゃん」と略されて、終わる意となり、さらに、だめになる意に転じたともいう。

がらんどう

⇩192ページ（仏教）

グロテスク

［フランス grotesque］異様で、無気味なさま。怪奇的なさま。古代イタリア語で「洞窟の」の意の grottesco に基づく語。ローマ遺跡の洞窟の壁画に描かれていた人間や動物の絵が奇怪だったことから、この意に用いられる。

三竦み《さんすくみ》

三者が互いに牽制しあって、身動きできない状態。ヘビはナメクジを、ナメクジはカエルを、カエルはヘビをそれぞれ恐れることからいう。中国の道家思想の書『関尹子《かんいんし》』にある記述に基づく。

順風満帆《じゅんぷうまんぱん》

物事が順調に運ぶこと。「順風」は、

船の進む方向に吹く風、追い風のこと。「満帆」は、風を受けて帆がいっぱいに張っていること。追い風を帆にいっぱい受けて船が順調に進むことからたとえていう。

しょっちゅう ⇩145ページ（文芸・書物）

杜撰 ずさん ⇩207ページ（故事・伝説）

図星 ずぼし ⇩127ページ（戦争・武器）

切羽詰まる せっぱつまる ⇩127ページ（戦争・武器）

瀬戸際 せとぎわ

成功か失敗か、勝つか負けるかなど、運命が決まる重要な分かれ目。「瀬戸」は両方から陸地がせまっている狭い海峡のことで、「瀬戸際」はその瀬戸と海との境をいう。そこは潮流が変わる所で、船が無事に通れるかどうか、まさに生死の境目であったことからたとえていう。

青天の霹靂 せいてんのへきれき

突然起こる異変や大事件のこと。「霹靂」は急にはげしく鳴る雷のこと。青く晴れた空に、突然雷が鳴り響くことからの形容。もとは、中国南宋の詩人陸游《りくゆう》の詩から出た言葉で、筆の勢いのはげしさをたとえていったもの。

台無し だいなし ⇩194ページ（仏教）

高嶺の花 たかねのはな

遠くから眺めているだけで、手に取ることができないもの。憧れの存在。「高嶺」は高い峰、高い山の意。高山に咲く花はただ眺めることしかできないことからのたとえ。

玉虫色 たまむしいろ

どのようにでも受け取れるあいまいな表現や方法。「玉虫色の答弁」のようにいう。「玉虫」はタマムシ科の甲虫。その羽が光線の具合で緑色や紫色に見えることからのたとえ。

つつがない

病気や事故などがなく、無事であるさま。漢字では「恙無い」と書く。痛いところがないの意で「つつがなし（痛処無）」、また、さわりがないの意で「つつみなし（障無）」、刺されると伝染病を起こす恙虫がいなければ安穏であることから、恙虫が無い意で「つつがなし（恙無）」となったとするなど、語源には諸説ある。

とんでもない

あってはならないさま。また、相手の言葉を強く否定して、まったくそんなことはないの意で用いる。「とでもない」が変化した語。一説に「と」は「途」で、道筋、道理に外れる意とする。また、そのようなの意の副詞「と」とする説もある。

どんぴしゃり

完全に一致すること。また、予想などが的中すること。「どん」は意味を強める接頭語で、「ぴしゃり」は少しの狂いもなくぴたりと合うさまを表す語。「どんぴしゃ」ともいう。

二進も三進もいかない《にっちもさっちもいかない》

⇩100ページ（経済・商売）

破竹の勢い《はちくのいきおい》

とどめることができない猛烈な勢い。竹は最初の一節に割れ目を入れると、あとは力を入れなくても一気に割れていくことからのたとえ。中国の歴史書『晋書《しんじょ》』にある言葉に由来。

引っ張りだこ《ひっぱりだこ》

人気があってあちらこちらから求められること。タコが頭や胴体、足を引っ張られて日に干される様子からたとえていう。一説には、空に揚がった凧《たこ》を大勢で引き合うことからともいわれる。古くは、磔《はりつけ》の刑に処せられることをいった。

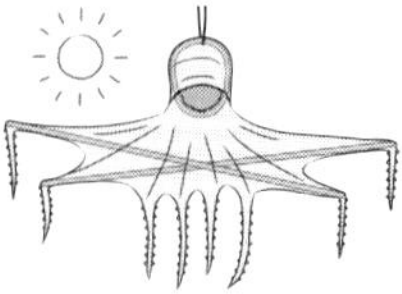

無事《ぶじ》

事故や過失がなく、平穏なこと。また、病気やけがをせず健康であること。本来は仏教語で、心に何のわずらいもない、こだわりのない状態をいう。何もないということは変わったことがないということ、すなわち平穏であることを意味する。

不思議《ふしぎ》

常識や理性では到底理解したり納得したりできないこと。「不可思議」の略で、「思議」は思いはかる、考える意。本来は仏教語で、心で思いはかることも言葉で言い表すこともできないことをいい、仏菩薩の知恵や神通力、経典に説く種々の行為など、思慮や言語の及ばない境地をさす。

満遍《まんべん》なく

隅々まで行き届いて。「満遍」は仏教語で、平均・平等の意。転じて、行き渡ることをいう。「満遍なく」は形容詞「満遍ない」の連用形で副詞として用いる。この「ない」は、意味を強調して形容詞化する接尾語で、「せつない」「はしたない」の「ない」と同じ。

無残《むざん》

むごたらしく、痛ましいこと。本来は仏教語で、「無慙」「無慚」と書き、罪を犯しながら、自らを省みて恥じないことをいう。「慙」は恥ずかしく思う意で、「慚」は異体字。転じて、残酷なこと、さらに、残酷な状態にあって痛ましい意となり、「無残」または「無惨」を当てて書くようになった。

胸付《むなつ》き八丁《はっちょう》

山頂付近の険しい登り道。転じて、物事を成し遂げるのにいちばん苦しい時期、正念場のたとえ。もとは、富士登山で、頂上まであと八丁（約八七二メートル）の最後の険しい登り道のことをいった。「胸突き」は、山や坂などのけわしく急なところ。

目鼻《めはな》が付《つ》く

おおよそ出来上がる。また、見通しがつくこと。人形を作るとき、最後に目や鼻をつけて仕上げることから、完成間近の状態をたとえていう。

もぬけの殻《から》

人が逃げ去ったあとの寝床や住居。また、魂の抜けてしまった死骸。もとは、「もぬけ（蛻）」はヘビやセミなどが脱皮することで、「もぬけの殻」は脱皮したあとの抜け殻をいう。

埒《らち》が明《あ》かない

⇩198ページ（神道・祈禱）

レトロ

［英 retro］懐古的・復古調であること。retrospective の略で、原義は過去を振り返る。retro- はさかのぼっての意の接頭語で、spect は見る意。

輪《わ》を掛《か》ける

物事をいっそう甚だしくする。輪をかけて一回り大きくする意。同じ意味で、「しんにゅうを掛ける」ともいうが、「辶（辵）」をつけると字が一回り大きくなることからいう。

程度・段階

今一《いまいち》

少し不足していて、物足りない。「今一《ひと》つ」の「一つ」を「一《いち》」と言い換えた語。「今」はあと、もう、の意。

いろは

⇩144ページ（文芸・書物）

大袈裟《おおげさ》

⇩191ページ（仏教）

折り紙付き《おりがみつき》

絶対に確かだと保証できること。この「折り紙」は奉書紙や鳥の子紙などを二つ折りにしたもののことで、もとは書画や骨董、刀剣などの鑑定書に用いられた。鑑定保証の折り紙が付いていること、また、その物を「折り紙付き」と呼んだことから、一般に、保証付きという意味にも用いられるようになった。

極め付き《きわめつき》

確かなものとして定評があること。本来、書画や刀剣、骨董などの鑑定書の「極め書き」が付いていることをいい、そこから転じて、保証付きの意となった。「極め付きの悪《わる》」のように、悪い意味でも用いる。

完璧《かんぺき》

⇩204ページ（故事・伝説）

桁違い《けたちがい》

程度や規模が他とはかけ離れていること。「桁」はそろばんの玉を通した縦の棒のこと。また、数の位、位取りの意。数の位取りを間違えると計算に大きな差が出ることからのたとえで、「桁外れ」ともいう。

所詮《しょせん》

結局。つまるところ。多く下に否定的な語を伴って、どうせ、到底の意味で、「所詮かなう相手ではない」「所詮しがないサラリーマンだ」のように用いる。詮ずる所の意。仏教では、経文の文句によって表される理《ことわり》をいう。

関の山《せきのやま》

これ以上はできないという限度。精いっぱい。また、せいぜいこの程度といった意味合いでも用いる。「関」は東海道五十三次の四七番目の宿場町である、伊勢の「関宿《せきじゅく》」（三重県亀山市）、「山」は祭りの山車のこと。ここの祭礼は江戸時代から続く伝統行事で、最盛期には一六基もの山車があり、互いに華美を競い合い、家々の軒先をかすめるように巡行した。山車が勢ぞろいすれば狭い街道はそれだけで埋まってしまい、身動きもとれないほどであったことから、精いっぱいの意が生まれた。

高が知れる《たかがしれる》

程度がわかっている。たいしたことはない。「高」は物事が行き着くところ、限界を表し、所詮行き着くところは知れているの意。

ちょろい

簡単である、たやすい意を表す俗語。古くは、内容が乏しくて取るに足らない、つまらない意で用いられ、そのようなものを処理したり打ち負かしたりするのは容易なことから、たやすい意に転じた。

月並み《つきなみ》 ⇩145ページ（文芸・書物）

とどのつまり

結局。つまるところ。「とど」は魚のトド（鯔）のことで、ボラの成長したもの。ボラは出世魚で、成長するに従って、オボコ・スバシリ・イナ・ボラなどと呼び名が変わり、最後はトドという名になることからいう。ちなみに、「イナ」「ボラ」も漢字では「鯔」と書く。

目一杯《めいっぱい》 ⇩100ページ（経済・商売）

滅法《めっぽう》 ⇩196ページ（仏教）

目安《めやす》

目当て。目標。基準。平安時代には見た目に感じがよいことの意で用いられていたが、のちに、文書を読みやすくするために箇条書きにすること、また、その文書のことをいうようになり、転じて、目当て、目標の意が生じた。ちなみに、鎌倉・室町時代には箇条書きにした訴状を、江戸時代には単に訴状のことを「目安」といった。徳川八代将軍吉宗によって設けられたことで知られる「目安箱」は庶民の訴えを投書するためのもの。

国字の由来

国字は日本で作られた漢字で、そのものの意味や音を偏や旁《つくり》で表す。左にいくつか例を挙げ、その成り立ちを説明する。ほかにも、たとえば魚の「鱚《きす》」「鯰《なまず》」「鱩《はたはた》」、木の「栃《とち》」「柾《まさき》」「栂《つが》」、風の「颪《おろし》」など、日常よく使い、目にする字の中に多くの国字がある。また、「腺」のように中国に逆輸入された字もある。

鰯《いわし》 「魚」＋「弱」。弱く死にやすい魚の意。「よわし（弱し）」が音変化した語とされる。

俤《おもかげ》 「イ（人）」＋「弟」。弟には兄のおもかげを見ることができることから。

裃《かみしも》 「ネ（衣）」＋「上」＋「下」。江戸時代の武士の礼装で、上に肩衣《かたぎぬ》、下に袴《はかま》を着けることから。

凩《こがらし》 「几（風）」＋「木」。木を枯らす風の意。

榊《さかき》 「木」＋「神」。神を祭るときに用いることから。

笹《ささ》 「竹」＋「世」。「世」は「葉」の一部ともされるが詳細は不明。

鴫《しぎ》 「田」＋「鳥」。渡り鳥で、秋の刈り入れのすんだ田でよく見かけることから。

躾《しつけ》 「身」＋「美」。身のこなしを美しくするように仕込む意。

腺《せん》 「月（肉）」＋「泉」。動物の体内にある分泌組織の意。現在は中国でも用いられる。

鱈《たら》 「魚」＋「雪」。雪の季節にとれることから。現在は中国でも用いられている。

辻《つじ》 「辶」＋「十」。道が十字に交差する意。

峠《とうげ》 「山」＋「上」＋「下」。山道で上り下りの分岐点をいうことから。

凪《なぎ》 「几（風）」＋「止」。風が止む意。

鳰《にお》 「入」＋「鳥」。カイツブリの古名で、水にもぐることから。

畑《はたけ》 「火」＋「田」。山野を焼いて作った農地の意。「畠」とも書くが、中国で水田に対してはたけを「白田《はくでん》」ということから、「白」と「田」を一字にまとめたもので、これも国字。「はた」ともいう。

働《はたらく・どう》 「イ（人）」＋「動」。人が働く意。

麿《まろ》 自分のことをいう和語「まろ」を、「麻（ま）」と「呂（ろ）」の音を組み合わせて表したもの。

裄《ゆき》 「ネ（衣）」＋「行」。背中の中心の縫い目から袖口までの長さ。「行」は道のり、行程を意味する語で、ゆき（行き）の意。

V 人間

性別・年齢・職業・立場

◆男性

御曹司《おんぞうし》 ⇩57ページ（住居・建築）

旦那《だんな》

商家などの主人。一家の主人。夫。また、芸者や役者などのパトロン。商人などが男性客を呼ぶときにも用いる。本来は仏教語で、「檀那」と書き、寺院や僧侶に布施をする信者のこと。梵語 dāna pati の音訳「檀那波底」の略で、dāna は布施、施しの意。

亭主《ていしゅ》 ⇩59ページ（住居・建築）

息子《むすこ》

親から見て、男の子ども。「生《む》す子」の意。「生す」は生まれる意で、漢字の「息《そく》」も同義。本来は男女どちらも指しうる言葉であるが、女の子どもの場合は「むす」に女性を表す「め」をつけて「むすめ」という。漢語では「子息《しそく》」という。

宿六《やどろく》

夫。亭主。妻が親しみを込めて、あるいは軽んじていう語。宿のろくでなしの意。「宿」は家のこと、「六」は擬人化するための語で、お人好し、愚か者を「甚六」というのと同じ。⇩240ページ「総領の甚六」

やもめ

妻を失って独りでいる男性。また、夫を失って独りでいる女性。未亡人。本来は、独り居て家を守る女、「屋守女《やもめ》」の意で、女性を指していい、男性は「やもお」といった。女性は「寡婦」「寡」「孀」、男性は「鰥夫」「鰥」と当てて書く。

野郎《やろう》

男性をののしっていう語。また、「野郎はどこへ行った」のように、男性を荒っぽくいうときに用いる。もとは、若い男のことで、江戸時代には前髪をそり落として一人前になった若者をいった。「わらは（童）」が「わらう」となり、さらに「やろう」と変化した語とされる。

女性

奥様 おくさま
⇩56ページ（住居・建築）

お局様 おつぼねさま
長く勤める女性社員をからかっていう語。「局」は宮中や公家・武家などに仕える、局（部屋）を与えられた身分の高い女官のこと。江戸時代には、三大将軍徳川家光の乳母「春日局《かすがのつぼね》」がよく知られる。権力者の陰で実権を握ることもあったことから、社内で古株として幅をきかす女性社員をからかっていう。

年増 としま
娘盛りを過ぎて、やや年を取った女性。年上の意の「としまし」「としまさり」を略していう語で、もとは遊郭で盛りを過ぎた遊女に対して用いられた。江戸時代には、二〇歳前後をいい、二三、四歳から三〇歳くらいまでを中年増《ちゅうどしま》、それより上を大《おお》年増《どしま》といったが、現在では年増といえば三〇歳から四〇歳くらいの女性を指す。

女房 にょうぼう
⇩60ページ（住居・建築）

夫人 ふじん
他人の妻を敬っていう語。名前につけて「山本夫人」のように接尾語的にも用いる。「夫」は「扶《ふ》」で、夫を助ける意。

婦人 ふじん
成人した女性。「婦」は箒《ほうき》を持つ女、家事に服する女の意。女性蔑視につながるとして、現在は「女性」を用いることが多い。

未亡人 みぼうじん
夫に死なれた女性。夫といっしょに死ぬべきであるのに、まだ死なない人の意。本来はその女性の自称であったが、のちに、他人から指していう語となった。

娘 むすめ
親から見て、女の子ども。また、未婚の若い女性。⇩228ページ「息子《むすこ》」

妾 めかけ
本妻のほかに養い、愛している女。「目を掛ける」の意からで、古くは「目掛」とも書いた。現在は同義の漢語から「妾」を当てる。

山の神 やまのかみ

妻のこと。夫が何かと口うるさい妻をからかい半分にいう。本来は山を守り支配する神のことで、古くから畏怖の対象とされた。山の神の多くは女性で、醜く嫉妬《しっと》深いことからたとえていう。また、深山に住むという鬼女、山姥《やまうば》伝説も大いに関係があるとされる。

◆若者・子ども

餓鬼 がき

⇩192ページ(仏教)

学生 がくせい

学校で教育を受けている者。特に、大学で学ぶ者をいう。古くは「がくしょう」と読み、大学寮・国学などで官吏となるために学ぶ者や、寺院で学問をする者を指した。近世に入って、一般に学問をする者を「がくせい」と呼ぶようになり、明治時代にstudentの訳語として定着した。

ギャル

[英 gal] 若い女性。女の子。英語のガール(girl)がなまった語。一九七二(昭和四七)年、Galsという女性用ジーンズが流行したことから広まった。

弱冠 じゃっかん

男子の二〇歳の異称。また、年が若いこと。「弱冠一八歳でチャンピオンになった」のように、二〇歳前後の若い年齢につけていう。古代中国で、男子の二〇歳を「弱」といい、男子は元服して冠をかぶったことによる。『礼記《らいき》』(典礼-上)に「二十を弱冠と曰《い》ふ」とある。

ヒッピー

[アメリカ hippie] 長髪で奇抜な服装をし、自由で型にはまらない若者。本来は、一九六〇年代、ベトナム戦争中のアメリカで、反戦の立場をとり、既成の価値観を否定し、自然回帰などを主張・実践した若者たちを指す。最新流行の事情に明るい、とんでいる、かっこいいなどの意の俗語hipが変化した語。

坊っちゃん ぼっちゃん

他人の男の子を親しんでいう語。転じて、世間知らずの男性をいう。「坊」は男の子の意。古くは尊称として「坊様」「坊さん」、愛称として「ぼうちゃん」などと呼び、促音便化した「ぼっちゃん」は幕末ごろから用いられる。

ヤンキー

人目につく派手なファッションで、つっぱっている若者。もとは大阪の若者言葉で、やくざの「やーさん」、あるいは、語尾に使う「…やんけ」が変化したものとされる。また、大阪のアメリカ村に出入りし、そこで買ったアロハシャツにだぶだぶのズボンを履いた格好がヤンキー（アメリカ人）みたいだったことから出たともいわれる。

◆職業・仕事

尼《あま》

出家して仏門に入った女性。梵語ambā、または古代インドのパーリ語で母・女性の意のammāによるとされる。ちなみに、髪を肩のあたりで切りそろえたことから、その髪型のこともいい、室町時代にはおかっぱ頭の童女を親しみをこめて呼ぶようになった。近世以降、少女や女性をののしっていう語としても用いられ、「阿魔」「阿摩」とも当てて書く。

海女《あま》

海に潜って貝や海藻などをとる女性。「あまびと（海人）」の略。また、「あおうみ（蒼海）」からの転ともいう。上代では漁業に携わる人を男女ともに「あま」と呼んだ。のちに、女性が潜り、男性が海上で命綱を持つという形が定着し、主に女性を指すようになった。漢語から「蜑」を当てるほか、男性は「海人」「海士」と書く。

アルバイト

［ドイツ Arbeit］本業の傍らでする仕事。また、それをする人。旧制高等学校の学生語から。ドイツ語は労働、仕事、勤め口、勤務などの意で用い、副業の意味はない。

OL《オーエル》

女性の事務員。一九六三（昭和三八）年、雑誌『女性自身』の公募によって選ばれた和製語「オフィスレディー（office lady）」の頭文字から。

左官《さかん》

⇩85ページ（政治・制度）

サラリーマン

給料をもらって生活する人。英語「サラリー（salary）」は俸給、給料の意で、ラテン語 salārium（塩代としてローマの兵士に与えられた銀貨）に基づく。サラリーマンは和製語で、英語では一般にoffice worker、職種でbank clerk（銀行員）のようにいう。

スパイ

［英 spy］国家・企業などの秘密を探る人。間諜《かんちょう》。密偵。ラテン語で、見る、観察する意のspecere から。

大工 だいく

⇩86ページ（政治・制度）

知事 ちじ

都道府県の行政を統括し、これを代表する首長。本来は仏教語で、事をつかさどる意の梵語 karma-dāna の漢訳。禅宗では寺院の庶務を担当する役職をいう。中国では州や県などの地方の長官の名称に転用され、日本では明治時代から地方自治体の長の名称として用いられる。

ニート

［英 NEET］就学も就職もせず、職業訓練も受けていない、若者の無業者。not in education, employment or training の頭文字から。一九九九年、イギリス政府の内閣府による調査報告書で始めて用いられた言葉。日本の厚生労働省は、非労働者で、通学も家事もしていない、一五～三四歳の者と定義づけている。

パーサー

［英 purser］船の事務長。旅客機の客室乗務員の責任者。財布の意のpurse に基づく語で、中世英語では財布を作る職人をいい、さらに、財布を預かる人の意で、船の事務長、海軍の主計官をいった。旅客機の客室乗務員の意での使用は新しい。

バーテンダー

［英 bartender］バーで酒類の調合などをする人。バー（bar）は酒場、テンダー（tender）は世話をする人の意。日本語では、略して「バーテン」ともいう。

パートタイマー

［英 part-timer］正規の勤務ではなく、時間制で働く人。「パート」は一部分の意。「パートタイム」は就業時間全体の一部分の就業、非常勤を意味し、全時間（就業）、常勤の「フルタイム」に対していう。

パイロット

[英 pilot] 航空機の操縦士。また、船の水先案内人。ギリシア語で櫂《かい》、舵《かじ》を意味するpēdónに基づく語。舵取りのpēdṓtēs がイタリア語でpiloto あるいはpilota（水先案内人）となり、フランス語の pilote を経て英語のpilot となった。

博士《はくし》

学位の一つ。また、その学位を持っている人。古くは、律令制下で、大学寮・陰陽寮などに属した教官をいった。「博」は広い、「士」は学問や知識によって身を立てる人の意。「はかせ」とも読んで、「昆虫博士」や「鉄道博士」のように、ある特定の学問や分野に詳しい人、物知りの意味でも用いる。

プータロー

定職につかずにぶらぶらしている人。もとは、終戦後、横浜の日雇い港湾労働者のことを「風太郎《ぷうたろう》」と呼んだところから、広まったとされる。

フーテン

定職を持たず、異様な風体で盛り場などをたむろする人。また、家も定職ももたず、放浪生活をする人。もとは「瘋癲《ふうてん》」と書き、常軌を逸した行動をすること、また、そういう人をいった。

フリーター

定職につかず、アルバイトで生活する人。英語の「フリー（free）」とドイツ語の「アルバイター（Arbeiter）」を合わせた「フリーアルバイター」の略。

◆立場

相棒《あいぼう》

仕事などを一緒にする仲間。江戸時代に駕籠《かご》やもっこなどを棒で担ぐとき、お互いに相手を相棒と呼んだことによる。ちなみに、棒の片方を担ぐ者を「片棒」、棒の先を担ぐ者を「先棒」、棒の後ろを担ぐ者を「後棒《あとぼう》」という。相棒はよい意味に用いることが多いが、片棒、先棒、後棒は悪事に荷担する者や人の手先など、悪い意味合いで用いることが多い。

アマチュア

[英 amateur] 技芸や学問などに職業としてではなく趣味や余技で携わる人。素人。略して「アマ」ともいう。ラテ

ン語で愛する人の意の amātor から。

許嫁《いいなずけ》

親同士が決めた幼時からの婚約者。また、単に婚約者の意味でも用いる。歴史的仮名遣いは「いいなづけ」。口頭で自分の子どもをある人と結婚させる約束をすることを「言い名付ける」といい、その動詞の連用形が名詞化した語。漢語から「許婚」と当てて書く。

居候《いそうろう》 ⇩84ページ（政治・制度）

大御所《おおごしょ》 ⇩56ページ（住居・建築）

親玉《おやだま》 ⇩192ページ（仏教）

カリスマ

［ドイツ Charisma］英雄や預言者などに見られる、超人間的、超日常的な資質。ギリシア語に基づく語で、原義は「神の賜物」。ドイツの社会学者・経済学者のマックス・ウェーバー（一八六四～一九二〇）はこの資質をもつ指導者による支配をカリスマ的支配と呼び、伝統的支配、合法的支配とともに支配類型の一つとした。近年は特にすぐれた能力や技術を持っていて、その世界では神様のように思われている人を指して、たとえば「カリスマ美容師」のようにいうことがある。

草分け《くさわけ》

物事を初めて行うこと。また、その人。もとは文字通り、草を分けながら押し進む意。江戸時代に、未開の地を切り開いて町や村の基礎を築くことやその人のことをいうようになり、さらに、物事を創始すること、また、創始者の意へと展開した。

玄人《くろうと》

その道に熟達した人。専門家。江戸時代に「素人《しろうと》」に対してできた語。「白」に対しての「黒」で「くろひと（黒人）」、それが「くろうと」と音変化。「黒」よりも「玄」のほうが深遠の意を表すことから、「玄人」と書くようになった。⇩235ページ「素人」

公僕《こうぼく》

役人、公務員の呼称。「僕」はしもべ、召使い。英語 public servant の訳語で、公衆、社会に奉仕する者の意で造られた和製漢語。

腰巾着《こしぎんちゃく》

いつもある人のそばにいて、付き従う者。「巾着」は、口をひもでくくるようにした小さな袋物のこと。金銭や薬などを入れ、主に男性が腰に下げて持ち歩いた。そこから転じて、多くは目上の人にべったりとくっついて、ご機嫌を取るような人をさげすんでいう。

⇩61ページ「巾着」

獅子身中の虫《しししんちゅうのむし》

内部の者でありながら、組織に害を与えたり、恩をあだで返したりする者のこと。本来は仏教で、仏の弟子でありながら仏教に害をなす者のことをいった。「梵網経《ぼんもうきょう》」にある言葉で、獅子の体内にすむ虫が獅子の肉を食べて、ついには倒してしまうという意からたとえていう。

四天王《してんのう》

ある分野で最もすぐれた四人のこと。本来仏教で、帝釈天《たいしゃくてん》に仕える、持国天《じ》・広目天《こうもくてん》・増長天《ぞうちょうてん》・多聞天《たもんてん》の四神のこと。須弥壇《しゅみだん》の四隅に置かれ、それぞれ東方・西方・南方・北方の方角を守るとされる。

持国天　多聞天　広目天　増長天

素人《しろうと》

技芸などに熟達していない人。そのことを職業・専門としていない人。「しらひと」が室町時代に「しらうと」に、さらに江戸時代に「しろうと」と音変化し、「素人」と当てて書くようになった。「しら」は「白」の意。白は何色でもない地の色であることから、人が特別の身分や職業、状態ではないことにたとえられる。⇩234ページ「玄人《くろうと》」

大黒柱《だいこくばしら》

⇩59ページ(住居・建築)

提灯持ち《ちょうちんもち》

他人の手先となって、頼まれもしないのにその人の長所などをことさらほめて回ること。また、それをする人のことで、あざけっていう。もとは、夜道を歩くときや葬儀などで、提灯を持って人の前に立ち、先導する役目の人をいった。

フィクサー

〔英 fixer〕 事件やもめ事などを不正手段で仲介・調停して報酬を受ける黒幕的な人物。一九七六（昭和五一）年のロッキード事件の児玉誉士夫《よしお》の役回りをアメリカ議会でこう呼んだところから、日本でも用いられるようになった。fixの原義は物を取り付ける、固定する意。-erは人を表す接尾語。

懐刀《ふところがたな》 ⇩131ページ（戦争・武器）

プロフェッショナル

〔英 professional〕 技芸・学問などに職業として携わる人。専門家。略して「プロ」ともいう。動詞 profess は古くは知識や技能があると主張する意で用いられ、その名詞形 profession（専門的職業、知的職業の意）がさらに形容詞・名詞化した語。profess はラテン語からで、原義は公言する、明言する。

ベテラン

〔英 veteran〕 経験を積み、その道に熟達した人。熟練者。本来は、古参兵、老兵の意。ラテン語のveterānusに基づく語で、veter-は年を取った、老いたの意。英語では、戦闘・従軍経験のある退役軍人の意でも用いる。

人称を表す言葉

私《わたし》 一人称。男女ともに用い、自分を指す最も普通の言葉で、「わたくし」の「く」が脱落したもの。「わたくし」は男女ともに丁寧な言い方として、主に目上に対して用いる。「われつくし（我尽）」の意とする説、「わ」は「われ（我）」の意で、「し」は「うし（大人）」や「いまし（汝）」の「し」と同根とする説などあるが、語源は未詳。

僕《ぼく》 一人称。男性が親しい同輩や目下の者に対して用いる。「僕」はしもべ、召使いの意で、本来へりくだっていう語。江戸時代の漢文から「ぼく」の形で書生や青年などが使用し、明治期に広まった。現在では主に子どもから成人前後まで用い、それ以降は親しい間柄を除いて「わたし」を用いることが多い。

俺《おれ》 一人称。主に男性が改まらない場面で同等または目下の者に用いる。もとは貴賤男女の別なく使われた。「おのれ」の略で、古くは二人称として下位の者に軽蔑の意を込めて用いた。

手前《てまえ》

一人称。自分を謙遜していう語で、「手前どもにお任せください」のように用いる。古くは二人称として、対等あるいは目下の者に対して用いた。自分の目の前、自分の領域・領分の意。

あなた

二人称。対等または目下の者に対して軽い敬意をもって用いる。また、妻から夫を呼ぶ語。平安時代に、話し手・聞き手の両方から離れた場所・方向・時・人を表す遠称として用いられた「彼方《あなた》」が、転じて、あちらの人の意で三人称の代名詞となり、江戸時代中期に、「おまえ」に代わって、最高位の敬意を表す二人称の語として用いられるようになった。明治・大正時代初期までは比較的敬意が高かったが、現在は敬意が薄れ、目上に対しては用いない。一般に男性は「貴方」、女性は「貴女」と書き分ける。

お前《おまえ》

二人称。対等または目下の者に対して用いる。主に男性が親しみをこめていうが、時には乱暴な言い方となる。古くは、神仏や貴人の前を敬っていう語で、「御前」は「おんまえ」「ごぜん」「みまえ」ともいった。それが、貴人に対しての二人称となり、やがて、目上の人に対して敬意をもっていう語となった。江戸時代初めごろまでは、相手も、また、使う側も男女の区別なく使用。江戸時代後期になって、敬意より親愛の意をこめて対等または目下の者に用いられるようになり、今日に至る。

君《きみ》

二人称。主に男性が親しい同輩や目下の者に対して用いる。本来は、主君、君主の意。上代では「あのかた」の意で、多く女性が男性を敬愛の意を込めて呼ぶのに用い、中古以降は男女に関係なく、親愛の意を込めて用いられた。

あいつ

三人称。人を軽蔑していう。また、内輪の親しみの意を込めて、「あいつは本当はいいやつなんだ」のように用いる。「あやつ（彼奴）」の転じた語。

奴《やつ》

三人称。人を卑しめていう。また、対等あるいは目下の者を親しんでいい、多く男性が用いる。「やつこ・やっこ（奴）」の省略形。「やつこ」は「家《や》つ子」の意で、下僕のこと。本来、下僕を指したものがののしり言葉となった。親しみを込めて「やっこさん」ともいう。

彼《かれ》

三人称。男性を指していう。上代から遠称として用いられ、明治期までは話し手、相手以外の人を指す語として、男性にも女性にも用いた。明治期以降、英語のheの訳語として一般化。

彼女《かのじょ》

三人称。女性を指していう。英語のsheの訳語で、彼に対して用いる。当初「かのおんな」「あのおんな」と読まれたが、明治一〇年ごろから「かのじょ」になって一般化。

人の評価

青二才《あおにさい》

まだ年若く、未熟な者。若造。軽蔑していう。「青」は未熟の意。「二才」は若者の意の「新背《にいせ》」が変化したとも、また、ボラなどの生後二年目の稚魚を「二才」といったことからたとえたともされる。

悪玉《あくだま》

⇩143ページ（文芸・書物）

浅はか《あさはか》

思慮が足りず、愚かなさま。「あさ」は「浅し」の語幹。程度が軽い、少しなどの意で、「浅知恵」「浅黒い」のように名詞や形容詞の頭につけて用いられる。「はか」は量の意。もとは、物の深度や奥行き、考えや思いやりなどの程度が足りないことをいった。「浅墓」とも書くが、「墓」は当て字。

あばずれ

悪く人ずれしていて、厚かましい人。特に、女性に対していうが、古くは男女ともに用いた。「あば」は中国語の、年老いた女性をいう「阿婆」から、それに「すれからし」の「すれ」がついたもので、「阿婆擦れ」と書く。ただし、「あば」については諸説あり、「阿婆」は当て字で、「おば（伯母・叔母）」がなまった語とも、「あばれもの（暴れ者）」が変化した語ともいう。

あんぽんたん

愚か者をののしっていう語。江戸時代から用いられる。「あほう（阿呆）」から転じた「あほたら」「あほ太郎」をよく使われた「万金丹《まんきんたん》」などの薬の名になぞらえていったものとされ、「安本丹」と書く。

いなせ

粋で男気がある若者。また、その気風。「鯔背」と書く。「いな」は魚のボラの幼魚のこと。その「いな」の背に似た髪型を「鯔背銀杏《いちょう》」といい、江戸日本橋の魚河岸の若者がその髪型を好んで結ったことからいうようになったとされる。

鯔背銀杏
〈江戸年中行事図聚〉

また、新吉原で、勇み肌で美声の男が歌って歩いた小唄に「いなせ（去なせ）とも…」の文句があり、そこからきているとする説もある。

いぶし銀《いぶしぎん》

渋くて味わいのあるもののたとえ。本来は、硫黄でいぶして、表面を灰色にくすませた銀のこと。地味で華やかさはないが、長年の経験につちかわれた渋みのある芸などを評価するときに、「いぶし銀のよう」などと形容する。

烏合の衆《うごうのしゅう》

規律も統一もなく群がり集まっている人々。「烏合」はカラスの群れのこと。カラスは群れ集まってもそれぞれがばらばらで、まとまりがないところからのたとえで、けなしていう。古くは中国の歴史書『後漢書』にこの言葉が使われている。

有象無象《うぞうむぞう》

種々雑多なつまらない人々。群がり集まるくだらない連中を卑しめていう。本来は仏教語で、宇宙に存在する有形・無形のすべてのもの、森羅万象をいう。「象」は形の意。

梲が上がらない《うだつがあがらない》

⇩56ページ（住居・建築）

独活の大木《うどのたいぼく》

図体ばかり大きくて、役に立たない者をけなしていう。「独活」はウコギ科の多年草。春先の若い芽や茎は食用になる。成長すると二メートル近くにもなるが、食べられず、かといって木のように使い道があるわけでもないことからのたとえ。

落ちこぼれ《おちこぼれ》

社会生活で、取り残されること。また、その人。特に、学校の授業についていけない児童・生徒のことをいい、昭和五〇年代初めに盛んに用いられるようになった。もとは、稲の落ち穂など落ちて散らばったもの、また、残り物のことをいう言葉。

お眼鏡にかなう《おめがねにかなう》

目上の人に認められ、気に入られること。この「眼鏡」はものの善悪・可否などを見抜く力、鑑識眼の意。接頭語の「お」をつけずに、「眼鏡にかなう」ともいう。ちなみに、評価や判断を誤ることは「眼鏡違い」

「眼鏡が狂う」のようにいう。

乳母日傘《おんばひがさ》

子どもを過保護なくらい大切に育てること。「おんば」は「おうば」の転で、母親に代わって乳を飲ませ、子どもの世話をする女性、「うば」のこと。うばをつけ、外に出るときは日傘で覆って日差しから守る意で、そのように甘やかされて育った人をけなしていう。

風上にも置けない《かざかみにもおけない》

性質や態度が卑劣な者をののしっていう。特に、ある種の集団や仲間の中で、「あいつは学者の風上にも置けない」のように用いる。悪臭を放つものを風上に置くと、風下にいる人はその臭気が漂ってきてたまったものではないことからいう。

玄人はだし《くろうとはだし》

素人《しろうと》でありながら、技芸が専門家のようにすぐれていること。玄人がはだしで逃げ出すの意。

ごろつき

一定の住所も職もなく、あちこちうろついては悪事を働くならず者。ごろごろ転がる意の動詞「ごろつく」の連用名詞形。石ころがごろごろしているような生活をしていることからいう。

隅に置けない《すみにおけない》

思いのほか才能や知識、技量があって、軽視できない。その人の意外な能力を見聞きしたときなどにいう。「隅」は中央から離れた端の方、すみっこのことで、そんな目立たない所に置いておけないの意。

善玉《ぜんだま》 ⇩143ページ「悪玉《あくだま》」

善男善女《ぜんなんぜんにょ》

信仰に厚い人々。一般に、善人であるすべての人々の意でも用いる。本来は仏教語。「善男子善女子《ぜんなんしぜんにょし》」の略で、仏法に帰依した在俗の人々のことをいう。「善男子」「善女子」はもとは良家の息子・娘を意味し、有徳で教養があることから、正しい信仰をもつ人の意へ転じた。

総領の甚六《そうりょうのじんろく》

長男・長女は弟や妹に比べて大事に育てられるので、えてして、おっとりしていて鈍い者が多いということ。「総領」は家名を継ぐ子、跡取りのことで、「惣領」とも書く。「甚六」も長子の意で、かつて長子は年齢の順により父から家禄を継いだことから、「じゅんろく（順禄）」の転ともいう。

達者《たっしゃ》

物事に熟達しているさま。「達者な字を書く」「口が達者だ」のように良い意味にも悪い意味にも用いられる。また、体が丈夫なさまにもいう。「達」は悟る、物事に通じている、の意。本来は漢語で、広く物事の道理に通じた人のこと。

伊達《だて》

意気や男気をことさら示そうとすること。しゃれていて粋なこと。また、外見を飾って見栄を張ること。人目に「立つ」意からとも、男を「立てる」意からともいい、「伊達」は当て字。俗に、戦国時代の武将で、仙台藩主の伊達政宗は隻眼《せきがん》で、その負い目を隠すためにことさら派手に振る舞い、上洛の際には自ら着飾るとともに家臣にも同じようにさせ、京中でその振る舞いや姿が目立ったことから、彼らのようなおしゃれを「伊達」というようになったという。

タフガイ

［英 tough guy］たくましい男。頑強な男。「タフ」は強い、頑丈な、「ガイ」は口語で男、やつの意。一九五九（昭和三四）年、日活が石原裕次郎のニックネームとしたことから広まった。

玉に瑕《たまにきず》

完全と思われるものの中にある、ごくわずかな欠点。「人はよいが短気なのが玉に瑕だ」のようにいい、人以外に物・物事についても用いる。「玉」は宝石、「瑕」は玉の表面についたきず。美しい宝石にきずがあるの意で、中国の『論衡《ろんこう》』『淮南子《えなんじ》』などにある言葉。

ちゃきちゃき

血統に混じりけがなく、生粋であること。「ちゃきちゃきの江戸っ子」のようにいう。また、勇み肌ではきはきしているさまをいう。嫡子から嫡子へと家を継ぐこと、正統の血筋であることを意味する「ちゃくちゃく（嫡嫡）」の音変化した語。「嫡」は正妻、また、正妻の生んだ家督を継ぐ子の意。

潰しが効く《つぶしがきく》

今の仕事を辞めても、ほかの職業で

やっていける能力が十分ある。「潰し」は、金属製の器物を溶かして地金にすること。金属製品は潰しても再び役に立つことからたとえていう。

頭角を現す　とうかくをあらわす

学問や才能などが群を抜いてすぐれ、目立つようになる。「頭角」は頭の先の意。出典は中国唐の詩人韓愈《かんゆ》の「柳子厚墓誌銘」から。

薹が立つ　とうがたつ

人間としての盛りが過ぎる。特に、結婚の適齢期が過ぎることをいう。「薹」は大根や菜の花、蕗《ふき》などの花茎のこと。薹が伸びると固くて食べられなくなることからのたとえ。

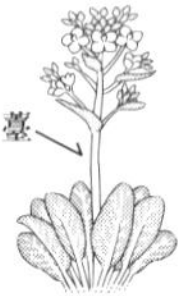

とんちき

ぼんやりしていて、気のきかないこと。また、その人。まぬけ。のろま。「とんま」の「とん」に「高慢ちき」などの「ちき」がついた語。また、擬人化して「とんきち（頓吉）」といい、「きち」を倒置した語ともいう。⇩とんま

とんちんかん

とんまなことをする人。また、話などが行き違うこと。つじつまが合わないこと。鍛冶屋の相槌《あいづち》を打つ音がずれて、「とん」「ちん」「かん」と聞こえるところからという。「頓珍漢」と書くのは当て字。

とんま

愚かなこと。まぬけであること。また、その人。鈍い、まぬけなさまをいう形容動詞「とん（頓）」の語幹に、状態を表す接尾語の「ま」がついた語。また、「のろま」が転じたとする説もある。「頓馬」は当て字。

のろま

動作や頭の働きが鈍いこと。また、その人。形容詞「のろい（鈍い）」の語幹に、状態を表す接尾語の「ま」がついた語。「鈍間」は当て字。また、浄瑠璃の幕間劇に使う道化の操り人形「野呂間《のろま》人形」の動きから、「人形」を略していうようになったともいう。

馬鹿　ばか

⇩195ページ（仏教）

箔が付く　はくがつく

値打ちに重みがつく。貫禄がつく。

「箔」は金や銀、銅などの金属をたたいて、紙のように薄く延ばしたもの。適当な大きさに切って美術・工芸品の装飾に使用する。箔を付けるとその物の値打ちに重みが増すことからいう。

箱入り娘《はこいりむすめ》

大切に育てられた娘。また、世間知らずの娘。江戸時代、大切な物を箱に入れて運んだり、保管したりしたことから、大切にすること、また、大切なものを「箱入り」といったことによる。

蓮っ葉《はすっぱ》

女性の言動が軽はずみで品がないこと。また、そういう女性。盂蘭盆会《うらぼんえ》（お盆）には、飾りとして、また、供え物を盛ったりするのに蓮の葉が用いられ、お盆がすめば処分された。その蓮の葉のように、その場かぎりの商売を「蓮葉《はすは》商い」といったことから出た言葉とされる。また一説には、元禄時代に大坂の問屋が接客係の女性を「蓮葉女《はすはおんな》」と呼んだことからともいう。

張り子の虎《はりこのとら》

見かけは強そうだが実際は弱い人、からいばりする人をあざけっていう。「張り子」は木型に紙を張り重ね、乾いてから中の型を抜いたもの。また、竹や木組みの上に紙を張り重ねても作る。「張り子の虎」はそのように作った虎の玩具。たとえ虎の形はしていても、中が空洞の張り子の虎では怖くもなければ威厳もないことからいう。

昼行灯《ひるあんどん》

ぼんやりしている人、役に立たない人をあざけっていう。明るい昼間に行灯をともしても何の用もなさないことからのたとえ。

札付き《ふだつき》

⇩100ページ（経済・商売）

へなちょこ

未熟な人や役に立たない人をあざけっていう。「へな」は粘土質の土で、「ちょこ」は酒器の「猪口」のこと。へなで作った安物の猪口を「へなちょこ」といい、壊れやすいことからのたとえ。また一説には、「へな」は軟弱の意の「へなへな」からで、「ちょこ」は落ち着きがない意の「ちょこまか」からともいう。

窓際族《まどぎわぞく》

会社内で管理職や実務から外れ、閑職にある中高年層の人々。窓際の机でたいした仕事もせずにいることからいう。一九七八（昭和五三）年一月九日の『日本経済新聞』（朝刊）が初出。

間抜け《まぬけ》

手抜かりがあること。また、そういう人をののしっていう。「間」は邦楽・舞踊・芝居などで、音と音、動作と動作、せりふとせりふの間に入れる休止のことで、その長短がリズムを生み、一連の流れの中で重要な役割を果たす。その本来あるべき休止がない意。

味噌っかす《みそっかす》

一人前の仲間に入れてもらえない子ども。味噌を漉《こ》し器で漉したあとに残ったかすの意で、もう価値がなく、役に立たないことからたとえていう。

野暮《やぼ》

気が利かなくて、世情や人情にうといこと。洗練されていなくて、田舎くさいこと。また、そのような人。田舎者の意の「やぶ（野夫）」の転とも、草木の生い茂るようなところに住む人の意の「やぶもの（藪者）」の略転ともされるが、語源は未詳。「野暮」は当て字。

融通がきく《ゆうずうがきく》

臨機応変にうまく処理できること。「融通」は本来は仏教語で、異なる別々のものが融《と》けあって一体となる意。そこから、何の障害もなく物事が通用したり、気持ちが通じ合ったりすることをいう。

与太郎《よたろう》

役立たずの愚か者。ばか者。また、不良。落語で愚かな息子の名に用いるところからいう。略して「与太」ともいい、「与太を飛ばす」といえば、でたらめをいうこと。

ろくでなし

人がまともでないこと。役に立たない者。「ろく」は「陸《ろく》」で、水平の意。転じて、きちんとしていること、まともなことの意となり、下に打ち消しの語を伴って、「ろくでなし」「ろくでもない」のように用いる。「陸でなし」のほかに「碌でなし」とも書くが、「碌」は当て字。

身体・容姿・表情

アキレス腱《アキレスけん》

ふくらはぎの筋肉とかかとの骨を結ぶ腱。「アキレス」はギリシア神話の英雄アキレウスのラテン語名。不死身とされながら唯一の弱点だったかかとを矢で射られて死んだという故事にちなむ。比喩的に強そうに見えるものの唯一の弱点の意味にも用いる。

あばた

天然痘が治った後に皮膚に残る、くぼみのような跡。また、それに似たもの。水泡、腫れ物を意味する梵語アルブダ（arbuda）の音訳「頞浮陀《あぶだ》」は、八寒地獄の一つ。そこに落ちると極寒のために体中に腫れ物ができて苦しむという。この「あぶだ」が「あばた」となり、天然痘の跡を指すようになった。もとは僧侶間の隠語。

あんこ型《あんこがた》

力士の、丸々と太った体型で、「あんこう型」ともいう。魚の「鮟鱇《あんこう》」に似ていることにちなむ。反対のやせた体型は「ソップ型」という。「ソップ（sop）」はオランダ語でスープのことで、スープに使う鶏がらにたとえていうもの。

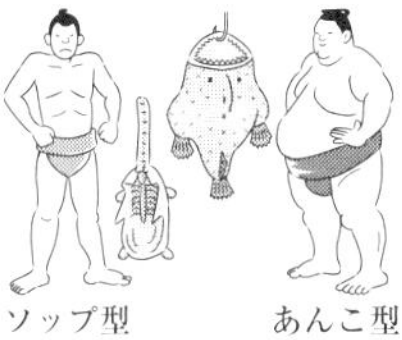
あんこ型　ソップ型

恵比須顔《えびすがお》

にこにことした顔つき。「恵比須」は「恵比寿」とも書き、七福神の一人。商売・漁業の守り神で、釣竿と鯛を持って、にこにことした顔をしていることからの形容。

お多福《おたふく》

丸顔で鼻の低い、醜い顔の女性。また、女性をあざけっていう。もとは「お多福面」の略で、丸顔で鼻が低く、額やほおの出た女の顔をかたどった面のこと。ひょっとこと対になって、里神楽を舞うときなどに用いる。「おた」は顎《あご》の意の「おとがい」の「おと」の転、「ふく」は「ふくれ（膨れ）」で、顎がふくれていることからとも、福を招く意で「多福」に接頭語「お」がついたともされる。「おかめ（お亀・阿亀）」ともいい、両ほおの出た形が瓶《かめ》に似るところからというが、語源は定かではない。

かっこいい

姿、形、様子などがすぐれていて好ましい。見ばえがよい。「かっこ」は姿形や体裁の意の「格好《かっこう》」の省略形。「かっこうがいい」が「かっこいい」と略され、一語化。昭和四〇年代にクレージー・キャッツが使い出して広まった。

グラマー

［英 glamour］豊満で、性的魅力のある女性。魔法の意のスコットランド方言 glamer に基づく語で、魔法をかける意から、迷わす・魅する意へと転義。英語には豊満の意は含まれず、男性にも用いる。また、人以外のものの魅惑的な美しさ、魅力についてもいう。

小股が切れ上がる《こまたがきれあがる》

足が長くすらりとしていて、粋な女性の形容。「小股」の「小」はほんの少しの意の接頭語。股がちょっと上がっている、すなわち、足が長いことを意味する。

スタミナ

［英 stamina］体力。精力。持久力。ラテン語で、縦糸の意の stāmen の複数形。ギリシア神話で、運命の女神ファーテスが紡ぐという生命の糸の意が原義。

そばかす

顔面などにできる褐色の小さい斑点。そばの実を挽《ひ》いたあとに残るかす（そば殻）に似ていることからいう。「雀斑」と書くのは漢語からの当て字で、雀の羽の斑点に似ていることによる。漢語の読みは「じゃくはん」。

にこにこ

顔をほころばせてうれしそうに笑うさま。一説に、「和々（にこにこ）」の意とされる。「和（にこ）」は柔らかい意で、「和毛（にこげ）」のように語を構成する要素となるほか、単独で、穏やかに笑うさまをいう。古くは「にこ」の「こ」を重ねた「にここ」の形があり、中世になって「にこにこ」の形が見られるようになった。

仏頂面《ぶっちょうづら》

無愛想な顔つきや不機嫌そうな顔つ

きのこと。仏の頭頂に宿り、仏の功徳を示す「仏頂尊《ぶっちょうそん》」が恐ろしい顔をしていることからたとえていう。一説には、いやそうな顔つきの意の「不《ふ》承面《しょうづら》」から転じたともいう。

別嬪　べっぴん

美人。器量よし。「別」はとりわけの意、「嬪」は女性の美称。江戸時代から用い、「別品」とも書いた。

弁慶の泣き所　べんけいのなきどころ

向こうずねのこと。「弁慶」は源義経の家来、武蔵坊弁慶のこと。豪傑で知られる弁慶でさえ、そこを蹴られると痛くて泣くほどの急所の意。

みっともない

見た目によくない。見苦しい。また、「みっともないまねはするな」のように、外聞が悪くて恥ずかしい意にも用いる。見たくもない意の「見とうもない」が「見ともない」、さらに「みっともない」と変化したもの。

柳腰　やなぎごし

女性のほっそりとして、しなやかな腰つき。美人の形容。柳の枝のしなやかさからたとえていうもので、漢語「柳腰《りゅうよう》」の訓読み。

長寿の祝い

還暦　かんれき
六〇歳。六〇年で生まれた年の干支《えと》に還《かえ》ることから。「本卦還《ほんけがえ》り」ともいう。

古希　こき
七〇歳。「古稀」とも書く。中国盛唐の詩人、杜甫《とほ》の詩「曲江」にある「人生七十古来稀《まれ》なり」から。

喜寿　きじゅ
七七歳。「喜」の字の草書体「㐂」が「七十七」と読めるところから。

傘寿　さんじゅ
八〇歳。「傘」の略字「仐」が「八十」と読めるところから。

半寿　はんじゅ
八一歳。「半」の字を分解すると「八十一」になるところから。

米寿　べいじゅ
八八歳。「米」の字を分解すると「八十八」になるところから。

卒寿　そつじゅ
九〇歳。「卒」の異体字「卆」が「九十」と読めるところから。

白寿　はくじゅ
九九歳。「百」の字から上部の「一」を取ると「白」になることから。

上寿　じょうじゅ
一〇〇歳。一説に一二〇歳。また、寿命の長さを上・中・下の三段階に分けたときの、最上位。「中寿」は八〇歳（一説に一〇〇歳）、「下寿」は六〇歳（一説に八〇歳）。

性格・性向

あこぎ

欲深くて、ずうずうしいこと。あくどく、無情なこと。また、そうしたやり方をいう。「あこぎ」は三重県津市の海岸、阿漕《あこぎ》ケ浦のこと。そこはかつては伊勢神宮に供する神饌《しんせん》のための漁場で、一般には禁漁の地とされていた。ところが、魚が豊富なため密漁をする漁師が絶えなかったという伝説による。

天邪鬼《あまのじゃく》

⇩203ページ（故事・伝説）

因業《いんごう》

がんこで、思いやりのないこと。欲が深くて、無慈悲なこと。もとは仏教語で、何らかの結果を生む原因となる行為のこと。善にも悪にもいい、前世の悪業が原因となって招いた性格の意から、がんこで欲深いことの意が生じた。

内弁慶《うちべんけい》

家の中ではいばっているが、一歩外に出るとからきし意気地がないこと。「弁慶」は源義経の家来で、豪傑で知られる武蔵坊弁慶のこと。家の中でだけ弁慶のように振る舞う意。

エッチ

性的にいやらしいこと。また、性的な行為。「変態」のローマ字表記hentaiの頭文字から。もとは女学生の隠語で、一九五〇年代前半から使われる。

奥床しい《おくゆかしい》

上品で慎み深く、心がひかれるさま。古語は「奥ゆかし」。「ゆかし」は「行かし」で、心ひかれる意。本来は、その奥にあるものに心がひかれる、その先を知りたいと思うこと。「床しい」と書くのは当て字。

おしゃま

女の子がませていること。一説に、「おしゃます（おっしゃいます）」の略で、多弁の意からとされる。

おっちょこちょい

よく考えずに軽々しく物事をすること。また、そういう人。「ちょこちょい」は落ち着きなく動きまわるさまをいう副詞「ちょこちょこ」が音変化したもの。また、「ちょこ」は「ちょこちょこ」の略で、「ちょい」はわずか、少しの意の副詞とする説もある。「おっ」は感動詞、あるいは接頭語の「お」からともいう。

おとなしい

性質が穏やかで、落ち着いている。また、静かにじっとしているさまをいう。「おとな（大人）」の形容詞化した語。本来は、一族の長または年長者として思慮分別があること、また、成人して一人前になる意で用いられた。

かまとと

知っているのに知らないふりをすること。特に、女性がうぶを装うことをいう。また、そういう女性。「かま」はかまぼこ、「とと」は魚のことで、「かまぼこは魚《とと》からできているのか」と尋ねたことからという。

気障 きざ

服装や言葉、態度などが気どっていて、いやみなこと。気に障る意で、「気障《きざわ》り」の略。江戸時代からある語で、もとは、気にかかること、また、不快な感じを起こさせることの意で用いられた。

几帳面 きちょうめん ⇩57ページ（住居・建物）

厚顔 こうがん

あつかましいこと。ずうずうしいこと。面《つら》の皮があつく、内面の恥を隠す意。中国の『書経』に「顔厚有二忸怩《じくじ》一」、また、『詩経』に「巧言如レ簧《こう》、顔之厚矣」とあり、日本に入り、平安時代には「厚顔」の形での使用が見られる。「厚顔無恥」の形で用いることも多い。

ずぼら

やるべきことや守るべきことをおろそかにして、だらしがないこと。もと、でこぼこや出っ張りがなくて、のっぺりしていること、転じて、だらしがないことを「ずべらぼう」といい、それを略した「ずべら」が変化したとされる。また、米相場がずるずる下がることをいう大坂堂島の言葉からともいう。

だらしない

きちんとしていなくて、しまりがないさま。また、弱すぎてふがいないさま。同じ意の形容詞「しだらない」の「しだら」の順を入れ替えた語。「だ」を最初に置いたのは、好ましくないことを表す語には頭に濁音がくることが多いことによるとされる。ちなみに、「しだら」は「自堕落《じだらく》」から、あるいは擬音語の「しどろ」からなど諸説ある。

ちゃらんぽらん

いい加減で無責任なこと。「ちゃらほら」の変化した語。「ちゃら」は口から出まかせをいうこと、また、そういう人を意味する。「ほら」はうその意。ほかに、「チャルメラ」の転で、わけのわからない音にちなむとする説もあるが、こじつけの感がぬぐえない。

無骨　ぶこつ

洗練されていなくて、風流や礼儀・作法を解さないこと。特に、男性についていう。無作法の意の「無ㇾ骨（こちなし）」を音読みしたもの。この「なし」は無い意ではなく、状態を表す語に添えて形容詞を作る接尾語である。骨張ってごつごつしている意でも用い、「武骨」とも書く。

フランク

［英 frank］率直なさま。ざっくばらんなさま。ガリア地方のフランク族（Frank）が自由民であったことによるもので、もとは、「自由な」の意。

無鉄砲　むてっぽう

事の是非やあと先など考えずに行動すること。「無点法《むてんぽう》」あるいは「無手《むて》法《ほう》」が変化した語とされる。「無点法」は漢文で訓点が施されていないことで、それでは読みにくいことから、理解しがたい、明確でない意で用いられる。また、「無手法」の「無手」は手に何も持たない、特別な技芸を持たないことをいい、そこから何の方法・手段も持たずに行動することをたとえていう。「無鉄砲」と書くのは当て字。

優しい　やさしい

親切で思いやりがある。性質が素直でおとなしい。動詞「やす（瘦す）」が形容詞化した語で、もとは、身もやせ細るほどに恥ずかしいの意。万葉の時代から、人や世間に対して気恥ずかしい、肩身が狭いの意で用いられた。平安時代になって、恥ずかしく思う気持ちから周囲の人に対して控えめにふるまうさまを優雅、優美であるとして評価するようになり、やがて、心づかいが細やかで思いやりがある意へと変化した。

態度・状態

あられもない

姿や態度がだらしなく乱れている。特に女性についていう。そうあってはならない意の「あられぬ」の「ぬ」の代わりに、助詞「も」と形容詞の「ない」がついて一語化したもので、本来は、あり得るはずがない、ありえない、とんでもないの意。

威儀を正す《いぎをただす》

作法にかなった立ち居振る舞いをする。「威儀」は本来仏教語で、戒律にかなった立ち居振る舞いのこと。また、その際の作法・規則をいう。ちなみに、行《ぎょう》・住《じゅう》・坐《ざ》・臥《が》を四《し》威儀といい、威儀とは日常生活におけるすべての行動を含む。

一所懸命《いっしょけんめい》

⇩84ページ（政治・制度）

往生際が悪い《おうじょうぎわがわるい》

思い切りやあきらめが悪い。「往生際」は本来仏教語で、死に際の意。追い詰められてどうしようもなくなったとき、また、そのときの態度をたとえていう。

及び腰《およびごし》

自信のない、おどおどしたような態度。遠くにある物を取るときなどの、腰を曲げて手を伸ばした、宙に浮くような姿勢がいかにも不安定でふらふらしていることからの形容。屁《へ》をひる腰つきから「へっぴり腰」ともいう。

がむしゃら

ほかのことは考えず、むちゃくちゃに物事を行うこと。血気にはやり、向こう見ずなこと。古くは「がむしゃ」といい、「がむさぼり（我貪り）」が変化した語とされる。それに接尾語「ら」がついたもので、「我武者羅」と書くのは当て字。

けんもほろろ

無愛想に人の頼みや相談事などを拒絶して取りつくしまもないさま。そっけなくて、冷淡なさま。「けん」も「ほろろ」もキジの鳴き声で、いかにも無愛想でそっけなく聞こえることから、

「けんどん（慳貪）」や「けんつく」などの「けん」に掛けていう。また、「ほろろ」はキジの羽音ともいう。

しかつめらしい

まじめくさって、堅苦しい。もっともらしくて、形式ばっている。もとは、「しかありつべくあるらし」（当然そうであるの意）で、「しかつべうあらし」「しかつべえらし」「しかつべらし」と変化し、さらに「べ」が「め」となって、「しかつめらし」に変化したものとされる。「鹿爪らしい」と書くのは当て字。

図に乗る《ずにのる》

⇩194ページ（仏教）

立つ瀬がない《たつせがない》

自分の立場がない。「瀬」は川の水が浅くて、歩いて渡れる所のことで、「立つ瀬」は立っているべき所、立場の意。

灯台下暗し《とうだいもとくらし》

身近なことには案外気がつきにくいものであるということ。この「灯台」は室内用の照明具で、上に油皿を置き、油に灯心を浸して灯をともす、灯明《とうみょう》台のこと。

その周りは明るくても、真下は暗いことからたとえていう。

取り付く島もない《とりつくしまもない》

相手がひどく怒っていたり、つっけんどんだったりして、接しようがない。頼りにしてすがる所がなく、どうしようもない。漂流している人が、取りすがろうにもあたりに島がなく、困り果てる様子にたとえていう。

にべもない

愛想や愛敬がない。思いやりがなく、そっけない。「にべ」は「にべにかわ（鰾膠・鮸膠）」の略で、海魚ニベの浮き袋から作るにかわのこと。粘着力が強いことから、転じて、他人に対して示す愛想、愛敬の意となった。多くは「にべもなく断られた」のように、否定の形や意味合いで用いられる。

にやける

男が女のように色っぽい姿や様子をする。また、きざっぽく浮ついている。古く、貴人のそばにいて男色の対象となった少年、また、男が色めいた姿をすることを「にやけ（若気）」といい、それが動詞化した語。

豹変 ひょうへん

態度や意見などががらりと変わること。豹の斑紋《はんもん》が季節によって美しく変わることから、本来、良い方に変化する意味に用いた。中国の『易経』にある「君子豹変す」に由来する語で、君子は過ちをすぐに改める意。現在はもっぱら悪い意味に用いられることが多い。

ぶっきらぼう

話し方や態度に愛敬がなく、そっけないこと。「打《ぶ》っ切《き》り棒」が変化した語で、もとは乱暴に切った木の切れ端の意。何の飾り気もない、ただの棒切れであることからのたとえ。「ぶっ」は動詞に付いて意味や語勢を強める接頭語。

ふんぞり返る ふんぞりかえる

いばった態度をとる。足を踏ん張って上体を後ろへそらすことを「踏《ふ》ん反《ぞ》る」といい、さらに大きくそらすことを強調して「踏ん反り返る」という。その様子がいかにもいばった風であることからいう。実際にいばってそのようにすることもある。

みすぼらしい

身なりや物の外観が粗末で貧弱なさま。「み（身）」と「すぼらし」の合成語。「すぼらし」は細くて狭い意の形容詞「窄《すぼ》し」の語幹に接尾語「らし」がついたもので、人の体が細くて貧弱であるの意。また、「み」は「見」で、見た目の意ともいう。

やに下がる やにさがる

得意になってにやにやする。「やに」はたばこの「脂《やに》」のこと。雁首《がんくび》を上にあげて、たばこのやにが下におりてくるように煙管《キセル》をくわえる姿がいかにも得意気に見えたことからいう。

ワンマン

［英 one-man］他人の意見を聞かず、わがままを押し通すこと。また、そういう人。一九四七（昭和二二）年、新聞記者が吉田茂首相のあだ名として用いたのが始まり。英語は一人だけの、一人でするの意の形容詞で、「あの人はワンマンだ」というような、わがままで独裁的という意味はない。

感情・感覚

諦める あきらめる

仕方がないと思い切る。事情などをはっきりさせる意の「明《あき》らむ」が、近世以降、心の中にはっきり決める、迷いを断ち切る意となり、さらに転じて、断念する意へと展開。「諦」は字義から当てたもの。

安心 あんしん

心配がなくなって心が落ち着くこと。古くは、中国春秋戦国時代の『墨子』にも見られる語。仏教語では「あんじん」とも読み、信仰によって、心が不動の境地に達することをいう。

安堵 あんど

安心すること。「堵」は垣根の意。「安堵」は垣根の中、すなわち、家の中に安んじていることが原義で、転じて、土地に安住することをいう。安心する意は日本における用法で、鎌倉時代ごろから用例が見られる。

磯の鮑の片思い いそのあわびのかたおもい

一方的に異性に思いを寄せること。鮑は実際は巻貝だが、殻が二枚貝の片割れのように見えることからいう。

いらいら

思い通りにならなくて、気持ちが落ち着かないさま。「いら」は草木の刺《とげ》のこと。刺に触れたときにひりひりした刺激を感じるさまを言葉を重ねて「いらいら」といい、それが不快なことから、感情がいらだつ意味へと転じた。

浮き足立つ うきあしだつ

そわそわして落ち着きを失う。また、逃げ腰になる。「浮き足」は足の爪先だけが地面について、かかとが上がった状態をいい、「浮き足立つ」はいわゆる爪先立ちになること。その姿勢がいかにも不安定で、また、逃げ出そうとしているようにも見えるところからたとえていう。

有頂天 うちょうてん

⇩190ページ(仏教)

うまい

食べ物の味がよい。「うま」は果物な

どが熟す意の「うむ」から、また、「あまい（甘い）」の音変化など、語源は諸説ある。比喩的に、すぐれている、巧みである、好都合であるなどの意に用いる。漢字では「旨い」「甘い」のほか、巧みである意では「上手い」「巧い」を当てて書く。

うるさい

しつこくされてわずらわしい。音が大きくてやかましい。口やかましい。こだわりがある。文語は「うるさし」で、「うる」は「うら（心）」、「さし」は「狭《さ》し」の意とされる。平安時代には行き届いていて相手にすきがない状態に対して、圧迫感から敬遠する感情をいった。そこから、わずらわしい、うっとうしい意が生じ、さらに、さまざまな意へと展開。漢字では「煩い」のほか、五月の蝿《はえ》のしつこさから「五月蝿い」を当てて書く。

おいしい

食べ物の味がよい。味がよい意の女房詞「美《い》しい」に接頭語「お」が付いた語で、「美味しい」と当てて書く。比喩的に、物事が好ましい意でも用いる。「うまい」より丁寧な語。

お冠《おかんむり》

機嫌が悪いこと。「冠」は、頭に被るもの、特に、公家などが正装に用いた被り物のこと。機嫌を悪くすることを「冠を曲げる」といい、略して「お冠」の形で用いる。「つむじを曲げる」「へそを曲げる」というのと同様に、「曲げる」は本来の形をゆがめる意から、気を損じた様子を表す。

肩身が狭い《かたみがせまい》

世間に対して面目が立たず、引け目を感じる。「肩身」は肩と身、体の意で、比喩的に世間に対する面目をいう。逆は「肩身が広い」というが、実際に肩身が狭かったり広かったりするわけはなく、そのように感じるという心理的表現。

疑心暗鬼《ぎしんあんき》

疑いの心をもつと、何でもないことまで疑わしく恐ろしく思えてくること。中国の『列子』にある言葉で、「疑心暗鬼を生ず」の略。疑心が起こると、いるはずもない鬼の姿が見えてくる意。

首っ丈《くびったけ》

異性にすっかりほれこむこと。足元か

ら首までの丈をいう「首丈《くびだけ》」が変化した語。首の丈まで深くはまる意。

怪訝《けげん》

いぶかしく、不思議に思うさま。仏教で、仏や菩薩が世の中の人を救うために姿を変えてこの世に現れることを「化現《けげん》」といい、それが不思議なことであることから、派生したと思われる。意味の変化に伴い、あやしむ意の漢語「怪訝」を当てて書く。

しおたれる

がっかりして、ひどく元気がなくなる。しょんぼりする。もとは、衣服が海水に濡れてしずくが垂れることで、その様子がいかにもみすぼらしくて、元気がなさそうに見えることからたとえていう。漢字では「潮垂れる」と書く。

しらける

興がさめる。気まずくなる。本来は、白くなる、色があせる意で、上代からある語。江戸時代になり、隠していたことなどが明らかになる、盛り上がっていた気持ちや雰囲気がなくなる意にも用いられる。一九七〇（昭和四五）年、学生運動の挫折感、虚無的心境をさす言葉として流行。

随喜の涙《ずいきのなみだ》

心からありがたく思って流す涙。「随喜」は仏教語で、他人の善行を見て、歓喜の心を生じること。転じて、大喜びをする意。

総すかん《そうすかん》

みんなから嫌われること。「総すかんを食う」「総すかんを食わせる」のようにいう。「すかん」は「好かん」で、好きではない意の関西方言。

ぞっこん

心の底から。すっかり。また、異性に心底ほれることをいう。古くは清音で「そっこん」といい、「底根《そここん》」から転じたとする説もある。

第一印象《だいいちいんしょう》

人や物事に接して最初に受けた印象。英語 first impression の訳語で、明治時代から用いられる。

第六感《だいろっかん》

身体に備わる五感（視覚・聴覚・嗅覚・味覚・触覚）以外の、ものを直感する感覚。勘。第六番目の感覚の意。

鳥肌が立つ《とりはだがたつ》

驚きや恐怖などで、ぞっとする。「鳥肌」は鶏の毛をむしったあとのように、皮膚にぶつぶつができる現象で、寒さや恐怖などを感じたときに立毛筋が反射的に収縮して起こる。近年は感動したときに使うこともある。

贔屓《ひいき》

自分の気に入った者を引き立て、特に力添えすること。また、その人。漢語「ひき（贔屓）」の長音化した語で、日本における意味用法。本来、贔屓《ひき》はつとめるさま、力を出すさま、の意。

ひもじい

空腹である。空腹の意の「ひもじ」を形容詞化した語。「ひもじ」は空腹である意の「ひだるし」の語頭「ひ」に「もじ（文字）」をつけたもので、女房詞の一種の文字詞。

臍を噛む《ほぞをかむ》

後悔する。非常にくやしい思いをする。「ほぞ」は「へそ」のこと。自分で自分のへそを噛もうとしてもできないことからいう。春秋時代、優秀な楚の文王を見て、鄧《とう》の王の甥《おい》が「若《も》し早《つと》に図らずんば後に君臍《ほぞ》を噛まん（早く文王を殺さなければあなたは後悔する）」と進言したという、中国の史書『春秋左氏伝』にある故事による。

むきになる

ちょっとしたことで腹を立てたり、本気になったりする。「むき」は「向き」で、向くことの意。相手の方を向く、立ち向かう意味合いからいう。

虫が好かない《むしがすかない》

特に理由があるわけではないが、なんとなく気にいらない。昔、人の体には九匹の虫がいて、病気を起こしたりさまざまな感情を呼び起こしたりすると考えられていた。この虫のしわざということで、ほかにも、「虫の知らせ」「虫の居所が悪い」「腹の虫が治まらない」のようにいう。

虫酸が走る《むしずがはしる》

⇩71ページ（病気・医学）

むしゃくしゃ

いらいらしたり、腹が立ったりして、気持ちが晴れないさま。「むさくさ」の転で、「むさ」は汚らしい、「くさ」

は臭い意。両方合わせて、むさ苦しいの意で、そこから、胸くそ悪い、気持ちが晴れない意へと転じたとされる。

目くじらを立てる《めくじらをたてる》

わずかなことをとがめ立てする。「目くじら」は目の端、目尻のこと。それを立てるとは目を吊り上げて鋭い目つきをすることで、目による怒りの表情から、とがめる意へと転じた。ちなみに、「くじら」の語源は未詳。

もったいない

ありがた過ぎておそれ多い。また、惜しい。「もったいない」は「勿体」と書き、物のあるべき姿の意の漢語「物《もっ》体《たい》」に基づく和製漢語。それに「ない」がついて、あるべきさまをはずれていて不都合である、もってのほかというのが本義。転じて、自分にとっては身に過ぎる、また、物事の価値が十分に生かされていなくて惜しい意となった。室町時代から用いられ、のちに、「勿体」はありさまや態度がいかにも物々しい意で、「勿体をつける」「勿体ぶる」のようにも用いられるようになった。

野心《やしん》

ひそかに抱く身分不相応な望み。また、悪いたくらみ。本来は、狼の子のように、人に養われてもなれ従うことはない、荒々しい、野性の心の意。近年は新しいことに思い切って挑戦しようとする意欲の意で、「野心作」のように良い意味でも用いられる。

山勘《やまかん》

勘に頼って、万一の成功をねらうこと。「山」は万一の成功をねらって事を行うこと、偶然を当て込む予想の意で、鉱脈を探る山師の仕事が投機的であることからいう。その「山」と直感の意の「勘」が合わさってできた語。また一説に、戦国時代の武将で武田信玄の軍師山本勘助の名に由来するというが、推測の域を出ない。⇩269ページ「山を掛ける」

狼狽《ろうばい》

うろたえあわてること。「狼」はおおかみ、「狽」はおおかみの一種。狼は前足が長くて後ろ足が短く、狽はその反対で、狼と狽は一体となって行動し、離れると倒れるので、あわてふためく意に用いるようになったという、中国の伝説による。

行為・動作

あくせくする

心にゆとりがなく、目先のことにとらわれてせわしく事を行う。「あくせく」は「齷齪」と書く。本来は漢語で「あくさく」と読み、歯と歯の間が狭い意。転じて、心の狭いさま、わずかなことにかかずらうさまをいう。

足を洗う あしをあらう

それまで関わってきた好ましくない世界や悪事から抜け出る。また、それまでの仕事をやめたり仲間などから離れたりするときに冗談めかしていう。一説に、江戸時代、大坂新町の遊女が身請けされたり年季が明けたりして郭《くるわ》を出るとき、門の外にある井戸で足を洗うことを「足洗い」といい、それまでの境遇を抜け出し、堅気になることを「足を洗う」というようになったという。また、旅から旅を続ける渡世人が草鞋《わらじ》を脱いで足を洗い、それまでのやくざな暮らしをやめてまともになることからいうともされる。

油を売る あぶらをうる

⇩98ページ(経済・商売)

油を絞る あぶらをしぼる

厳しく叱ってこらしめる。失敗を厳しく責め立てる。菜種や椿の実などから油を採取するとき、古くはしめ木にかけて押しつぶしたことからいう。江戸時代には、無理やりにあるいは苦労を重ねて財産や利益を手に入れる、また、他の者にさんざん苦労させて、その利益を自分のものにする意で用いられた。

油しめ木〈製油録〉

案内する あんないする

道や場所を知らない人を目的地まで導いたり、ある場所を見せたりする。また、物事の内容や事情について知らせる。「案内」は漢語で、事件の内に、一件中に、の意。日本では上代・中古に文案の内容の意で用いられ、平安時代以降、事情、内情、さらに転じて、それを問い合わせたり知らせたりする意などに変化していった。古くは「あない」ともいった。

引導を渡す《いんどうをわたす》

⇩190ページ(仏教)

大盤振る舞い《おおばんぶるまい》

盛大にごちそうしたり、気前よく物を与えたりすること。本来は「椀飯振《おうばん》る舞い」で、「椀飯」は椀に盛った飯の意。平安時代、儀式などの後に公卿たちに供される膳を「椀飯」といい、鎌倉・室町時代には将軍家に諸大名が祝膳を奉る儀式となった。江戸時代には、民間で正月に一家の主が親類・縁者、近隣の者を招いて宴を催すことを「椀飯振る舞い」というようになり、やがて、盛大にもてなす意に変化するとともに、「おうばん」が「おおばん」と聞き間違えられ、「大皿」の意で「大盤」となった。

大目玉を食う《おおめだまをくう》

ひどく叱られる。人を叱るときに目を見開くことからいう。「食う」は好ましくないことを身に受ける意で、損をすることを「割を食う」というのと同じ。

大目に見る《おおめにみる》

些細な欠点や不備などはとがめないで、寛大に扱う。「大目」の「目」は形容詞・動詞の語幹について、度合い、加減などを表す接尾語。大ざっぱに見る意から。

お株を奪う《おかぶをうばう》

人が得意とすることを他の者がその人以上にうまくやってしまう。「株」は他に対して占める地位・身分の意で、広くは職業・営業上での特権や地位、資格、役職をいう。転じて、多く「お株」の形で、その人の得意とするところ、持ち前の意で用いる。

おくびにも出さない《おくびにもださない》

思っていることを心の奥深くにしまって、少しもそれらしい様子を見せない。「おくび（噯）」はげっぷのことで、胃の中のガスが口から出たもの。そのげっぷすら出さないの意。

お先棒を担ぐ《おさきぼうをかつぐ》

軽々しく人の手先になる。「先棒」は二人で駕籠《かご》を担ぐときに、棒の前のほうを受け持つ者のこと。ちなみに、後ろを担ぐ者は「後棒」といい、「後棒を担ぐ」は首謀者の手助けをすることをいう。⇩233ページ「相棒」

河岸を変える　かしをかえる

⇩98ページ（経済・商売）

固唾をのむ　かたずをのむ

息を殺し、緊張して成り行きを見守る様子の形容。「固唾」は古くは「かたつ」で、緊張したときなどに口中にたまるつばのこと。それを飲み込んで成り行きをじっと見つめるところからいう。

片棒を担ぐ　かたぼうをかつぐ

いっしょに仕事をする。多くは、悪事に加担することをいう。「片棒」は駕籠《かご》を担ぐ二人のうちの片方のこと。ふつう、悪事について用いられることが多い。⇩233ページ「相棒」

ガッツポーズ

勝利したときなどの喜びを表すしぐさ。根性、気力の意の「ガッツ（guts）」に「ポーズ（pose）」が合わさった、和製語。一九七二（昭和四七）年のボウリング界の雑誌『週刊ガッツボウル』からの言葉。

雁首を揃える　がんくびをそろえる

人がその場に集まる、出揃う意で、俗な言い方。「雁首」は煙管《キセル》のたばこを詰める頭の部分のこと。もとのものは先のほうが長くうねっていて、その形が鳥のガンの首に似ているところからいう。転じて、人の首、頭を軽蔑的にいう。

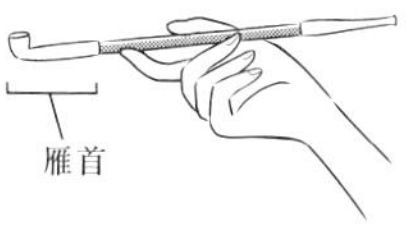

雁字搦め　がんじがらめ

ひもや縄で左右打ち違《たが》えて堅く縛ること。また、比喩的に、拘束されて身動きが取れないさまをいう。雁が列をなして飛ぶ姿に見立てていうとも、「がんじ」は動かないように堅く締める意の副詞で、「雁字」は当て字ともいう。

牛耳る　ぎゅうじる

⇩205ページ（故事・伝説）

きりきり舞い　きりきりまい

忙しくあわてふためいて立ち働くこと。また、相手の動きに対応できずあわてたり、うろたえたりするさま。もとは、独楽《こま》のように、片足で立って勢いよく回転することをいい、その様子からのたとえ。「きりきり」は糸などをきつく巻きつけたり、物が回転したりする様子を表す擬態語。

口火を切る　くちびをきる

⇩125ページ（戦争・武器）

敬遠する　けいえんする

表面上は敬う様子をしながら、実際はうとんじて避ける。また、意識的に人や物事を避ける。中国の『論語』にある「敬二鬼神一而遠レ之（鬼神を敬してこれを遠ざく＝祖先の神々には敬意を表しつつもあまり深入りしない）」による語で、もとは、敬って、近づかない意。

稽古　けいこ

習うこと。また、修業。練習。主に、武芸や技芸についていう。中国の『書経』にある「稽二古帝尭一（古《いにしえ》の帝《てい》尭《ぎょう》を稽《かんが》う）」による語で、もとは、いにしえの道を考えるの意。

檄を飛ばす　げきをとばす

⇩205ページ（故事・伝説）

下駄を預ける　げたをあずける

他の人に事の処理を一任する。履いている下駄を人に預けるということは、自分で自分の行動を封じることを意味し、いっさいをそちらの思うままに任せるという意思表示となる。

けりをつける　けりをつける

⇩145ページ（文芸・書物）

虚仮にする　こけにする

人を馬鹿にする。「虚仮」は、仏教語で、外面と内面とが違うこと、うそ、偽りの意。転じて、思慮が浅い、愚かなこと、また、そうした人のことをいう。そこから、愚か者扱いをする意で「虚仮にする」という。⇩193ページ「虚仮脅し」

鼓舞する　こぶする

人を励まし、奮い立たせる。もとは、鼓《つつみ》を打ち鳴らして舞う意。古くは出陣などの際に、太鼓や笛などを鳴らし、舞を舞うなどして、勢いをつけたことによる。

御幣担ぎ　ごへいかつぎ

⇩198ページ（神道・祈禱）

ごぼう抜き　ごぼうぬき

人材を他から引き抜いたり、ストライキなどで座り込んだ人を一人ずつ引っ張り出して排除したりすること。また、マラソンなどの競走で、先を行く選手を次々に抜き去ること。ごぼうを収穫するときに土中から引き抜くように、多くの中から一気に引き抜く意。

ごり押し　ごりおし

無理やり自分の考えややり方を押し通すこと。「ごり」は川魚の一種で、浅瀬にむしろを敷いて、そこに棒で魚を追い込み、むしろごと引き上げて捕獲する。この漁法を「ごり押し」といい、やり方が強引なことからたとえていう。一説に、五里ぐらい一押しに押そうとする意からともいう。

ごり漁

采配を振る　さいはいをふる

⇩125ページ（戦争・武具）

鯖を読む　さばをよむ

自分の得になるように、数をごまかす。鯖は傷みが早い魚で、魚市場では急いで数えるが、そのとき数をごまかしたことからといわれる。語源はほかにも、鯖を背開きにした干物を二尾重ねて串に刺したものを一刺しと数え、その数が実際の鯖の数と合わないことからとも、魚市場で小魚を早口で数える数え方を「いさば（魚市場）読み」といい、数をごまかしたことからとも、「さば」は「生飯《さば》」のことで、鮨屋では鮨を握るたびに飯粒を印につけておいて、勘定のときそれよりも多く請求したことからともいう。

地団駄を踏む　じだんだをふむ

怒ったり、くやしがったりして足で地面を何度も踏みつける。「地団駄」は足踏み式のふいごの「地《じ》蹈《た》鞴《たら》」が音変化した語で、そのふいごを踏む様子に似ていることからいう。「地団駄」のほかに「地団太」とも書くが、いずれも当て字。

ふいご〈日本山海名物図会〉

しっぺ返し　しっぺがえし

⇩193ページ（仏教）

尻尾を出す　しっぽをだす

隠したりごまかしたりしていた正体を見せる。狐や狸が人に化けてだまそうとしたところ、尻尾が出ていて正体がばれてしまったという、民話などに基づく。

秋波を送る《しゅうはをおくる》

女性が色目を使う。「秋波」は秋のころの澄んだ波のことで、転じて、美人の涼しげな目元、また、媚《こ》びをあらわす色っぽい目つきをたとえていう。古くは、中国の詩人で、唐の李白や宋の蘇軾《そしょく》の詩にも詠まれている。

出張《しゅっちょう》 ⇩126ページ（戦争・武器）

虱潰し《しらみつぶし》

かたっぱしから漏れや見逃しがないように調べたり、捜したりすること。衛生状態が悪く、薬剤もなかったころには、虱にたかられると一匹ずつつぶすしかなく、その退治する様子からたとえていう。

すっぱ抜く《すっぱぬく》 ⇩127ページ（戦争・武器）

接待《せったい》

客をもてなすこと。本来は仏教で、布施の一つとして、修行僧に門前で湯茶を供することをいう。現在でも四国八十八寺を巡る遍路では巡礼に茶菓をふるまうことをいう。時に、見返りを求めて人をもてなすことをいうが、本来は無償の行為である。

助け船を出す《たすけぶねをだす》

困っている人を助ける。助勢する。「助け船」は水上で遭難した人を助けるための船のこと。その船を出すことからのたとえ。

駄々を捏ねる《だだをこねる》

子どもが甘えてわがままを言う。「駄々」は「地団駄」が変化した語で、むずかって足をばたばたさせる様子からいう。一説には、「いやだいやだ」の略ともいう。「こねる」は無理なことを言って困らせる意。⇩263ページ「地団駄を踏む」

楯を突く《たてをつく》 ⇩128ページ（戦争・武器）

棚上げ《たなあげ》 ⇩99ページ（経済・商売）

短兵急《たんぺいきゅう》 ⇩128ページ（戦争・武器）

千鳥足《ちどりあし》

足を左右踏み違えて歩くこと。また、その歩き方。特に、酔っ払いの足つきをいう。千鳥の歩き方に似ていることからいう。

ちょっかいを出す《ちょっかいをだす》

わきからよけいな口出しや手出しをする。「ちょっかい」は猫などが片方の前足でちょっと物をかき寄せること。その動作がたわむれだったり確認のためだけだったりして、よけいなことをしているように見えることからたとえていう。

付け焼き刃《つけやきば》

一時の間に合わせにすること。また、そうして身につけたもの。にわか仕込みの知識や技術などをけなしていう。切れ味の悪い刀に、刃だけはがねを付け足したものを「付け焼刃」といい、すぐに刃がこぼれて役に立たなくなることからのたとえ。

丁寧《ていねい》

細かいところまで注意が行き届くさま。また、手厚く礼儀正しいさま。昔、中国の軍隊で、兵士たちに警戒や注意を促すためにたたいた楽器を「丁寧」といい、転じて、注意が行き届く意に用いられるようになった。

手薬練を引く《てぐすねをひく》

⇩129ページ(戦争・武器)

てこずる

持て余す。扱いに困る。「梃子摺る」「手古摺る」と書き、江戸時代から使われる。梃子を使って重い物を動かそうとしても動かず、梃子のほうがずれてしまう意。一説には、手の甲がすれる意ともいう。

手玉に取る《てだまにとる》

⇩163ページ(演劇・演芸)

鉄砲玉《てっぽうだま》

⇩129ページ(戦争・武器)

年寄りの冷や水《としよりのひやみず》

老人が年に不相応な無茶な行動をしたり、元気ぶったりすることで、警告したりからかったりしていう言葉。江戸時代、夏になると、冷たい湧き水を桶に汲んで、「ひゃっこい、ひゃっこい」と呼びながら冷や水売りが市中を売り歩いた。老人がその冷たい水を飲んで腹をこわすなどしたことからいう。ちなみに、冷や水は一七九三(寛政五)年にはどんぶり一杯四文

冷や水売り〈馬鹿功〉

だったという。

とばっちり

そばにいたために本来受けなくてもいい災いを受けること。また、その災い。「とばっちりを受ける」「とばっちりを食う」のように用いる。「とばしり（迸り）」の変化した語で、そばにいて水しぶきを受ける意。

とんぼ返り《とんぼがえり》

地をけって、空中で体を一回転させること。宙返り。

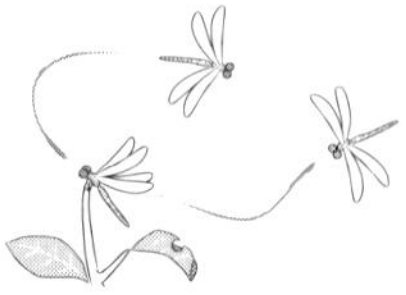

また、目的地に着いたら、用事を済ませ、その足ですぐに帰途につくこと。飛んでいるときに、急に向きを変えるトンボの習性からいう。ちなみに、芝居では「とんぼ」と略し、とんぼ返りをすることを「とんぼを切る」という。

名乗りを上げる《なのりをあげる》

⇩129ページ（戦争・武器）

二の足を踏む《にのあしをふむ》

どうしようかと迷う。ためらう。「二の足」は歩き出して二歩目のこと。一歩進みながら、二歩目はためらって足踏みする意。

根掘り葉掘り《ねほりはほり》

細かいことまでしつこく聞いたり、穿鑿《せんさく》したりするさま。移植などで、木の根をていねいに全部掘り起こす様子からたとえていう。「葉掘り」は「根掘り」との語呂合わせで、根から葉にいたるまで、何から何まで、の意味合いを込めていう。

根回し《ねまわし》

交渉事などがうまくいくように、前もって関係者に話を通しておくこと。もとは造園用語。大木を移植する際に、一、二年前からその木の周囲を掘り、広がった根を切り詰めて細根の発達を促し、移植後うまく根付くようにすることをいう。

熨斗をつける《のしをつける》

進物の品にのしをつける。転じて、喜んで進呈する意でも用いる。ただし、「熨斗をつけてくれてやる」といえば、そんなに欲しければといった意味が言外に含まれ、本心は喜んでということではない。「熨斗」は進物の品に添える飾り物で、中に細く切ったのし鮑《あわび》（現在は紙で代用）を入れる。伸ばす意の動詞「のす（伸す）」の連用形が名詞化した語。

はしゃぐ

浮かれて騒ぐ。もとは、乾く、乾燥する意。気分が沈むことを「湿る」、陰気くさいことを「湿っぽい」などということから、その反対の意味として、陽気で浮かれた雰囲気をさすようになったとされる。

発破を掛ける《はっぱをかける》

やる気を出させるために、強く励ましたり、気合いを入れたりする。本来は、鉱山や土木工事で、ダイナマイトなどの火薬をしかけて爆破する意で、転じて、荒っぽい言葉ややり方で励ます意に用いる。

破天荒《はてんこう》

今まで誰もなし得なかったことを行うこと。「天荒」は天地未開の混沌とした状態をいい、それを破り開く意。一説に、「天荒」は凶作、また、凶作で雑草が生い茂る意ともいう。中国唐代に、荊《けい》州から官吏登用試験の合格者が一人も出ず、人々はこれを天荒と呼んだが、やがて劉蛻《りゅうぜい》が初めて合格したので、天荒を破ったと称したという、『北夢瑣言《ほくむさげん》』にある故事に基づく。

一筋縄ではいかない《ひとすじなわではいかない》

普通のやり方では思うとおりにすることができない。がんこで扱いが難しい人を形容してもいう。「一筋縄」は一本の縄の意で、転じて、普通の方法、手段のこと。

一旗上げる《ひとはたあげる》

⇩131ページ（戦争・武器）

冷やかす《ひやかす》

人をからかう。また、買うつもりもないのに、品物を見て回ったり、値段を聞いたりする。江戸時代に、浅草の紙漉《す》き職人が、紙の材料を水に冷やしている間に新吉原の遊郭《ゆうかく》に行って、遊女をからかったり、品定めをして回ったりしたことから生まれた言葉とされる。

舟を漕ぐ《ふねをこぐ》

居眠りをする。座ったり立ったりした状態のまま、うとうとする。うつらうつらして、体が前後に揺れるさまが、船頭が舟を漕ぐさまに似ているところからいう。

ボイコット

［英 boycott］特定の人物や業務などを共同で排斥すること。一八八〇年、アイルランドで、小作人から排斥された農場支配人、ボイコット大佐（C.C.Boycott）の名に由来。

棒に振る《ぼうにふる》

⇩100ページ（商売・仕事）

反故にする《ほごにする》

いらなくなったものとして捨てる。また、約束や契約などをなかったものとして破棄する。「反故」は本来漢語で、原義は一度使った紙を裏返すこと。古くは「ほぐ」「ほうぐ」「ほうご」といい、「ほご」の形が用いられるようになったのは近代以降とされる。「反古」とも書く。

本領を発揮する《ほんりょうをはっきする》

⇩86ページ（政治・制度）

身から出た錆《みからでたさび》

⇩131ページ（戦争・武器）

御輿を担ぐ《みこしをかつぐ》

⇩198ページ（神道・祈禱）

三つ巴の争い《みつどもえのあらそい》

勢力がほぼ同等の三者が入り乱れて争うこと。「三つ巴」は紋所・紋様の名で、三つの巴を同じ方向に長く尾を引くように組み合わせたもの。その形がいかにも三者が組んずほぐれつ格闘するさまに見えることからのたとえ。

身も蓋もない《みもふたもない》

あまりにもあからさまで、含みや情趣というものがない。直接すぎて、話の続けようがない。入れ物にも入っていなければ、蓋もされていない意で、むき出しの状態からのたとえ。

めかす

身なりを飾りたてる。おしゃれをする。「冗談めかす」「ほのめかす」のように、名詞などについて、そのように見せかける意の接尾語「めかす」が独立して動詞となった語。外見を取り繕う意から転じて用いられるようになったもので、非難やからかいの気持ちでいうことが多い。連用形「めかし」は名詞として「おめかしをする」ともいう。

焼きを入れる《やきをいれる》

刺激を与えて、緩んだ気持ちを引き締める。活を入れる。本来は、刃物を固くし、切れ味をよくするために、刃を真っ赤に焼いてたたき、鍛えることをいう。また、火が回りすぎると反対にもろくなったり、切れ味が悪くなったりすることから、年を取るなどして頭の回転や腕前が鈍ること、役に立たなくなることをたとえて「焼きが回る」という。

矢継ぎ早《やつぎばや》 ⇩132ページ(戦争・武器)

やにわに

すぐさま。いきなり。「やにわ」は戦場で矢が飛び交う場所の「矢庭」のこと。それに助詞の「に」がついて、矢を射ているまさにその場所で、の意。「やにわに逃げ出した」のように用い、時間をかけないで一気に事を行うさまを表す。

山を掛ける《やまをかける》

万が一の可能性に期待して当てずっぽうに物事を行う。そうなるであろうと予想して準備する。山を張る。特に、試験で、出そうな問題を予想して、そこだけを勉強することをいう。「山」は鉱山のこと。山師が鉱石の採れそうな鉱山に見当をつけることを「山を掛ける」といい、非常に投機性が高いことから、運を天に任せて事を行うことのたとえに用いられる。

横槍を入れる《よこやりをいれる》 ⇩132ページ(戦争・武器)

狼藉《ろうぜき》

無法な態度や行動をすること。乱暴を働くこと。漢語の原義は「狼《おおかみ》の寝床」。「藉」は敷く、また、敷物の意で、おおかみが草を敷いて寝たあとが乱れていることから、取り乱したさま、物が散らばっているさまをたとえていう。

鷲掴み《わしづかみ》

荒々しく物をつかむこと。ワシが鋭く大きな爪で獲物を捕まえる様子からいう。「心を鷲掴みにする」のように比喩的にも用いる。

ワンパターン

いつも決まりきっていて、変わりばえしないこと。一つ(one)の型(pattern)の意で、和製語。

人間関係

赤い糸《あかいいと》 ⇩203ページ(故事・伝説)

一味《いちみ》 ⇩190ページ(仏教)

核家族《かくかぞく》

夫婦、あるいは夫婦と未婚の子どもだけで構成する家族。アメリカの人類学者G・P・マードック(一八九七〜一九六五)の用語nuclear familyの訳語。第二次世界大戦後に入ってきた概念で、当初訳語には「核心家族」も使われていたが、しだいに「核家族」が定着した。

駆け落ち《かけおち》 ⇩89ページ(法律・刑罰)

家庭《かてい》

夫婦、親子を中心にした血縁者による最小の社会集団。また、その生活の場所。本来は漢語で、家の庭、転じて、家の内、また、家の意。日本では江戸時代から漢文で使用。一八七六(明治九)年に福沢諭吉が『家庭叢談』を創刊して広く用いられるようになったもので、英語のhomeの訳語にも当てられた。

蚊帳の外《かやのそと》

当事者からはずれた立場に置かれること。大事な事を知らされず仲間外れにされること。「蚊帳」は夏、寝るときに蚊に刺されないように、寝床をおおうもの。その中にいる者は恩恵に浴することができるが、外にいれば蚊の襲撃を受けることになる。そこからのたとえで、「一人蚊帳の外に置かれる」のようにいう。

紅一点《こういってん》

多くの男性の中に女性が一人いること。また、その女性。中国北宋の政治家で詩人の王安石の詩「詠柘榴《ざくろ》」の中の「万緑叢中《そうちゅう》紅一点」から出た言葉で、一面の緑の中に一輪の赤い花が咲いているの意。

反りが合わない《そりがあわない》 ⇩128ページ(戦争・武器)

他生の縁《たしょうのえん》

前世からの因縁。仏教観に基づく言葉で、「他生」はこの世（今生《こんじょう》）からみて過去の生（前世）および未来の生（来世）のこと。「袖触り合うも他生の縁」といえば、知らない人と袖が触れ合うくらいのちょっとしたかかわりでも偶然ではなく前世からの因縁によるものだということ。「多生の縁」とも書くが、何度もこの世に生まれ変わる間に生じた縁の意。

ホモ

［英 homo］同性愛。また、同性愛者。特に、男性についていう。「ホモセクシャル（homosexual）」の略。「同一の」の意を表す連結語 homo- と「性の」の意の形容詞 sexual が合わさった語。本来は男女ともにいう。ちなみに、女性の同性愛者は英語で「レスビアン（lesbian）」、略して「レズ」ともいう。

元の鞘に収まる《もとのさやにおさまる》

⇩132ページ（戦争・武器）

縒りを戻す《よりをもどす》

人との関係をもとに戻す。特に、別れた男女がもとの関係になることをいう。「縒り」は糸などをねじってからませることで、複雑にからみあった人間関係をたとえていう。

ライバル

［英 rival］競争相手。好敵手。ラテン語で、小川の意の rivus に基づき、小川の水を巡って争う人々の意。

世の中・世間

浮世《うきよ》

世の中。世間。もとは「憂き世」で、つらいことの多い世の中の意。「憂き」はつらい、苦しい意の形容詞「憂し」の連体形。中世に仏教の影響もあり、この世ははかなく無常なものとされ、また、同義の漢語「浮生《ふせい》」「浮世《ふせい》」の影響もあったと思われる。室町時代には水面に浮くように不安定な世の中の意で、「憂き」に「浮（き）」を当てた「浮世」の表記が見られる。江戸時代になって享楽的な意味合いが強くなった。

娑婆　しゃば

一般人の自由な世界。刑務所や軍隊など、自由を束縛され、隔絶された世界に対して用いる。本来は仏教語。梵語 sahā の音写で、忍土、忍界、堪忍土などと訳されて、仏教では煩悩から脱することのできない衆生が苦しみに耐えて生きている所、現世、俗世界のこと。

出世　しゅっせ

世の中に出て高い地位につくこと。立派な身分になること。本来は仏教語で、仏が衆生を救うために仮にこの世に現れることをいう。また、「出世《しゅっせ》間《けん》」の意で、世俗の煩悩を超越して悟りを得ること、あるいは僧侶になることをいう。特に、禅寺で、紫衣を賜り師号を受けたり勅宣が下され官寺の住持となることをいい、ここから立身出世の観念が生まれた。

世間　せけん

人々がたがいにかかわり合って生活している世の中。一般社会。また、交際範囲。本来は仏教語で、生き物とその生き物が生活する山河大地のこと。また、聖人の位に達しない凡人など、世俗をいう。

世知辛い　せちがらい

抜け目がない。世渡りが難しい。暮らしにくい。「世知」は「世智」とも書き、本来は仏教語で、世俗一般の知恵の意。転じて、世の中を渡る知恵、また、形容動詞として、こざかしい、抜け目がない、さらに、世渡りが難しいなどの意で用いるようになり、それに「辛い」をつけて意味をさらに強調していう。

大衆　たいしゅう

多くの人々。多数のふつうの人。また、社会の大多数をしめる勤労階級の人々。民衆。本来は仏教語で、「だいしゅ」「だいず」と読み、多くの僧侶、比丘《びく》(修行僧)の集団の意。

世論　よろん

世間一般の人々の意見。本来は「輿論」と書き、「輿」は多い、もろもろ、の意。一九四六(昭和二一)年に告示された当用漢字表に「輿」の字が含まれなかったため、代わりに「世」を用いた。「世」が「せ」と読めるため、慣用的に「せろん」ともいう。

Ⅵ
自然

動物

◆哺乳類・爬虫類・両生類

猪《いのしし》

イノシシ科の哺乳類。「猪《い》の獣《しし》」の意。「い」は鳴き声からとされ、「しし」は肉、また、肉を食用とするけもの一般をいう語。

おたまじゃくし

カエルの幼生。頭が丸く、長い尾をつけた形が汁をすくう「玉杓子」に似ていることからの名。「お」は丁寧な意を表す接頭語。一説に、滋賀県の多《た》賀《が》大社に伝わる飯匙《いいがい》伝説から、長命のご利益があるとされる「お多賀杓子（おたがじゃくし）」が変化したとされるが、言い伝えに留まる。

オランウータン

［英 orangutan］霊長類オランウータン科の哺乳類。ボルネオ・スマトラの森林にすむ。もとはマレー語で、オラン（人）＋ウータン（森）、すなわち森の人の意。本来、スンダ諸島の原住民を指していたが、ヨーロッパで誤解されてこの動物の名となった。

蛙《かえる》

両生類無尾目の総称。語源は諸説あり、帰巣の習性があることから、もとの所へ帰る意で「かえる」となったとするのが有力。ほかに、卵から子になることから「孵《かえ》る」の意、「よみがえる」の意とする説などがある。ちなみに「蟇蛙《ひきがえる》」は、引きずるように這《は》って歩くことから、また、気をもって小さい虫を引き寄せて食べることからなど、諸説ある。

カメレオン

［英 chameleon］カメレオン科の爬虫《はちゅう》類。周囲の色に応じて体色を変え、長い舌を伸ばして虫を捕まえる。主にアフリカ大陸とマダガスカルに生息。ギリシア語で、地表のライオンの意。

かもしか

ウシ科の哺乳類。日本の特産種で本州以南の山岳林にすむ。毛は毛氈《もうせん》などを織るのに用いたので、氈《かも》の鹿の意でこの名がある。漢字では「氈鹿」「羚羊」と書くが、「れいよう(羚羊)」は別種。

カンガルー

[英 kangaroo] カンガルー科の哺乳類。オーストラリアとその周辺の島々にすみ、雌は下腹部に育児嚢《のう》をもつ。名の由来は、この地を訪れたイギリスの探検家クックの一行が原住民に尋ねたところ、「kangooroo」と答えたことによる。「私は知らない」の意味とされてきたが、本来は「跳躍するもの」の意で、カンガルー類をいう言葉。

狐 きつね

イヌ科の哺乳類。古くから稲荷神の使いとされ、また、ずる賢くて人をだましたり惑わせたりするともいわれ、多くの説話や迷信が残る。語源は諸説あり、その一つは、「きつ」は鳴き声からで「ね」は接尾語的に添えられたものとされる。また、「き」は臭、「つ」は助詞、「ね」はゐぬ（犬）の転で、臭い犬の意とする説、「きつね（黄猫）」の意とする説、体が黄色いことから「きつね(黄恒)」とする説などがある。

熊 くま

クマ科の哺乳類。語源には、穴居することから「隈獣《くましし》」の意、暗がりにすむことから「隈《くま》」の意など、諸説ある。また、鳴き声からとする説もあり、実際に「クマックマッ」と聞こえるという。

コブラ

[英 cobra] コブラ科の毒ヘビ。体を直立させ、頸部を広げて威嚇する姿から、ポルトガル語のフードを被った蛇(cobra de capello)に由来。cobraはラテン語で蛇の意のcolubraに基づく。

ゴリラ

[英 gorilla] ショウジョウ科の哺乳類。類人猿の中で最大で、アフリカに生息する。毛深い人の意のギリシア語gorillaiから。もとは西アフリカの原住民の言葉からとされる。

シェパード

[英 shepherd dog] オオカミに似た大型犬。賢いことから番犬や警察犬、盲導犬などに使われる。本来「シェパード」は羊飼いのこと。牧羊犬であったことから、羊飼いの犬の意で、シェパードドッグ (shepherd dog) とい

うのが正式名。

ジャガー

［英 jaguar］ネコ科の哺乳類。中南米に生息。ヒョウに似ていることから別名アメリカヒョウ。もとはブラジルのアマゾン川流域に住むトゥピ族の言語で、猛獣の意。

スピッツ

［ドイツ Spitz］毛が白くて長い、ポメラニアン種の小型犬。ドイツ原産。口がとがっていることから、先のとがった、の意の形容詞に由来する。

狸《たぬき》

イヌ科の哺乳類。語源には、狸の皮を「手《た》貫《ぬ》き」（籠《こ》手《て》のこと）に用いたことからとする説、また、「田の怪《け》」の意からとする説、死んだように見せかけて人を「い出し抜く」ことからとする説、人の魂を抜き取るので「魂《たま》抜《ぬ》き」の意からとする説など、諸説ある。

テリア

［英 terrier］イギリス原産の小型犬で、スコッチテリア・フォックステリアなどの総称。地面に穴を掘る習性があり、ラテン語で地面・土の意のterraに由来。もとは猟犬で、ウサギや狐などを巣穴から追い出すのに用いられた。

ハイエナ

［英 hyena］ハイエナ科の哺乳類。夜行性で、死肉をあさることで知られる。アフリカ・インドに生息。もとはギリシア語で、雌豚の意。豚に似た固い頭髪をもつことにちなむ。

ばんどういるか

マイルカ科のハクジラのこと。本来は「ばんどう」ではなく「はんどう」といい、歌舞伎の道化役者をいう「半《はん》道《どう》」から。船のそばまで寄ってきてジャンプをしたり、船首の波に乗って遊んだりするのを見た漁師たちが、歌舞伎の半道のようだということから命名。「いるか」の語源は「いを（魚）」と「か（食用獣）」が結びついた「いをか」の転、浮いたり沈んだりすることから「入り浮く」の転、その臭気から「ちのか（血臭）」の転などの説がある。

豚《ぶた》

イノシシ科の哺乳類。イノシシを改良して家畜化したもの。ふとももの意の南洋語「ベチス」「ビチス」「バチ」などが変化した語で、もとは中国から伝わった豚のふとももの燻製《くんせい》を意味した。また、「いぶと（猪太）」の略転ともいわれ、語源については諸説ある。

もぐら

モグラ科の哺乳類の総称。土を高くもり上げる意の「穿《う》ぐろもつ」の名詞形「うぐろもち」が、「うぐらもち」「むぐらもち」、「もち」が省略されて「むぐら」「もぐら」へと変化したとされる。漢字では「土竜」「鼹鼠」と書く。

モルモット

［オランダ marmot］テンジクネズミ科の哺乳類。医学や生物学の実験に用いられる。南米原産で、オランダ人によってヨーロッパにもたらされたとき、アルプスやピレネー山脈にすむ齧歯《げっし》類の動物のmarmot（マーモット）と間違われて同名で呼ばれるようになったもの。原義はラテン語で、山のネズミの意。日本には一八四三（天保一四）年にオランダから伝わり、オランダ語からモルモットと呼ばれる。

らっこ

イタチ科の哺乳類。北太平洋沿岸域に生息。海面に浮いたまま、海藻を巻きつけて寝たり、仰向けになって腹にウニや貝類をのせて食べたりする。語源はアイヌ語で、漢字では「猟虎」「獺虎」「海獺」と当てて書く。

栗鼠《りす》

リス科の哺乳類。体形はネズミに似るが、四肢が長く、尾も長くてふさふさしていて、栗やどんぐりなどを好んで食べる。漢語の唐音読み「りっそ」が「りっす」「りす」へと変化した語。

魚類

鰯《いわし》

ニシン科の海水魚。日本人にとって古くからなじみの深い魚で、食料のほか、飼料や肥料にもされた。語源は、弱くて死にやすい魚であることから、「弱し」の転とされる。また、庶民が食べる下賤な魚であったところから、「賤し」の転とする説もある。ちなみに、ウルメイワシは眼が潤んでいるようにみえることからの名という。

おこぜ

フサカサゴ科の海魚の総称。背びれに

毒のあるものが多く、頭がでこぼこしている。食用になるのはオニオコゼで美味。古名を「おこじ」といい、「おこ」は醜悪なさま、愚かなさまを意味する。漢字では「鰧」、その容貌から「虎魚」と当てて書く。

鰹 かつお

サバ科の海魚。古くは干して食用にしたことから、堅い魚の意の「堅魚《かたうお》」が変化した語とされる。漢字では「堅魚」、色が灯明に使った松の根株に似ることから「松魚」とも書く。一説には、漁師が釣り上げると米を搗《か》つ（臼でつく）ように木の棒で叩いたりぶつけたりして処置することから、「かつうお（搗魚）」が語源ともいう。

魚 さかな

魚類の総称。本来、「さかな」は酒を飲むときに添える食べ物のこと。「さか」は「酒」、「な」は副菜を意味する「菜」で、「酒菜」の意。「魚」と書いて魚類の総称となったのは江戸時代になってからのことで、魚を酒の副菜にしたことによる。それまでは「うお（魚）」といった。ちなみに、副菜については「肴」と書いて区別する。

鮭 さけ

サケ科の魚。秋、生まれた川にさかのぼって産卵・受精し、力尽きて死ぬ。語源は、身が裂けやすいことから「さけ」、身が酒に酔ったような色をしていることから「さかけ（酒気）」の略、産卵のとき腹が裂けるところからとする説、また、アイヌ語からとする説など、諸説ある。

さより

サヨリ科の海魚。沿岸や内湾の藻場で産卵し、海面近いところを群れをなして泳ぐことから、「いさより（磯寄り）」が変化したものとされる。漢字では「鱵」、体が細長いことから「細魚」「針魚」と当てて書く。

秋刀魚 さんま

サンマ科の海魚。体が細長いことから「狭真魚《さまな》」が変化したものとも、沿岸で群れをなすことから「いそうま（磯旨）」が変化して「さんま」になったともいわれる。秋に獲れ、刀のような形をしているところから、漢字では

「秋刀魚」と当てて書く。

ししゃも

キュウリウオ科の海魚。北海道の太平洋岸に分布し、産卵のために群れで川をさかのぼる。もとはアイヌ語の「スサム」で、その体形からアイヌ語で柳の葉を意味する「シュシュ（柳）ハム（葉）」に由来するとされる。漢字では「柳葉魚」と当てて書く。

じんべい鮫《じんべいざめ》

ジンベイザメ科の軟骨魚。外洋性で世界の温・熱帯海域に分布する。魚類中最大で、全長一八メートルに達するものもある。「じんべい」は「甚平《じんべい》」のことからこの名がある。甚平を着ているように見えることからこの名がある。「じんべえざめ（甚兵衛鮫）」ともいう。⇩44ページ「甚平」

鯛《たい》

タイ科の海魚。マダイ・キダイ・クロダイなど種類は多いが、ふつうはマダイを指していう。魚の王といわれ、縁起のよい魚として、祝い事に用いられる。体が平らなことから、「平魚《たいらうお》」の意。語源を「めでたい」からとする説もあるが、後から理由付けしたもので認めがたい。

太刀魚《たちうお》

タチウオ科の海魚。体は偏平で細長く、銀白色をしているところが太刀に似ていることからこの名がある。一説には、休むときに立ち泳ぎをすることから「立《た》ち魚《うお》」の意からともいうが、体の形状からとするほうが有力である。

はたはた

ハタハタ科の海魚。冬、秋田県・山形県などの沿岸で獲れる。そのころよく雷が鳴ることから、雷の意の「はたはた神」に由来するとされ、「かみなりうお」とも呼ばれる。漢字では「鰰」「鱩」のほか、「雷魚」とも当てて書く。ちなみに、これを塩漬けにして染み出た上澄みから作るのが調味料のしょっつるである。

平目《ひらめ》

ヒラメ科の海魚。目が片側にあることから「片平《かたひら》に目のある魚」の意からこの名があるとされる。また、平らなさまを古語では「ひらめ」ということから、「ひらたい魚」の意からともいう。漢字では「鮃」とも書く。ちなみに、カレイとの見分け方は目の位置の違いから「左ひらめに右かれい」という。

河豚《ふぐ》

フグ科の海魚。マフグ・トラフグ・クサフグなど種類は多い。古名は清音で「ふく」といい、攻撃を受けたりすると腹部をふくらませることからこの名がある。現在でも山口県の下関などでは「幸福」の「ふく（福）」の意味も込めて、「ふく」と呼んでいる。肝臓や卵巣などの内臓にテトラドトキシンという猛毒をもち、当たれば死ぬことから別名「鉄砲」ともいう。

鯥五郎《むつごろう》

ハゼ科の海魚。日本では有明海や八代《やつしろ》湾の泥海に生息。脂身の多い魚で、脂っこい意の「むつごい」の語幹「むつ」と、ハゼ科の「ごり（鮴）」が変化した「ごろう」が合わさった語で、脂っこいごりの意。干潟を跳ねて移動するのは雄の求愛行動で、そのかわいらしい姿から「ごろう」に男の子の名前「五郎」を当てた。

わかさぎ

キュウリウオ科の淡水魚。「わか」は次々と現れる意の「わく」から、「さぎ」は多い意の「ざくい」からで、群れてたくさんいることからこの名があるとされる。漢字では「鰙」のほか、霞ヶ浦産のものが時の将軍に献上されたことから「公魚」の字が当てられる。

◇貝・甲殻類

あさり

マルスダレガイ科の二枚貝。淡水の流れ込む浅海の砂泥地にすむ。語源には、魚介類を探し獲る意の「漁《あさ》る」からという説、浅い水に住む貝の意からとする説などがある。漢字では「浅蜊」と書く。

伊勢海老《いせえび》

イセエビ科のエビ。伊勢地方の海で多くとれたことからこの名がある。エビは腰を曲げた姿を老人に見立てて「海老」と書き、その海老の代表格である伊勢海老は古くから長寿・延命の願いを込め、鯛と並んで祝い事には欠かせない。

磯巾着《いそぎんちゃく》

イソギンチャク目の腔腸動物。先端の触手に獲物が触れると、それを取り込もうとして触手が縮み、巾着の口を締めたような形になることからこの名がある。

潮招《しおまねき》

スナガニ科のカニ。日本では九州有明海や長崎沿岸に生息し、干潟に穴を掘ってすむ。雄は片方のはさみが大きく、干潮になると穴から出てきてはさみを上下に動かす様子が潮を招くように見えるところからこの名がある。

しじみ

シジミ科に属する二枚貝の総称。語源には、殻の表面に縮んだような文様があるところから、「ちぢむ」の古語「しじむ」が転じたとする説のほか、煮ると身が縮むから、あるいは磯の清水にすむ貝の意からとする説などがある。漢字では「蜆」と書く。

ずわい蟹《ずわいがに》

クモガニ科のカニ。足が長く、左右に広げると七〇センチほどにもなる。「ずわい」は、すくすく伸びた木の枝の意の「すはえ」からで、足の長いところからの形容とされる。島根・鳥取地方では出荷の際、足を松葉のように折りたたむことから松葉蟹、石川・福井地方では地名から越前蟹と呼ばれる。

蛸《たこ》

頭足類タコ科の軟体動物。「たこ」の「た」は「手」の意、「こ」は接尾語で、手が多いことからの名とされる。また、手にはたくさんの吸盤があり、物に凝りつくことから、「手凝《たこ》」の意、たぐるなど手を縦横に動かす意の古語「縮《た》く」に由来するなど、語源には諸説ある。

たらば蟹《たらばがに》

タラバガニ科の甲殻類。カニとはいっても、分類学上はヤドカリの仲間。「たらば」は「鱈場」で、タラの漁場のこと。その付近で獲れ、カニに似ていることからこの名がある。

海鼠《なまこ》

ナマコ綱の棘《きょく》皮《ひ》動物。古くは単に

「こ」といい、腸を取り茹《ゆ》でて干したものを「煎《い》りこ」といったところから、生《なま》のものを「生のこ」の意で「なまこ」というようになったとされる。また、再生力が強いことから「生き返るこ」の意で「なまこ」とする説もある。

蛤 はまぐり

マルスダレガイ科の二枚貝。形が栗に似ているところから、「浜栗《はまぐり》」の意とされる。

富士壺 ふじつぼ

フジツボ科の甲殻類。殻が円錐形で、富士山に似ていることからこの名がある。「藤壺」と書くことがあるのは、音からの混用。岩礁や船底など固い物に付着して生活する。

平家蟹 へいけがに

ヘイケガニ科のカニ。日本近海、特に、瀬戸内海に多く生息する。甲羅に怒った人の顔のような模様の隆起があり、壇ノ浦の合戦で源氏に敗れた平家一門の亡霊によるものという伝説からこの名がある。

帆立貝 ほたてがい

イタヤガイ科の二枚貝。殻はほぼ円形で、表面に放射状の筋がある。片方の殻を帆のように立てて進むと考えられてこの名があるが、実際には殻をはげしく開閉し、水流を起こして移動する。

牡丹海老 ぼたんえび

タラバエビ科のエビ。濃い黄赤色で、体側に小さな赤色斑点が不規則にあることから、牡丹の花を連想してこの名がある。

ほや

ホヤ目の尾索《びさく》類の総称。単体のものは球形もしくは卵形で、群体のものは各個体が極めて小さく、共通の寒天質の中に並ぶ。「ほや」は、宿木《やどりぎ》の古名「寄生《ほや》」からで、岩にくっついて動かず、植物のように見えるところから、宿木に見立てて名づけたとされる。漢字では皮質の被嚢《ひのう》で覆われる様子から「海鞘」、なまこに似ていることから「老海鼠」とも書く。

鳥類

合鴨《あいがも》

野生のマガモとアヒルの雑種。特に、アオクビアヒルとの一代雑種は、合鴨農法で知られる。古くは、カモは冬の渡り鳥で、そのカモのいない時期に代用にしたアヒルを、「合間の鴨」の意で「合鴨」といった。「間鴨」とも書く。

あひる

マガモを家禽化したもの。足の水かきが大きくて広いことから、「あしひろ（足広）」を略した「あひろ」が「あひる」に変化したとされる。また、歩くさまが闊歩《かっぽ》する風に見えることから「あひろ」を「足潤《あひろ》」とする説もある。漢字では「家鴨」と当てて書く。

鶯《うぐいす》

ヒタキ科の鳥。名前の由来は諸説あるが、一説に、「うぐい」は鳴き声で、「す」は鳥の名につける接尾語という。また、歴史的仮名遣いは「うぐひす」で、「うく」は奥、「ひす」は出ず、奥出ずの意とする説、「う」は「生《ふ》」の転で、「す」は巣、茂みに巣を作る鳥の意とする説などがある。早春、「ホーホケキョ」と美しい声で鳴くので、別名「春告げ鳥」という。

おしどり

ガンカモ科の水鳥。歴史的仮名遣いは「をしどり」で、雌雄一対でいつも一緒にいて仲むつまじいことから、いとしい意の形容詞の「愛《を》し」が鳥の名になったとされる。漢字では「鴛鴦」と書き、「えんおう」とも読む。「鴛」は雄、「鴦」は雌のおしどりのこと。

郭公《かっこう》

カッコウ科の鳥。夏、南方から飛来し、草原などの明るく開けた所に好んですむ。「カッコー、カッコー」と鳴くことからの名で、「郭公」と表記するが本来は鳴き声による漢名。他の言語でも英名cuckoo、フランス名coucou、ドイツ名Kuckuckなど、鳴き声からの命名は共通している。

カナリア

［ポルトガル canaria］アトリ科の鳥。スズメ

よりやや小さく、美しい声で鳴く。原産地のカナリア諸島からの命名。黄色い羽の色から漢名「金糸雀」を当てて書くこともある。

雉 きじ

キジ科の鳥。我が国特産で国鳥に指定されている。古名は「きぎし」、のちに「きぎす」ともいい、「きぎ」は鳴き声、「し」「す」は鳥の名につける接尾語。その「きぎし」がつづまって「きじ」となったもの。

啄木鳥 きつつき

キツツキ科の鳥。くちばしで樹幹に穴をあけて中の虫を捕食する。木をつつく意でこの名がある。「啄木鳥」と当てて書くが、「啄木《たくぼく》」は漢名で、「啄」はくちばしでつつく意。

九官鳥 きゅうかんちょう

ムクドリ科の鳥。人の声のまねが巧みで、古くから飼い鳥として愛好された。江戸時代前期の『本朝食鑑《ほんちょうしょっかん》』に、中国の商人で九官という人が日本に持ち込み、長崎の人たちがその鳥を九官と呼んだという話が載っており、人名に由来するというのが通説。

四十雀 しじゅうから

シジュウカラ科の鳥。一説に、「しじゅう」は地鳴きの声、「から」は小鳥の総称とする。よく耳にする「ツツピー、ツツピー」と高い声で鳴くのはさえずりで、地鳴きは「チチジュクジュク」のように鳴く。また、「四十」は多く群れるところから、「から」は「かる(軽)」の転で、軽く翻る意からともいう。ちなみに、雀四〇羽でこの鳥一羽に相当することからという説もあるが、伝承の域を出ない。

七面鳥 しちめんちょう

キジ科の家禽。日本へは明治時代初期にオランダから入ったとされる。興奮したりすると、頭部から首にかけて裸出した皮膚が赤くなったり青くなったりすることからこの名がある。

十姉妹 じゅうしまつ

カエデチョウ科の鳥。江戸時代に中国から輸入されたコシジロキンパラを日本で改良したものとされ、飼い鳥として愛好される。何十羽いっしょにいても争うことはなく、姉妹のように仲良くしていることからこの名がある。「じゅうしまい」ともいう。

チャボ

ニワトリの一品種。江戸時代、インドシナにあったチャム族の国チャンパから渡来したニワトリを日本で改良し、愛玩用とした。この「チャンパ」が変化して「チャボ」となった。

鶏 にわとり

キジ科の家禽。神話の時代から飼育されており、歴史的仮名遣いは「にはとり」。野生の鳥の「のつとり（野つ鳥）」に対して、庭で飼う鳥を「にはつとり（庭つ鳥）」といった。「つ」は「の」の意の助詞で、それが省略されて「にわとり」となったもの。

隼 はやぶさ

ハヤブサ科の鳥。猛禽で、古くから鷹狩りに用いられる。獲物を見つけると急降下して体当たりし、足で蹴落としてつかまえる。速く飛び、大きく広げた羽が総状《ふさ》をなすことから、「速総《はやぶさ》」の意、また、速く飛ぶことから「速《はや》翼《つばさ》」の意など、諸説ある。

雲雀 ひばり

ヒバリ科の鳥。晴れた日に空高く舞い上がってさえずることから「日《ひ》晴《はる》」の意でこの名がある。河原や麦畑に営巣し、春、空高くでさえずる。雲の上までのぼることから「雲雀」と当てて書く。

ひよこ

孵化《ふか》してまもない鳥の子。特に、ニワトリの子。「ひよ」は「ひよひよ」という鳴き声からで、「こ」は状態を表す接尾語ともいわれる。

フラミンゴ

［英 flamingo］フラミンゴ科の鳥。首と足が長く、ツルに体形が似ていて、水辺に群棲。羽が紅色をしているところからこの名がある。英語のflamingoはポルトガル語のflamengoからとされ、原義は炎の色をしたという意。ラテン語で炎を意味するflammaに基づく。和名は紅鶴《べにづる》。

ペリカン

［英 pelican］ペリカン科の鳥。大形の水鳥で、くちばしの下に大きな袋があり、すくい取った魚をたくわえる。くちばしが斧に似ていることから命名。もとはギリシア語のpelekā́nで、斧の意のpélekysに基づく。

ペンギン

［英 penguin］ペンギン科の海鳥。南極大陸など南半球にすむ。翼を巧みに使って泳ぐが、飛ぶことができず、陸上では直立して歩行する。ウェールズ語のpengwynからで、penは頭、gwynは白いの意。もとはオオウミガラスを指していった語。

椋鳥《むくどり》

ムクドリ科の鳥。ムクノキの実を好んで食べることからこの名があるとされる。ほかに、人家近くに群棲することから、「群来鳥《むれきどり》」あるいは「群木鳥《むれきどり》」からとする説などもある。

目白《めじろ》

メジロ科の鳥。目の周りが白いことからこの名がある。ちなみに、大勢の人が押し合って並んだり、物事が次から次へと続いたりすることを「目白押し」というのは、目白が木の枝に押し合うようにして止まる習性からのたとえ。

夜鷹《よたか》

ヨタカ科の鳥。昼間は木の枝か地上で眠り、夕方になると飛びながら蚊などの昆虫を捕食する。夜行性の鷹の意でこの名がある。別名「蚊吸い鳥」という。

◆虫類

あめんぼ

アメンボ科の水生昆虫。細長い脚で水面をすいすいと滑るように走る。体に臭腺をもっていて、捕まえると飴のような甘い臭いを発することから、「飴棒」あるいは「飴坊」の意でこの名がある。「あめんぼう」ともいう。

芋虫《いもむし》

チョウやガなどの幼虫。特に、スズメガ科の幼虫をいう。里芋やさつまいもの葉を食べることからこの名がある。

落とし文《おとしぶみ》

オトシブミ科の甲虫。クヌギやナラなどの木の葉を丸めて、中に卵を産みつけ、それを地上に落としておくと、その中で幼虫が育つ。昔、公然とは言えないことを書いて、わざと路上に落としておくものを「落とし文」「落書《らくしょ》」といい、それ

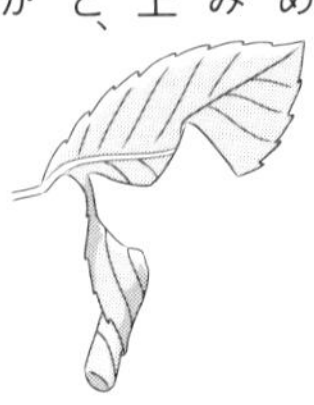

に似ていることからこの名がある。

こおろぎ

コオロギ科に属する昆虫の総称。古くは、秋に鳴く虫の総称で、特にこの虫を指すときは「きりぎりす」といった。コホロと鳴くところから名付けられたとされ、「ギ」もまた鳴き声によるという。漢字では「蟋蟀」と書く。エンマコオロギは、その顔が地獄の閻魔《えんま》大王に似ていることからの名という。

ごきぶり

ゴキブリ目の昆虫。「ごきかぶり」が変化した語。「ごき」は「御器」で、大事な器の意で、ふた付きの椀のこと。「かぶり」はかじる意の動詞「かぶる」の連用形が名詞化した語。椀の残飯を食べるところから、また、椀をかじるところからともいう。

尺取虫《しゃくとりむし》

シャクガ科のガの幼虫。枝上で体を屈伸して進むさまが、親指と人指し指で長さを測る様子に似ていることからこの名がある。

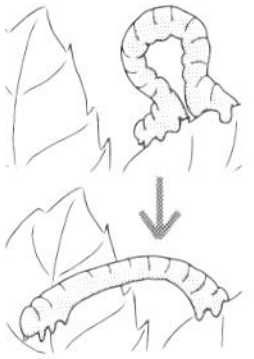

天道虫《てんとうむし》

テントウムシ科の甲虫。茎や枝などを下から登っていって、先端まで行くとぱっと飛び立つところが、お天道さま（太陽）に向かって飛ぶようにみえたことからこの名があるとされる。

ひぐらし

セミ科の昆虫。日が暮れようとするときに鳴き出すことから「日暮らし」の意。カナカナと鳴くことから別名「かなかな」ともいう。漢字では「蜩」と書くが、漢語ではセミの総称。

ぼうふら

蚊の幼虫。体は細長く、下水や水たまりなどにすむ。「棒振り虫」から転じた語で、泳ぐときに棒を振るように体を屈折させるところからの名といわれる。漢字では「孑孑」「孑孒」と書く。

蛍《ほたる》

ホタル科に属する甲虫《こうちゅう》の総称。腹部に発光器をもち、夜間光ることで知られるが、光らない種もある。光を火に見立て、「火垂《ほた》り」「火照《ほて》り」の転とする説、その明るさから「火足《ほた》る」の転とする説などがある。

馬・馬具に由来する言葉

煽る あおる
風の勢いで物を動かす。扇子や団扇などで風を起こす。また、人をおだてたりそそのかしたりする。もとは、乗馬で、鐙《あぶみ》で障泥《あおり》を蹴って馬を急がせることをいった。障泥は馬の両脇腹を覆う皮製の泥除けのこと。

当て馬 あてうま
相手の様子や出方を見るために、仮に出される人のこと。選挙では、相手候補の動きを探ったり牽制したりするために立てる候補を「当て馬候補」という。本来は、馬の種付けで、雌馬の発情の有無を確かめたり、促したりするために近づける雄馬のこと。ちなみに、種付けの雄馬を種馬、特にサラブレッドの場合は種牡馬《しゅぼば》という。

馬が合う うまがあう
お互いに気が合うこと。馬は乗り手の能力や気持ちを敏感に感じ取る動物で、うまく乗りこなすにはその馬を理解し、気持ちが通じあうことが大切。人と人も同じことで、乗り手と馬の呼吸がうまく合い、人馬一体となることからのたとえ。

御する ぎょする
人を思い通りに動かすこと。もとは、馬などを巧みに操ることをいい、転じて、人に対しても用いられる。「御」は操る、てなづける意で、馬車を操る人を「御者」という。ちなみに、「制御」「統御」などの「御」はこの意である。

轡を並べる くつわをならべる
一緒に行動すること。「轡」は馬の口にくわえさせる金具で、手綱をつけて馬を制御するのに用いる。その轡を並べるとは何頭もの馬が同じ方向を向いて並ぶことをいい、そこからのたとえ。ふつう、「強豪校が轡を並べて三回戦に進んだ」のように、よい意味で用いる。「轡を並べて討ち死にした」のように、そろってだめになる意で用いるのは間違いで、この場合は「枕を並べて討ち死にした」という。

鞍替え くらがえ
勤めや職種、所属先などを替えること。もとの意味は、馬の鞍を替える、つまり、別の馬に乗り換えること。そこから転じて、近世では遊女や芸者が事情があってほかの遊女屋または遊里に勤め替えすることをいった。明治時代に一般的に用いられるようになったが、あまりよい意味合いではない。

馬具の名称

毛嫌いする けぎらいする
これといった理由もなく、なんとなく嫌うこと。もとは、馬の種付けで、雌馬が雄馬をその毛並みによって嫌うことを「毛嫌い」といい、そこからのたとえ。ただし、人の場合は男女の別はない。

下馬評《げばひょう》

世間での無責任で興味本位の評判やうわさ。江戸時代、寺社の境内や貴人の門前などで、敬意を表して馬を下りることを「下馬」といい、その場所を「下馬先」、略して「下馬」ともいった。その下馬先で主人を待つ間に、供の者たちがする評判やうわさ話が「下馬評」で、のちに、世間での評判やうわさ話の意となった。

尻馬に乗る《しりうまにのる》

他人の言動に何の考えもなしに便乗すること。付和雷同すること。「尻馬」は人が乗った馬の尻のこと。自分は馬の後ろに乗るだけで、前で手綱を握る人にただ従うことからのたとえ。

手綱を締める《たづなをしめる》

人が勝手な行動をしないように注意したり監視したりすること。反対に他人への束縛を緩めることは「手綱を緩める」という。「手綱」は馬を操るために轡《くつわ》に付けた綱のこと。馬は手綱を締めればブレーキがかかってゆっくりと、緩めれば速く走る。そこから、人を制御する際の比喩に用いられる。

拍車を掛ける《はくしゃをかける》

物事の進行を一段と速めること。「拍車」は乗馬靴のかかとに付けて、馬を御する金具で、歯車のような突起が付いている。その歯車の部分を馬の腹に当てて刺激すると速く走らせることができる。そこから、比喩的に物事の勢いを増す意で用いられる。

餞《はなむけ》 ⇩120ページ（風俗・風習）

はめを外す《はめをはずす》

調子に乗って常識の範囲を超えること。「はめ」は馬の轡《くつわ》の、口の中にくわえさせる部分「馬銜《はみ》」が転じたもので、それを外すと馬は束縛から解放されて気ままに行動することからのたとえ。一説に、「はめ」は建物の側面に張る羽目板のことで、それを外すほどの度を過ぎた行為をする意からともいい、「羽目を外す」と表記することも多い。

道草を食う《みちくさをくう》

目的地に行く途中で寄り道をしたり、遊んだりすること。馬が道端の草を食べて、先に進もうとしないことからいうもので、鎌倉時代後期に成立した『吾妻鏡《あずまかがみ》』にすでに比喩としての記述が見られる。

野次馬《やじうま》

自分とは関係のないことにおもしろ半分に口を出したり、騒いだりする人のこと。老いた雄馬のことを「親父馬《おやじうま》」といい、「おやじ」が「やじ」と略されて「やじうま」となり、老いた馬は仕事の役に立たないことから、転じて、役にも立たないことに興味をもって、無責任に騒ぎ立てる人のことをいうようになったとされる。ほかに、「やじ」は「やんちゃ」の転で、「やんちゃ馬」から出た言葉とする説などもある。江戸時代から使われ、「野次」または「弥次」と書くのは当て字。ちなみに、「やじる」は「やじ」を動詞化した語で、「やじを飛ばす」ともいう。

植物

茜　あかね

アカネ科のつる性多年草。山野に自生。根が赤黄色をしていることから「赤根」の意とされる。根は染料にするほか、漢方では利尿・止血・強壮剤として用いられる。

あけび

アケビ科の落葉低木。秋、淡紫色で長さ八センチほどの実がなり、熟すと縦に裂け、果肉がのぞく。その実の形容から、「開肉《あけみ》」、あるいは「赤実《あかみ》」の転とされる。また、同じアケビ科のムベより熟すのが遅いので「秋ムベ」の意とするなど、語源には諸説ある。漢字では漢語から「通草」「木通」と当てて書く。

朝顔　あさがお

ヒルガオ科のつる性一年草。朝美しく咲く花の意、または、朝の容花《かおばな》の意。中国から渡来し、江戸時代に園芸植物として改良され、庶民に親しまれた花で、多くの品種がある。ちなみに、万葉集などに出てくるあさがおは桔梗《ききょう》あるいは木槿《むくげ》を指す。

紫陽花　あじさい

ユキノシタ科の落葉低木。初夏から梅雨時に小さな花を球状につけるが、花びらと見えるのは装飾花で、萼《がく》が変形したもの。歴史的仮名遣いは「あぢさゐ」。「あづさゐ」の音変化で、「あづ」は集まる意の「あつ」、「さゐ」は「真藍（さあゐ）」の略で、青い花が集まって咲く意。また、「あぢさゐ（味狭藍）」の意で、「あぢ」はほめ言葉、「さゐ」は青い花の意とする説などもある。漢字で「紫陽花」と当てたのは『倭名類聚鈔《わみょうるいじゅしょう》』で、著者の源順《みなもとのしたごう》が白居易の詩に出てくる紫陽花をこの花と勘違いしたことによるとされる。漢名の紫陽花は別の花。花の色が変わるので別名「七変化」ともいう。

馬酔木　あしび

ツツジ科の常緑低木。春、壺形の小さな花を房状につける。葉は有毒で、牛馬が食べると麻痺して足がなえることから「あしじひ（足癈）」の略とされる。「馬酔木」と当てて書くのは、中国から来た馬が知らずに食べて酔ったようになったという故事による。「あせび」ともいう。

翌檜　あすなろ

ヒノキ科の常緑高木。山地に自生し、庭園樹にもする。材木は建築や船舶などに用いられる。木が檜《ひのき》に似ていて、明日は檜になろう、の意とされる。また一説には、本来の檜には及ばない意で「浅檜《あすひ》」が「翌檜《あすひ》」となり、明日《あす》の名がついた木ということから「あすなろ」となったともいう。

アスパラガス

[英 asparagus] ユリ科の多年草。南ヨーロッパの原産で、若い茎を食用にする。ギリシア語で新芽を意味するaspáragosから。独活《うど》に似ていて「松葉独活」、江戸時代にオランダから伝わったことから「オランダ雉《きじ》隠《かく》し」とも呼ばれた。鑑賞用の種類もある。

敦盛草　あつもりそう

ラン科の多年草。初夏に、茎の頂に母《ほ》衣《ろ》の形をした、紅紫色の唇弁《しんべん》花をつける。その花の形を平敦盛が背負う母衣に見立ててこの名がある。敦盛は一谷《いちのたに》の合戦で熊谷直実《くまがいなおざね》に討たれ、一六歳の若さで亡くなった平家の武将。母衣は戦のとき、鎧《よろい》の背にまとって流れ矢を防ぐ布製の袋のようなもの。同じラン科の「熊谷草」と対の名。

亜麻　あま

アマ科の一年草。茎の繊維でリンネルや寒冷紗《しゃ》などを織り、種子からは亜《あ》麻《ま》仁《に》油《ゆ》が採れる。ラテン語のamaniaからで、「亜麻」は大麻に次ぐ意の漢語表記。

あやめ

アヤメ科の多年草。花弁の基部に筋目模様があることから、「文目《あやめ》」の意とされる。また、「あや」はあでやかで美しい意の「綾」、「め」は「女」で、綾なる美しい女の意とする説もある。漢字で「菖蒲」と当てるが、五月の節句に用いる「しょうぶ（菖蒲）」はサトイモ科で別種。

苺 いちご

バラ科の多年草または小低木。実は食用となるものが多い。万葉の時代には「いちびこ」といい、それが略されて「いちご」となったもの。一説に、「いち」は甚だしい意の「甚《いち》」、「び」は色の「緋《ひ》」、「こ」は接尾語の構成で、非常に赤い実の意とされる。

無花果 いちじく

クワ科の落葉小高木。小アジア原産。ペルシア語のanjirがヒンズー語でinjirとなり、中国で「映日果《インジークォ》」と訳され、日本に入って「いちじく」となったとされる。一説に、「一熟《いちじゅく》」の意からともいう。「無花果」と書くのは花が無いように見えることからの当て字。倒卵形で肉厚の花は中に無数の花をもち、熟すと暗紫色になって、食用となる。

いちはつ

アヤメ科の多年草。中国原産で、葉は広くて短い剣状をしている。アヤメ類のうちでいちばん早く咲くことから「逸初《いつはつ》」の意とされる。「一八」と書くのは当て字。「鳶尾」とも当てるが、花が鳶《とび》に似ていることによる。

銀杏 いちょう

イチョウ科の落葉高木。中国原産。一説に、葉が鴨の脚に似ていることから、中国では「鴨脚《アフキャク》」といい、明《みん》時代に日本からの留学僧がそれを「ヤーチャウ」と聞き、「イーチャウ」、さらに「イチャウ」となまって伝えられたとされる。「公孫樹」とも当てて書くが、もとは漢名で、人（公）が植えてから孫の代になって実がなり、食べられるようになるという意。

犬蓼 いぬたで

タデ科の一年草。山野に自生し、秋、茎の先に紫紅色の小花を穂のようにつける。「犬」は似て非なるもの、劣るものの意味で、刺身のつまや蓼酢にするタデと違って辛くもなく食用にもならないことからいう。別名「あかまんま」は、赤い飯の意で、子どもがままごと遊びに用いることからいう。

犬のふぐり いぬのふぐり

ゴマノハグサ科の越年草。早春、小さな瑠璃《るり》色の花を咲かせる。「ふぐり」は陰嚢《いんのう》のこと。実が犬の陰嚢に似ていることからこの名がある。

いらくさ

イラクサ科の多年草。「いら」はとげの意で、葉や茎にとげがあることからこの名がある。中に蟻酸《ぎさん》を含むので、皮膚に触れると痛い。ちなみに、思うようにならずに腹立たしいさまをいう「いらいら」は、この不快な皮膚感覚からきたもの。漢字は「刺草」、漢名から「蕁麻」を当てて書く。

隠元豆　いんげんまめ

マメ科のつる性一年草。江戸時代前期、中国明《みん》の僧、隠元禅師がもたらしたことからこの名がある。別名は「五月ささげ」「三度豆」など。未熟果をさやごと食べるものは「さやいんげん」と呼ぶ。ちなみに、関西方面では隠元豆は藤豆の別称であることから、隠元禅師がもたらしたのは藤豆であるという説、また、二種の豆を持ってきて、関東には五月ささげを、関西には藤豆を広めたとする説もある。

空木　うつぎ

ユキノシタ科の落葉低木。初夏、枝先に多数の白い花を咲かせる。幹が中空であることからこの名がある。また、古くからこの枝で地面をたたき、邪悪な土地の精霊を追い払う慣わしがあり、「打つ木」の意とする説もある。別名の「卯の花」は花が卯月（陰暦四月）に咲くことによる。

馬肥やし　うまごやし

マメ科の越年草。春、黄色の小さな花をつける。ヨーロッパの原産で、江戸時代に渡来し、牧草や緑肥に用いられる。馬の飼い葉にしたことからの名。

梅　うめ

バラ科の落葉高木。中国原産で、奈良時代に日本に渡来。「梅」の字音「め」が変化した語。ほかに、最初に伝わったのは実を燻製《くんせい》にした薬用の「烏梅」で、その字音「うめ」からとする説もある。万葉集には桜よりも梅を詠んだ歌が多く、平安時代中ごろまでは花といえば梅のことを指した。

エニシダ

マメ科の落葉低木。南ヨーロッパ原産で、初夏に黄色い蝶形の花をつける。日本には江戸時代に渡来。語源はラテン語のgenistaで、そのオランダ語読み「エニスタ」が変化したもの。漢字は「金雀枝」「金雀児」と当てる。

海老根《えびね》

ラン科の多年草。山地に自生するが、栽培もされて園芸品種も多い。根に節が多く、海老のようにかがまっているところからこの名がある。

オクラ

［英 okra］アオイ科の一年草。アフリカ原産で、日本には江戸時代末期に渡来。okra は西アフリカ土語でオクラを意味するnkramaに由来。

含羞草《おじぎそう》

マメ科の一年草。ブラジルの原産で、日本には江戸時代の天保年間（一八三〇〜四三）に渡来。手で触れると、葉が次々と合わさって、葉柄がお辞儀をするように垂れるところからの名。その様子がいかにも恥ずかしげに見えることから、漢字では「含羞草」と当てる。

白粉花《おしろいばな》

オシロイバナ科の多年草。熱帯アメリカ原産で、江戸時代前期に渡来。種子の胚乳は白粉質で、女の子がその白い粉をおしろいとして遊んだことからこの名がある。花は夕方咲き始めるので、別名「夕化粧」という。

苧環《おだまき》

キンポウゲ科の多年草。春、紫または白色の五弁の花びらを内側に曲げて咲かせる。その花の姿から、紡いだ麻糸を中空にして玉状に巻いた糸巻きの苧環《おだまき》に見立ててこの名がある。

女郎花《おみなえし》

オミナエシ科の多年草。秋の七草の一つ。枝先に黄色の小花を多数傘状につける。歴史的仮名遣いは「をみなへし」。「をみな」は女性のことで、古くは美人、佳人の意。「へし」は「圧《へ》す」の連用形。美人を圧倒するほど美しい意でこの名がある。ちなみに、同科で白い花を咲かせる男郎花《おとこえし》は、女郎花に比べると粗大なところからの命名。

万年青《おもと》

ユリ科の多年草。江戸時代から観賞用に栽培される。株が大きいことから、大本《おおもと》の意といわれる。また、葉が常緑で「青本《あおもと》」からとする説などもある。寿命が長く、葉がいつも変わらず青いことから「万年青」と書く。

カーネーション

［英 carnation］ナデシコ科の多年草。ラテン語で王冠の意のcoronaに基づく語で、この花で神の王冠を作ったからとも、花の形が王冠に似ているからともいう。また一説に、肉を意味するラテン語caroに基づく語で、花が淡紅色で肉の色に似ていることからともいう。南ヨーロッパ・西アジア原産で、日本には江戸時代にオランダから渡来。和名は「オランダ石竹《せきちく》」。

ガーベラ

［英 gerbera］キク科の多年草。南アフリカ原産。タンポポを大きくしたような形をしていることから、別名「アフリカタンポポ」という。一八世紀のドイツの博物学者ゲルベル（T. Gerber）の名にちなむ。

楓《かえで》

カエデ科の落葉高木。葉がカエルの手に似ていることから「かえるで（蛙手）」が変化した語。新緑から紅葉に、また新緑へと移り変わるさまが「蛙」の語源の「帰る」とも重なるようである。漢字で「楓」と書くが、中国ではマンサク科の「フウ」のこと。かえでの漢名は「槭《せき》」。

カサブランカ

［英 Casablanca］ユリの園芸品種。白くて大形の花は華やかで、「ユリの女王」と呼ばれる。モロッコ北西部の都市カサブランカ（Casablanca）は、スペイン語で白い家の意。映画『カサブランカ』の舞台となった地で、主演女優イングリッド・バーグマンをイメージしての命名ともいわれる。

片栗《かたくり》

ユリ科の多年草。山野に自生し、春、花びらが反り返った紅紫色の花をつける。鱗茎《りんけい》からでんぷんを採る。古名を「かたかご」「かたかご（堅香子）」といい、略して「かたこ」、百合に似ていることから「かたこゆり」とも呼ばれるようになり、それがさらに約されたものとする説がある。

カトレア

［英 cattleya］ラン科の園芸品種。中南米原産。花は大きく豪華で、洋ランの代表格とされる。一九世紀の初めに、イギリスの植物収集家で

あるカトレー（William Cattley）の名にちなんで名付けられた。

カボチャ

ウリ科のつる性一年草。アメリカ大陸原産で、世界各地で栽培される。日本には天正年間（一五七三〜九二）にポルトガル人によってカンボジアから渡来。ポルトガル語のCambodia（カンボジア）がなまって、「カボチャ」となった。南蛮渡来の瓜の意で「南瓜」と書く。

烏瓜《からすうり》

ウリ科のつる性多年草。山地に自生し、夏にレース状の白い花を咲かせ、晩秋に楕円形の実をつける。実が赤く熟すとカラスが好んで食べることから、また、種が黒褐色なのでカラスの黒を連想して名付けられたなど、諸説ある。種子や根は薬用になる。

唐松《からまつ》

マツ科の落葉高木。本州中部の山地に多く見られる。葉の出方が唐絵の松に似ていることからこの名がある。「落葉松」とも書くのは、秋に黄褐色となって落葉することによる。

擬宝珠《ぎぼうし》

ユリ科ギボウシ属の総称。山地に自生し、栽培もされる。夏から秋に、長く伸ばした花茎の先に白や紫の小さな漏斗状の花をつける。若い葉が欄干の擬宝珠に似ていることからの命名。

キャベツ

[英 cabbage] アブラナ科の一年草。ヨーロッパ原産で、野菜として栽培される。ラテン語で頭の意のcaputに由来。葉が結球して頭のように見えることによる。

胡瓜《きゅうり》

ウリ科のつる性一年草。古くは黄色く熟したものを食べたことから、黄色の瓜の意で「黄瓜《きうり》」といい、それが音変化した語。インド原産で、日本には中国を経由して渡来。「胡瓜」と書くのは漢名からの当て字。中国へは漢の張騫《ちょうけん》が西域から持ち帰り、「胡瓜《こか》」と呼ばれた。「胡」は中国北方・西方の異民族、また、外国の意。

梔子《くちなし》

アカネ科の常緑低木。夏、白い芳香性のある花が咲く。秋に実が熟しても口を開かないことからこの名があるとされる。また、実の突き出した部分が容器の注ぎ口に似ていることから「口成《くちな》し」の意とする説もある。漢字で「梔子」と書くのは漢名から。

虞美人草　ぐびじんそう

ヒナゲシの異名。虞美人は中国の四面楚歌の故事で名高い楚《そ》の項羽《こうう》の愛人。項羽が漢の劉邦《りゅうほう》に敗れ命を絶ったとき、虞美人も後を追い、その墓にこの花が咲いたという伝説からこの名がある。

熊谷草　くまがいそう

ラン科の多年草。白い袋状の花には紅紫色の小さな斑点がある。一谷《いちのたに》の合戦で平敦盛を討ち取った熊谷直実《なおざね》が背負う母衣《ほろ》に見立ててこの名がある。⇩291ページ「敦盛草《あつもりそう》」

現の証拠　げんのしょうこ

フウロソウ科の多年草。山野に自生し、茎や葉を煎じたものは下痢止めに効く。飲むとすぐに効き目があることから、現に証拠があるの意。別名「医者いらず」ともいう。

胡椒　こしょう

コショウ科の常緑つる性植物。インド原産で、実は香辛料。「胡椒」は漢名で、「胡」は中国北方の異民族、外国の意、「椒」ははじかみ（山椒）のこと。胡から伝わった、ひりひりと辛いものの意。

コスモス

［英 cosmos］キク科の一年草。メキシコ原産で、日本には明治時代初期に渡来。英語のcosmosは、ギリシア語で秩序、調和の意のkósmosに基づき、調和のとれた花の形からこの名がある。秋、白やピンク、紅色などの花をつけ、花が桜に似ることから、「秋桜」ともいう。

辛夷　こぶし

モクレン科の落葉高木。中国原産で、山野に自生し、観賞用に栽培もされる。春先、白く大きな花を咲かせる。つぼみの形が子どもの握りこぶしに似ていることからこの名がある。「辛夷」は本来紫色の花をつけるモクレンの漢名だが、慣用的に当てて用いる。この花が咲くころに田打ちを始めることから別名「田打ち桜」ともいう。

胡麻　ごま

ゴマ科の一年草。種子は食用やごま

油の原料になる。インド・エジプト原産。漢の張騫《ちょうけん》が西域から持ち帰ったといわれ、麻に似た植物であることから「胡麻」と呼ばれた。

小松菜 こまつな

アブラナ科の一年草で、アブラナの変種。江戸時代に、南葛飾郡（東京都江戸川区）の小松川付近で多く産したことからこの名がある。

昆布 こんぶ

褐藻類コンブ科に属する海藻の総称。アイヌ語の「コンブ」からとする説のほか、漢名「昆布」によるともされる。ただし、「昆布」は中国では本来若布《わかめ》のこと。古名は幅が広いことから「広《ひろ》布《め》」、蝦夷《えぞ》の海で多く採れることから「夷布《えびすめ》」という。平安時代にはすでに「こんぶ」と「こぶ」の両方が使われている。

榊 さかき

ツバキ科の常緑高木。神社の境内などに植えられ、枝葉は神事に用いられる。古くは常緑樹の総称で、特に神事に用いる木を指していった。神のいる聖域との境を示す木であることから「境《さか》木《き》」の意とされるほか、栄える木の意とする説もある。「榊」は国字。

桜 さくら

バラ科の落葉高木。語源には諸説あるが、「咲く」に接尾語の「ら」がついたとする説が有力。ほかに、桜の霊である木花開耶姫《このはなさくやひめ》から「さくや」の転、麗しく咲くことから「咲《さき》麗《うら》」の略、さらには、「さ」はさがみ（田神）からで穀霊、「くら」は神のよりつく座《くら》で、桜は穀霊のよりつく座の意とする説もある。古人は桜の花の咲き具合からその年の稲の豊凶を占ったといい、また、桜を農作業の目安にする風習は今なお残る。

ざくろ

ザクロ科の落葉高木。イラン西方のザクロス（Zagros）山脈が原産地。日本には中国を経て平安時代に渡来。漢名「石榴」の呉音「ジャクル」がなまったもの。正式な漢名は「安石榴《あんせきりゅう》」で、漢の張騫《ちょうけん》が西域の安石国から持ち帰ったことによる。「榴」は「瘤」に通じ、幹にこぶが多いからとも、実がこぶに似るからともいう。「柘榴」とも書く。仏教では、実は鬼子母神の象徴で、味は人間の血に似ているという。

山茶花《さざんか》

ツバキ科の常緑小高木。山地に自生するが、鑑賞用に栽培され、生垣などにもする。中国で、葉が茶に似ていることから「山茶」、その花を「山茶花」と称した。日本では中世のころは漢字表記通り「さんざか」と呼ばれていたが、いつしか「さざんか」となり、江戸時代には両方の呼び方がされた。

里芋《さといも》

サトイモ科の多年草。熱帯アジア原産で、日本には古代に渡来。山でとれる「山の芋」に対して、里で栽培されることから「里の芋」の意。奈良時代には「芋」を「うも」といい、家の芋の意で「いへつうも（家つ芋）」、平安時代以降は「いへついも」「いへのいも」と呼ばれた。里芋と呼ぶようになったのは室町時代末期とされる。

サボテン

サボテン科の植物の総称。アメリカ大陸の乾燥地帯に分布。日本へは江戸時代に渡来。一説に、ポルトガル語でせっけんの意のサボン（sabão）に「手」がついて、「サボンテ」が変化した語という。サボンというのは切り口でこすると油汚れが取れることから、テ（手）はその形による。「仙人掌」と書くのは漢名からの当て字で、その形状から仙人のてのひらに見立てたもの。

ザボン

ミカン科の常緑高木。南アジア原産で、実はかんきつ類の中では最大。もとはポルトガル語のzamboaで、葉や根がせっけんの代わりに用いられたことから「せっけん草」の意。「ザンボ」がのちに「ザボン」と変化。漢名から「朱欒」と当てて書く。

さるすべり

ミソハギ科の落葉高木。中国原産で、日本には江戸時代に渡来。幹や枝がつるつるしていて、木登り上手なサルでも滑りそうなところからこの名がある。夏に紅や白色の花を咲かせるが、花期が長いことから漢名で「百日紅《ひゃくじつこう》」といい、その漢字を当てて書く。

サルビア

［英 salvia］シソ科の多年草。一年草として栽培され、夏から秋にかけて赤や紫などの小さな花を咲かせる。ラテン語で健康な、の意のsalvus

からで、薬用にされたことに由来。別名セージ（sage）も語源は同じ。和名は「緋衣草《ひごろもそう》」。

山椒《さんしょう》

ミカン科の落葉高木。山に生え、小粒の実がなる木の意。古くは「はじかみ（椒）」といい、生姜《しょうが》のことも「はじかみ（薑）」といったために、実がなることから「なるはじかみ」、実が房《ふさ》状になることから「房はじかみ」とも呼んだ。中世以降、漢名にならって「山椒」と呼ぶようになった。

シクラメン

［英 cyclamen］サクラソウ科の多年草。地中海沿岸原産で、日本には明治時代中期に渡来。語源はギリシア語で円（circle）を意味するkúklosに基づき、球根の形が丸いことからの命名。和名は花茎の先に反り返って咲く花の様子から「篝火花《かがりびばな》」という。また、英語では豚が根茎を食べることからsowbread（豚のパン）ともいい、その訳語で「豚の饅頭《まんじゅう》」ともいう。

芍薬《しゃくやく》

キンポウゲ科の多年草。アジア北東部原産で、日本には古く薬草として渡来。江戸時代になって観賞用に栽培され、品種は多い。「芍薬」は漢名で、「芍」は輝くように美しい花をつける草の意。「薬」は根が鎮痛剤など薬として用いられることから。和名は「蝦夷薬《えびすぐすり》」「顔佳草《かおよぐさ》」。

白詰草《しろつめくさ》

マメ科の多年草。ヨーロッパ原産。日本には江戸時代に渡来し、牧草・緑肥用に栽培されるほか、野生化もしている。夏、白い蝶形花が集まった球状の花序を出す。梱包《こんぽう》の詰め物にされたことからこの名がある。「オランダげんげ」ともいい、英名は「クローバー」。

西瓜《すいか》

ウリ科のつる性一年草。熱帯アフリカ原産で、日本へは南北朝時代には中国から伝来していたとされる。漢名「西瓜」は西域から中国に伝わったことによるもので、「西」を「すい」と読むのは唐音《とうおん》。「水瓜」とも書くが、水分が多いことによる当て字。

水仙《すいせん》

ヒガンバナ科の多年草。地中海沿岸原産で、自生するほか、園芸品種も多い。日本には鎌倉から室町時代にかけて中国から伝来したとされる。「水仙」は漢名で、水分の多いところに生えることからこの名がある。

すずかけの木 すずかけのき

スズカケノキ科の落葉高木。西アジア原産。晩秋、長い柄の先に球形の実が数個垂れ下がる様子が、山伏がつける結袈裟《ゆいげさ》の「篠懸《すずかけ》」に似ていることからこの名がある。また、鈴がかかっているように見えることからとも。略して「すずかけ」ともいう。英名「プラタナス」。

すみれ

スミレ科の多年草。山野の日当たりのよい所に自生。春に濃紫の花を咲かせる。一説に、花の形が大工道具の「墨《すみ》入《い》れ（墨壺）」に似ていることからこの名があるとされる。ほかに、古くは春の野に出て若菜を摘む習慣があり、すみれもその若菜の一つとして、「摘入草《つみいれぐさ》」の「つみれ」が「すみれ」に変化したとする説もある。漢名から「菫」を当てて書く。

千振 せんぶり

リンドウ科の二年草。山野に自生。乾燥したものを「当薬《とうやく》」といい、煎じて胃の薬とする。苦味が強く、千回煎じて振り出してもまだ苦いことからこの名がある。

千両 せんりょう

センリョウ科の常緑小低木。冬、赤く熟した丸い実は千両の値打ちがあるとして、この名がある。縁起物として正月用の飾りに用いられる。同じく赤い実をつけ正月の縁起物とされる「万両」はヤブコウジ科で、千両よりも美しいという意味からの命名。千両は葉の上に実がつき、万両は葉陰につくことで見分けられる。万両は品種により、実が白や黄色のものもある。

蕎麦 そば

タデ科の一年草。中央アジア原産。実は三角形をしており、鋭い突起があることから、古くは「そばむぎ（稜麦）」といい、その略。「稜《そば》」は物のかどの意。ほかに、畑のそばに植えることからとする説などもある。「蕎麦」は漢名からの当て字。

染井吉野《そめいよしの》

バラ科の落葉高木。エドヒガンとオオシマザクラの交雑種。幕末に江戸染井（現在の東京都豊島区駒込）の植木屋が売り出し、明治時代になって広まった。初めはヨシノザクラと呼んだが、吉野山の桜はヤマザクラなので、誤解を避けるためにソメイヨシノと改名された。

空豆《そらまめ》

マメ科の一、二年草。長楕円形のさやが空に向かって直立するのでこの名がある。「蚕豆」とも書くのは漢名からで、さやがさなぎになる前の蚕に似ていることによる。

ダリア

［英 dahlia］キク科の多年草。メキシコ原産で、栽培に成功したマドリードの宮廷植物園の園長カバニュスがスウェーデンの植物学者ダール（A.Dahl）にちなんで命名した。日本には天保年間（一八三〇～四四）にオランダ人によってもたらされた。和名は「天竺牡丹《てんじくぼたん》」。

たんぽぽ

キク科の多年草。山野に自生。語源には諸説あり、「たん」はたんぽぽの古名「たな（田菜）」の転で、「ほほ」は花の後の絮《わた》がほほけたようになることからとする説のほか、子どもが茎の両端を裂いて水につけ、反り返らせて鼓の形にして遊ぶことから、「鼓《つづみ》草《ぐさ》」の異名もあるように、鼓の音の「たんぽぽ」からとする説などもある。「蒲公英」と書くのは漢名による。

チューリップ

［英 tulip］ユリ科の多年草。イラン原産。トルコ語のターバン（tülbend）が語源で、イスラム教徒が頭に巻くターバンに花の形が似ていることによる。日本には文久年間（一八六一～六四）にオランダから渡来。

月見草《つきみそう》

アカバナ科の越年草。北アメリカ原産で、日本には江戸時代後期に渡来。夏の夕方、白い花を開くことからこの名がある。花は翌朝にはしぼんで薄紅色に変わる。同じように夏の夕方、川原や草原で黄色い花を咲かせ、翌朝しぼむ花を月見草と呼んでいるが、これは大待宵草《おおまつよいぐさ》や待宵草のことで、本来別の植物。

土筆 つくし

スギナの地下茎から出る胞子茎のこと。古くは「つくづくし」といい、「つくし」はその略。「つく」は「突く」で、地面から突き出ることからとされる。また、その形が航行する船に水脈を知らせるために立てる杭「みおつくし（澪標）」に似ているところからこの名があるとする説もある。地面に筆を立てたように見えることから「土筆」と当てて書く。

椿 つばき

ツバキ科の落葉高木。葉が厚いことから「厚葉木《あつはき》」、葉に光沢があることから「艶葉木《つやはき》」の意など、語源には諸説ある。「椿」と書くのは、春に花が咲く木の意で作られた国字。

満天星 どうだんつつじ

ツツジ科の落葉低木。春、若葉とともにすずらんに似た壺形の小さな白い花をたくさん咲かせる。「どうだん」は「とうだい（灯台）」の転で、枝ぶりが三本脚の灯明台に似ていることによる。「満点星」と書くのは漢名からで、昔、太上老君が仙宮で霊薬を練るうち、誤ってこぼした玉盤の霊水がこの木に散って壺状の玉になり、満天に星が輝くように美しかったという伝説による。

玉蜀黍 とうもろこし

イネ科の一年草。中南米原産で、コロンブスによってヨーロッパにもたらされた。日本には中世末期にポルトガル人によって伝えられ、それ以前に中国から渡来した「もろこし（唐黍・蜀黍）」に似ていたことから、舶来の意味で「唐」をつけて、「とうもろこし」と呼んだ。「もろこし」はコーリャンのこと。「玉」の字はもともと唐の意の「もろこし」に「唐」を重ねるのを避けて、黄金色の粒が美しく並ぶところから当てたもの。

木賊 とくさ

トクサ科の常緑多年草。茎が硬くざらついているので、古くから木材などの表面を磨くのに用いられる。砥《と》ぐ草の意で、「砥草」とも書く。「木賊」の表記は漢名からで、木をそこなう、すり減らす意。

トマト

[英 tomato] ナス科の一年草。南米ペルーの原産。メキシコ土語のナワトル語で黄金のリンゴの意のトマトル(tomatl)が語源で、スペイン語でtomate、さらに英語のtomatoとなった。日本には江戸時代中期に渡来したが、もっぱら鑑賞用で、食用としての栽培は明治時代以降。「赤なす」「西洋なす」などと呼ばれた。

鳥兜 とりかぶと

キンポウゲ科の多年草。秋、枝先に深紫色の花をつけるが、花の形が舞楽の常装束に用いる被《かぶ》り物の「鳥兜」に似ていることからこの名がある。根には猛毒があるが、漢方では「烏頭《うず》」「付子《ぶし》」といい、鎮痛・強心剤として用いる。

ヤマトリカブト

団栗 どんぐり

ブナ科のクヌギ・カシ・ナラなどの果実の総称。狭義にはクヌギの実を指す。一説に、独楽《こま》にして遊んだことから、独楽の古名「つむぐり」の変化という説がある。「つむ」は回転する意。ほかに、「とちぐり(橡栗)」の変化、「だんぐり(団栗)」の意からなど、語源には諸説ある。

薺 なずな

アブラナ科の二年草。春の七草の一つ。歴史的仮名遣いは「なづな」。古くから食用にされ、撫《な》で愛《め》でる草の意で「なでな(撫菜)」、また、夏に枯れて無くなることから「なつな(夏無)」の転ともされる。漢名から「薺」を当てて書く。実が三味線のばちに似ていることから「ぺんぺん草」ともいう。

撫子 なでしこ

ナデシコ科の多年草。秋の七草の一つ。花が小さく可憐《かれん》なところから、愛児のように撫《な》でいつくしむ花の意でこの名があるとされる。

七竈 ななかまど

バラ科の落葉小高木。山地に自生し、秋、真っ赤に紅葉する。材は燃えにくく、七度かまどに入れても燃え残るということからこの名がある。また、木炭の好材料であることから、七日間かまどに入れて上質の炭が取れることを意味する炭焼きの言葉「七日竈（なのかかまど・なぬかかまど）」が略されて「ななかまど」となったとする説もある。

ネーブル

［英 navel］ミカン科の常緑低木。「ネーブルオレンジ」の略で、「ネーブル」は「へそ」の意。球形の果実の頂にへそ状の突起があることによる。

葱 ねぎ

ユリ科の多年草。中央アジア原産。日本でも古くから栽培され、単に「き（葱）」と呼ばれた。一音であることから、女房詞で「一文字《ひともじ》」ともいう。「ねぎ」の形になったのは中世以降のことで、根を食用にすることから「ねき（根葱）」の意。

合歓木 ねむのき

マメ科の落葉高木。夏の夕方、雄しべの長い、紅刷毛《べにはけ》のような淡紅色の花を咲かせる。鳥の羽のような複葉が夜になると閉じて垂れるところが眠ったように見えることからこの名がある。「合歓」と書くのは男女の共寝を意味する漢名によるもの。

母子草 ははこぐさ

キク科の越年草。全体に白い綿毛をつけることから、ほつれ乱れる意の古語「ほほく（惚く）」の「ほほ」が「はは」と変化し、接尾語の「子」がついたとする説、古くは葉で草餅を作ったり薬用にしたりしたことから「葉葉子」の意とする説などがあるが、語源は不詳。「母子」は当て字とされる。春の七草の一つである「御形（ごぎょう・おぎょう）」は、この草のこと。

はまなす

バラ科の落葉低木。北海道や本州北部の海岸に自生。夏から秋にかけて赤く熟し、食べると甘酸っぱい実を梨に見立てて「浜梨《はまなし》」と呼び、「し」がなまって「す」となったもの。「なす」を茄子の意に解釈して「浜茄子」と書くこともある。漢名から「玫瑰」とも当てて書くが実際は別種。

ばら

バラ科の落葉低木。古くは「いばら」「うばら」「むばら」といい、頭の「い」「う」「む」が脱落してできた語。「いばら」はとげのある小さな木の総称。漢名から「薔薇」と当てて書き、「しょうび」「そうび」とも読む。

半夏生《はんげしょう》

ドクダミ科の多年草。水辺に自生。全体に一種の臭気がある。名前の由来は、七十二候の一つで、夏至から一一日目の半夏生のころ（陽暦七月二日ごろ）に一部の葉の表面が白くなることからとも、また、葉が半面だけ白くなるので半分化粧した意からともいわれる。別名「片白草《かたしろぐさ》」ともいう。

パンジー

［英 pansy］スミレ科の一年草で、三色すみれのこと。ヨーロッパ原産。フランス語で思想・思索の意のパンセ（pensée）に由来。花が物思いにふける人の顔に見えることからこの名がある。また、この花を見ると人を思うといわれる。

柊《ひいらぎ》

モクセイ科の常緑小低木。歴史的仮名遣いは「ひひらぎ」で、ひりひり痛む意の動詞「ひひらぐ（疼ぐ）」の連用形。葉の縁が鋭くとがっていて、触るとひりひり痛むことから「疼木（ひひらぎき）」の意。

彼岸花《ひがんばな》

ヒガンバナ科の多年草。中国原産。秋の彼岸のころに咲くのでこの名がある。別名「曼珠沙華《まんじゅしゃげ》」は梵語マンジュサカ（mañjūṣaka）の音訳で、本来は天上に咲くという花のこと。そこから「天蓋花《てんがいばな》」ともいい、また、墓地に咲くことが多いことから「死人花《しびとばな》」とも呼ばれる。

一人静《ひとりしずか》

センリョウ科の多年草。山林などの日陰に自生。四枚の葉に囲まれて一本の花茎が伸び、先端に白い小さな花を穂状に咲かせる。その花の姿が源義経の愛妾静御前《しずかごぜん》を思わせるところからこの名がある。同じセンリョウ科で、二本の花茎を出して白い花をつける「二人静《ふたりしずか》」は静御前とその霊に憑《つ》かれた菜摘女《なつみめ》が二人そろって舞う姿にたとえての名とされる。

向日葵《ひまわり》

キク科の一年草。花が太陽を追って回るところから名づけられた。実際にはそのようなことはないといわれるが、シロタエヒマワリは花の向きを変えるという。別名、花を太陽（日輪）に見立てて「日輪草《にちりんそう》」、茎が天に向かってすっくと伸び、その先に花をつけることから「天蓋花《てんがいばな》」ともいう。漢名から「向日葵」と当てて書く。

ヒヤシンス

[英 hyacinth] ユリ科の多年草。地中海原産で、日本へは幕末に渡来。ギリシア神話で、太陽神アポロンと西風神ゼフロスに愛された美少年ヒアキントス（Hyakinthos）に由来。少年とアポロンが円盤投げをして遊んでいたところ、嫉妬したゼフロスが円盤に西風を吹きつけ、それが少年に当たって死んでしまい、流れた血から紫色のこの花が咲いたという。

ブーゲンビレア

[英 bougainvillea] オシロイバナ科のつる性植物。南アメリカ原産。花びらに見えるのは苞葉《ほうよう》。フランスの航海者ブーゲンビル（L.A.Bougainville）の名にちなむ。「ブーゲンビリア」ともいう。

フリージア

[英 freesia] アヤメ科の多年草。南アフリカ原産で、一九世紀初めにヨーロッパに移入。ドイツ人医師フリーズ（F.H.Freese）の名にちなむとされる。和名は黄色の花を水仙に見立てて「浅黄《あさぎ》水仙」という。

ブロッコリー

[英 broccoli] アブラナ科で、キャベツの栽培品種の一つ。緑色の花蕾《からい》や花茎を食用にする。イタリア語でキャベツの若芽の意のbroccoloに由来。花蕾を若芽に見立ててこの名がある。

屁糞蔓 へくそかずら

アカネ科のつる性多年草。「屁」「糞」と臭いものを並べていうことからもわかるように、葉やつるを手でもむと悪臭があることからこの名がある。

ベゴニア

[英 begonia] シュウカイドウ科の多年草。熱帯・温帯に広く分布し、種類も多い。フランスの植物学者ベゴン（M.Bégon）の名にちなむ。

ポインセチア

[英 poinsettia] トウダイグサ科の常緑低木。メキシコ原産。葉状の苞《ほう》が赤く色づき、キリストの血の色にたとえられてクリスマスの飾り花に

される。苞の色は改良されて黄や淡紅色のものもある。発見者であるアメリカの初代メキシコ大使ポインセット(J.R.Poinsett)の名にちなむ。和名は「猩猩木《しょうじょうぼく》」。「猩猩」はサルに似た想像上の動物で、赤い毛で覆われ、酒を好むことから大酒飲みにたとえられる。赤い花を大酒飲みの赤い顔にたとえていうもの。

ほおずき

ナス科の多年草。歴史的仮名遣いは「ほほづき」。種子を除いた実を口に入れてふくらませ、頬を突いて鳴らすことから、「頬突《ほほつき》」の意とする説のほか、実が人の頬に似ていることから「頬付《ほほつき》」の意、実が火のように赤いことから「火火着《ほほつき》」の意など、語源には諸説ある。漢名から「酸漿」を当て、また実が赤く灯火のように見えることから「鬼灯」と当てて書く。

木瓜《ぼけ》

バラ科の落葉低木。中国原産。春、紅や淡紅色、白色などの五弁花を咲かせ、秋に卵形や球形の実をつける。「ぼけ」は漢名「木瓜」の字音「ぼっか」の転。

仏の座《ほとけのざ》

キク科の二年草。春の七草の一つ。地面に張り付くように放射線状に広がった葉が仏の蓮華座に似ることからこの名がある。春先に水のない田に平たく張り付くように生えることから「たびらこ(田平子)」ともいう。これとは別に、日当たりのよい路傍などに生え、春、紫色の唇弁花をつけるシソ科の植物のこともいう。

マーガレット

[英 marguerite] キク科の低木状多年草。カナリア諸島原産。初夏に長い花柄の先に白い舌状の花を咲かせる。真珠の意のラテン語 margarīta に基づく。葉が春菊に似ることから和名は「木春菊《もくしゅんぎく》」。

マスカット

[英 muscat] ぶどうの一品種。エジプト原産で、「マスカット・オブ・アレキサンドリア」の通称。大粒の実は薄緑色で芳香がある。古期フランス語で、麝香《じゃこう》の匂いの、の意の mascat から。麝香はジャコウジカの雄の下腹部にある分泌腺からとった香料。

またたび

マタタビ科のつる性落葉低木。旅の途中で倒れた人がこの実を食べたら元気が出て、また旅を続けることができたことからこの名があるというのは俗説で、古名の「わたたび」が変化したものと考えられる。また、アイヌ語のマタタンプからとする説などもある。漢名から「木天蓼」と当てて書くが、漢方では乾燥させた実は「もくてんりょう」といって強壮効果があり、中風やリウマチの薬に用いる。猫が好んで食べることから「猫にまたたび」のことわざがある。

まんさく

マンサク科の落葉小高木。早春、葉に先立って黄色い線状の四弁花が咲く。ほかの花にさきがけて咲くことから、「まず咲く」の意からとも、豊年満作の「満作」の意で、枝いっぱいに花をつけることからともいう。漢字表記は「満作」「万作」のほかに、漢名から「金縷梅」を当てて書く。

水芭蕉《みずばしょう》

サトイモ科の多年草。水辺に生え、花のあとに出る大きな葉が芭蕉に似ていることからこの名がある。初夏に花を咲かせるが、白く見えるのは苞《ほう》で、この苞に包まれるようにして花穂を出し、黄緑色の小花をつける。

茗荷《みょうが》

ショウガ科の多年草。古名「めが」が変化したものとされる。「めが」は「芽香《めが》」の意で、芳香がよいことによる。また、生姜《しょうが》を「兄香《せが》」といったのに対して、茗荷を「妹香《めが》」と呼んだとも、漢名「嚢荷」が呉音で「にゃうが」と発音され、それが転じたともいう。「茗荷」は当て字。

ミント

[英 mint] シソ科の多年草。山地に自生するほか、香草として栽培される。ギリシア神話に登場する妖精《ようせい》のメンテー（Minthē）に由来。冥界の神プルトンが地上を訪れたとき、メンテーに出会い愛してしまったが、怒った妃は彼女を草に変えてしまった。そこから、メンテーがその草の名となったという。和名は「薄荷《はっか》」。

木槿《むくげ》

アオイ科の落葉低木。インド・中国原

産で、日本には奈良時代に渡来。漢名「木槿」の字音「もっきん」が変化したもの。また、朝鮮名 mugunghwa（無窮花《ムグンファ》）からともいう。夏から秋にかけて白や淡紅色の花を咲かせるが、朝咲いて夜にしぼむ一日花で、「槿《きん》花《か》一朝の夢」のようにはかないもののたとえに用いられる。韓国の国花。

メロン

［英 melon］ウリ科のつる性一年草。インド・西アジア原産。ギリシア語の mēlopépōn に基づく。mēlon（りんご）と pépōn（熟した）を合わせた語で、形はりんごに似ていて、熟すと食べられることからいう。

紅葉《もみじ》

カエデ科の落葉高木の総称。歴史的仮名遣いは「もみぢ」。木の葉が紅や黄に色づくことを、色を揉みだす意で「もみつ」といい、その連用形「もみち」の名詞化。平安時代になって「もみぢ」と濁音化した。また、「揉み出づ」の略ともされる。「黄葉」とも書くが、「紅葉」とともに漢語からの当て字で、「こうよう」とも読む。

もやし

大豆や緑豆、麦などの種子を水に浸し、光を当てずに発芽・軟白させたもの。芽を出させる意の動詞「萌やす」の連用形「萌やし」が名詞化した語。

山法師《やまぼうし》

ミズキ科の落葉高木。夏、木の葉の上に白い花を咲かせるが、白い花びらと見えるのは苞《ほう》で、その中に小さな花をまとまってつける。白い苞を頭巾に見立てて、木の葉の上にそれを被った法師（僧侶）がたくさんいるように見えるところからこの名がある。葉が白い帽子をかぶっているように見えることから、「山帽子」とも書く。

百合《ゆり》

ユリ科の多年草の総称。花が大きく茎が細くて風に揺れるところから「ゆる（揺る）」の意とする説、朝鮮語でユリ属の一般名称である nari が転じたとする説など、語源には諸説ある。

嫁菜《よめな》

キク科の多年草。野山に自生し、秋、薄紫色の花をつける。春の若葉は食用とする。古くは摘み草は嫁の仕事であったことからこの名があるとする説のほか、良い菜の意で「よめな(吉菜)」、「よめ」は姫の意で、花が小さくかわいらしいことからなど、語源には諸説ある。

ライラック

〔英 lilac〕 モクセイ科の落葉低木。ヨーロッパ南東部・西アジア原産。初夏によい香りのする淡紫色の花をつける。フランス語ではリラ(lilas)という。ライラックもリラもアラビア語のlīlak、さらにさかのぼってペルシア語でnīlak(青みがかった)に由来。nīlは青、藍色の意。花は薄紫が多いが、白や青、紅色などもある。

ラベンダー

〔英 lavender〕 シソ科の多年草。地中海沿岸原産。夏、青紫色の小花を穂状につける。芳香性があり、香料として用いられる。古くからギリシア人やローマ人は風呂に入れて香りを楽しんだといわれ、ラテン語で洗う意のlavāreに由来。

レタス

〔英 lettuce〕 キク科の一、二年草。地中海沿岸から中近東原産で、野菜として古くから栽培され、日本には江戸時代末期に渡来。ラテン語のlactūcaに由来。lacは乳の意で、lact-で合成語の要素となる。切ると乳状の液が出ることによる。

蓮華草《れんげそう》

マメ科の二年草。中国原産で、日本には江戸時代に渡来。緑肥や飼料用に栽培。春、紅紫色で輪状に咲く花がハスの花に似ていることからこの名がある。略して「れんげ」、また、「げんげ」ともいい、漢名から「紫雲英」とも当てて書く。

勿忘草《わすれなぐさ》

ムラサキ科の多年草。ヨーロッパの原産。春から初夏に青紫色の小さな花を咲かせる。英名「フォーゲット・ミー・ノット(forget-me-not)」の訳語。名前の由来はドイツの伝説に基づく。昔、若い騎士が恋人と川べりを散歩中に、恋人が川を流れていく青い花を欲しがり、騎士が川に飛び込んで取ろうとしたが、急流に流されてしまう。助からないと思った騎士は最後の力を振りしぼって恋人に花を投げて、私を忘れないでと叫ぶと同時に流れに飲み込まれたという。

気象・季節
自然現象

十六夜《いざよい》

陰暦一六日の夜、また、その夜の月をいう。「いざよい」は進もうとして進まない、ためらう意の動詞「いざよう」の連用形が名詞化した語。月が一五日の満月よりも遅く、ためらうように出てくることからこのように呼ばれる。

稲妻《いなずま》

雷に伴って生じる光で、「稲光」ともいう。歴史的仮名遣いは「いなづま」。古来、稲光が稲の穂をはらませると信じられていて、本来は「稲の夫《つま》」の意。ちなみに、「つま」は古くは夫婦や恋人が互いに相手を呼ぶ言葉で、男性にも女性にも用いられ、中世以降、女性の配偶者を指すことが多くなった。

エルニーニョ

[スペイン El Niño] 数年おきに、ペルー沿岸から赤道域にかけて、海面温度が高くなる異常現象。もとは、ペルー沿岸の海面温度がクリスマスのころに高くなる現象をいい、神の子、幼子イエスの意。

オーロラ

[英 aurora] 北極や南極地方で、空中高くに見られる発光現象。極光。ローマ神話のあけぼのの女神アウロラ（Aurōra）の名にちなむ。

陽炎《かげろう》

春、日光で熱せられた地面近くの空気が上昇し、光線で不規則に屈折してゆらゆらと揺れ動いて見える現象。古くは「かぎろひ」といい、かがよふ（揺れて光る）火の意。炎のように見えることから「陽炎」と当てて書く。

鎌鼬《かまいたち》

冬、寒風にさらされたときなどに皮膚に鋭利な刃物で切られたような傷ができる現象。古くからいたちのしわざと考えられてきたことからこの名がある。旋風などが吹いたときに空気中に真空状態が生じ、その境目に触れると体内と体外の気圧のバランスが崩れて起きるとされるが、はっきりとした原因は不明。

雷《かみなり》

雲と雲、雲と地上の間に起こる放電現象。古くは神のしわざと考えられ、「神鳴《かみな》り」の意。「雷」は漢名からの当て字。古名の「いかずち（いかづち）」は「いか（厳）つ（「の」の意の助詞）ち（霊）」の意。

木枯し《こがらし》

晩秋から初冬にかけて、北から吹く強く冷たい風。気象庁では最大風速八メートル以上のものを呼ぶ。木の葉を落とし、枯れ木にしてしまうほどの風の意。「凩」と書くのは国字。

小春日和《こはるびより》

晩秋から初冬の、晴れて暖かい陽気。春を思わせるところからいう。「小春」は陰暦一〇月の異称で、陽暦の一一月に当たる。漢語「小春《しょうしゅん》」の訓読み。ちなみに、小春日和はアメリカやカナダでは「インディアンサマー」という。

五月晴れ《さつきばれ》

五月のよく晴れた天気。現在では陽暦の五月の意味で用いられるが、「五月《さつき》」は「皐月」とも書き、陰暦五月の異称で、陽暦では六月に当たる。したがって、古くは五月雨《さみだれ》の降るころ、いわゆる梅雨の晴れ間をいった。

五月雨《さみだれ》

陰暦五月（陽暦の六月ごろ）に降り続く長雨。一説に、「さつき（五月）」の「さ」に、雨が降る意の「みだれ（水垂れ）」が合わさってできた語とされる。「さつきあめ」ともいう。いわゆる梅雨のことだが、五月雨は雨そのものを指していうのに対して、梅雨は雨とその時期の両方をいう。

篠突く雨《しのつくあめ》

雨脚がはっきりと見えるほど、はげしく降る雨のこと。「篠」は篠竹のこと。細い篠竹を何本も束ねて、突きおろすようだという意味での形容。

蜃気楼《しんきろう》

空気中の温度差による光線の異常屈折で、遠くのものが近くに見えたり、地上の物が浮かんで見えたりする現象。「蜃」は大ハマグリ、「楼」は高い建物の意。中国では古くから大ハマグリが吐く気によって空中に楼閣が現れると考えられたことによる。「空中楼閣」「海市《かいし》」ともいう。

台風《たいふう》

西太平洋や南シナ海に発生する熱帯性低気圧で、最大風速が毎秒一七メートル以上のもの。アラビア語tūfānまたは英語typhoonの音訳で、中国で「颱風」と当てられた。「台風」はその書き換え。台湾地方で吹く風とする説もある。日本では古くは野《の》分《わき》といったが、明治から大正時代に「颱風（台風）」が一般化した。

竜巻《たつまき》

乱層雲の底から漏斗状に雲が垂れ下がり、地上や海上の物を一瞬のうちに空中に巻き上げる現象。「竜《たつ》」は雲を起こし、雨を呼び、天に昇るという想像上の動物。その天に昇る姿に見立てていう。

梅雨《つゆ》

六月ごろに降る長雨。また、その時期。語源には、露の意、梅が熟する意で「つはる」から、物がくさる意で「つひゆ（潰）」からなど、諸説ある。音読みで「ばいう」ともいい、黴《かび》が生える時期でもあることから「黴雨《ばいう》」とも書く。

凪《なぎ》

風がやみ、波が穏やかになること。穏やかになる、静まる意の「和《な》ぐ」の連用形の名詞化とされる。また、水面がなぎ倒されたように平らになるという意で、「薙《な》ぐ」の連用形の名詞化とする説もある。海岸地方では陸上と海上の空気の温度差から、昼間は海から陸へ、夜間は陸から海へ風が吹くが、朝と夕方は空気の流れが止まり、いわゆる凪の状態になる。「凪」は国字。

春一番《はるいちばん》

立春を過ぎて最初に吹く強い南風。冬の終わりを実感する風だが、もとは石川県能登・三重県志摩以西、九州壱岐《いき》地方の漁師言葉で、強風に難破することもあり、漁師たちに恐れられていた。戦後、新聞で使われて一般に普及。気象庁が採用し、気象用語となった。

フェーン現象《フェーンげんしょう》

風が山脈を越えるときに水分を失い高温乾燥化して、反対側の斜面を吹き下りる現象。「フェーン（Föhn）」はドイツ語で、本来はアルプスを越えて吹き下りてくる暖かくて乾燥した風のことをいった。ラテン語で西風の意のfavōniusに基づく。

五十音順索引

本文およびコラムに収録して解説を施した言葉を五十音順に配列し、掲載したページを示しました。

あ行

あいがも　合鴨 283
あいきょう　愛敬 189
あいことば　合い言葉 123
あいさつ　挨拶 189
あいちゃく　愛着 189
あいつ 237
あいのてをいれる
　合いの手を入れる 153
あいぼう　相棒 233
あうんのこきゅう　阿吽の呼吸 190
あおにさい　青二才 238
あおやぎ　青柳 8
あおる　煽る 288
あかいいと　赤い糸 203
あかおけ　閼伽桶 188
あかじ　赤字 91
あかつき　暁 72
あかね　茜 290
あきらめる　諦める 254
アキレスけん　アキレス腱 245
アクアラング 114
あくせくする 259
あくだま　悪玉 143
あげあしをとる　揚げ足を取る 183
あげく　挙げ句 144
あげぜんすえぜん　上げ膳据え膳 41
あけび 290
あけぼの　曙 72
あごあしつき　顎足つき 159
あこぎ 248
あさがお　朝顔 290
あさって　明後日 72
あさっぱら　朝っぱら 72
あさはか　浅はか 238
あさり 280
あしかせとなる　足枷となる 89
あじさい　紫陽花 290
あした　明日 72
あしび　馬酔木 290
あしゅら　阿修羅 188
あしをあらう　足を洗う 259
あすなろ　翌檜 291
アスパラガス 291
あずまや　東屋 53
アタッシェケース 61
あたりまえ　当たり前 220
あたりめ　当たりめ 121
あっかん　圧巻 203
アツギ 107
あつもりそう　敦盛草 291
あてうま　当て馬 288
アデランス 107
あとがまにすわる　後釜に座る 38
あとのまつり　後の祭り 197
アトピー 65
アドリブ 157
アナウンサー 104
あなた 237
あばずれ 238
あばた 245
あばよ 76
あひる 283
あぶらをうる　油を売る 98
あぶらをしぼる　油を絞る 259
あべかわもち　安倍川餅 8
あま　尼 231
あま　海女 231
あま　亜麻 291
アマチュア 233
あまのじゃく　天邪鬼 203
あみだかぶり　阿弥陀被り 42
あみだくじ　阿弥陀くじ 190
あめんぼ 286
あやめ 291
アラカルト 8
あらまき　荒巻 8
あられもない 251
ありがとう 76
ありのみ　有りの実 121
アリバイ 87
アルバイト 231
アレルギー 65

あんこがた　あんこ型……245
アンサンブル……42
あんじ　暗示……214
あんしん　安心……254
あんてん　暗転……159
あんど　安堵……254
あんないする　案内する……259
あんばい　塩梅……39
あんぽんたん……238
いいなずけ　許嫁……234
いぎをただす　威儀を正す……251
いくどうおん　異口同音……212
イクラ……8
いさみあし　勇み足……184
いざよい　十六夜……312
いし　意志……214
いしき　意識……214
いしんでんしん　以心伝心……212
いせえび　伊勢海老……280
いそうろう　居候……84
いそぎんちゃく　磯巾着……281
いそのあわびのかたおもい
磯の鮑の片思い……254
いただきます……76
いたちごっこ……170
いたにつく　板に付く……159
いたみわけ　痛み分け……184
いちかばちか　一か八か……173
いちご　苺……292
いちごいちえ　一期一会……212
いちじく　無花果……292
いちだいじ　一大事……190
いちはつ……292
いちばんのり　一番乗り……123
いちまいかんばん　一枚看板……159
いちまつもよう　市松模様……42
いちみ　一味……190
いちもうだじん　一網打尽……87
いちもくおく　一目置く……171
いちやづけ　一夜漬け……39
いちょう　銀杏……292
いちれんたくしょう　一蓮托生……212
いっきうち　一騎打ち……123
いっしゅくいっぱん　一宿一飯……173
いっしょけんめい　一所懸命……84
いっちょうら　一張羅……42
いってんばり　一点張り……174
いっぽんとる　一本取る……187
いっぽんやり　一本槍……123
いなずま　稲妻……312
いなせ……238
いなりずし　稲荷鮨……9
いぬたで　犬蓼……292
いぬのふぐり　犬のふぐり……292
いのしし　猪……274
いびつ　歪……39
いぶしぎん　いぶし銀……239
いまいち　今一……224
いまがわやき　今川焼き……9
いもづるしき　芋蔓式……220
いもむし　芋虫……286
いらいら……254
いらくさ……293
いらっしゃい……76
いろは……144
いわし　鰯……226・277
いわたおび　岩田帯……118
いんげんまめ　隠元豆……293
いんごう　因業……248
いんしょう　印象……214
いんぜい　印税……91
インターネット……104
いんどうをわたす　引導を渡す……190
インフルエンザ……65
ういろう　外郎……9
ウィンナーソーセージ……9
ウエハース……10
ウェブ……104
ウォークマン……114
ウォシュレット……114
うきあしだつ　浮き足立つ……254
うきよ　浮世……271
うぐいす　鶯……283
ウクレレ……150
うけにいる　有卦に入る……198
うごうのしゅう　烏合の衆……239
うぞうむぞう　有象無象……239
うだつがあがらない
梲が上がらない……56
うちあわせ　打ち合わせ……153
うちべんけい　内弁慶……248
うちまく　内幕……123

うちょうてん　有頂天 …… 190
うつぎ　空木 …… 293
うづき　卯月 …… 74
うってつけ　打って付け …… 56
うどのたいぼく　独活の大木 …… 239
うのはな　卯の花 …… 121
うまい …… 254
うまがあう　馬が合う …… 288
うまごやし　馬肥やし …… 293
うみせんやません　海千山千 …… 203
うめ　梅 …… 293
うめくさ　埋め草 …… 124
うよく　右翼 …… 81
うらぼん　盂蘭盆 …… 118
うらめにでる　裏目に出る …… 174
うらをかく　裏を掻く …… 124
うるさい …… 255
うわっちょうし　上っ調子 …… 153
うわまえをはねる　上前をはねる …… 84
エアロビクス …… 177
エイズ …… 65
えきでんきょうそう　駅伝競争 …… 177
えざきグリコ　江崎グリコ …… 107
えしゃく　会釈 …… 191
エスカレーター …… 53
エスビーしょくひん
エスビー食品 …… 107
エッセイ …… 142
エッチ …… 248
エッチング …… 156
えて　猿 …… 121
えどまえ　江戸前 …… 10
エニシダ …… 293
えびすがお　恵比須顔 …… 245
えびね　海老根 …… 294
えま　絵馬 …… 197
エメラルド …… 52
えりをただす　襟を正す …… 49
エルディーケー　ＬＤＫ …… 53
エルニーニョ …… 312
エレキギター …… 150
エレクトーン …… 114
エレベーター …… 53
えんか　演歌 …… 150
えんぎ　縁起 …… 191
えんしゅつ　演出 …… 133
えんのしたのちからもち
縁の下の力持ち …… 191
えんまくをはる　煙幕を張る …… 124
おあいにくさま　お生憎様 …… 76
おいしい …… 255
おいてきぼり　置いてきぼり …… 204
おいらくのこい　老いらくの恋 …… 146
おうごんりつ　黄金律 …… 201
おうじょうぎわがわるい
往生際が悪い …… 251
おうむがえし　鸚鵡返し …… 144
オーエス …… 80
オーエル　ＯＬ …… 231
オーケー　ＯＫ …… 80
おおげさ　大袈裟 …… 191
オーケストラ …… 150
おおごしょ　大御所 …… 56
おおだてもの　大立者 …… 159
おおづめ　大詰め …… 160
オーデコロン …… 42
オードブル …… 10
おおばんぶるまい　大盤振る舞い …… 260
おおむこうをうならせる
大向こうを唸らせる …… 160
おおめだまをくう　大目玉を食う …… 260
おおめにみる　大目に見る …… 260
おおやけ　公 …… 81
オーライ …… 80
オーロラ …… 312
おおわらわ　大童 …… 124
おかか …… 35
おかき …… 35
おかげさま　お陰様 …… 77
おかしらつき　尾頭付き …… 10
おかず …… 35
おかっぱ …… 43
おかどちがい　お門違い …… 56
おかぶをうばう　お株を奪う …… 260
おかめはちもく　岡目八目 …… 171
おから …… 35
おかんむり　お冠 …… 255
オキシフル …… 114
おくさま　奥様 …… 56
おくびにもださない
おくびにも出さない …… 260
おくゆかしい　奥床しい …… 248

オクラ …… 294
おぐらあん　小倉餡 …… 10
おくらいり　お蔵入り …… 85
おこうこ …… 36
おこぜ …… 277
おこわ …… 36
おさきぼうをかつぐ　お先棒を担ぐ … 260
おさんどん …… 37
おしきせ　お仕着せ …… 50
おじぎそう　含羞草 …… 294
おしどり …… 283
おじや …… 36
おしゃま …… 248
おじゃんになる …… 220
おしろいばな　白粉花 …… 294
おすそわけ　お裾分け …… 50
おすみつき　お墨付き …… 85
おそかりしゆらのすけ
遅かりし由良之助 …… 160
おたく …… 133
おたふく　お多福 …… 245
おだまき　苧環 …… 294
おたまじゃくし …… 274
おだわらひょうじょう　小田原評定 · 204
おちこぼれ　落ちこぼれ …… 239
おちど　落ち度 …… 89
おちゅうげん　お中元 …… 118
おつ　乙 …… 153
おっくう　億劫 …… 191
おつくり　お作り …… 36
おっちょこちょい …… 248
おっとりがたな　押っ取り刀 …… 124
おつぼねさま　お局様 …… 229
おつり　お釣り …… 91
おてもり　お手盛り …… 39
おでん …… 36
おとしぶみ　落とし文 …… 286
おとなしい …… 249
おにのかくらん　鬼の霍乱 …… 65
おはぎ　お萩 …… 36
おはこ　十八番 …… 160
おはよう …… 77
おはらいばこ　お払い箱 …… 197
おひがん　お彼岸 …… 118
おひや　お冷 …… 36
おひらき　お開き …… 121
オブジェ …… 156
オペラ …… 150
おまえ　お前 …… 237
おみおつけ …… 36
おみなえし　女郎花 …… 294
オムライス …… 10
オムロン …… 107
おめがねにかなう　お眼鏡にかなう … 239
おめでとう …… 77
おもうつぼ　思う壺 …… 174
おもかげ　俤 …… 226
おもちゃ …… 167
おもと　万年青 …… 294
おやこどんぶり　親子丼 …… 11
おやすみなさい　お休みなさい …… 77
おやだま　親玉 …… 192
おやつ …… 11
およびごし　及び腰 …… 251
オランウータン …… 274
おりがみつき　折り紙付き …… 224
オリンパス …… 108
オリンピック …… 177
オルガン …… 150
オルゴール …… 151
おれ　俺 …… 236
おんぞうし　御曹司 …… 57
おんばひがさ　乳母日傘 …… 240

か行

ガーゼ …… 65
カーディガン …… 43
カーネーション …… 295
ガーベラ …… 295
かいせき　懐石 …… 11
かいらいせいけん　傀儡政権 …… 160
かえで　楓 …… 295
かえる　蛙 …… 274
かおう　花王 …… 108
かがみびらき　鏡開き …… 121
かがみもち　鏡餅 …… 118
がき　餓鬼 …… 192
かきいれどき　書き入れ時 …… 91
かくかぞく　核家族 …… 270
かくしゃく　矍鑠 …… 204
がくせい　学生 …… 230
かくめい　革命 …… 81

がくや　楽屋 …… 153
がくラン　学ラン …… 43
かくれみの　隠れ蓑 …… 204
かけおち　駆け落ち …… 89
かげきは　過激派 …… 81
かげでいとをひく　陰で糸を引く …… 161
かげむしゃ　影武者 …… 124
かげろう　陽炎 …… 312
がさいれ　がさ入れ …… 87
かざかみにもおけない
風上にも置けない …… 240
かさにきる　笠に着る …… 50
カサブランカ …… 295
かしこ …… 77
カシミア …… 43
がじょう　牙城 …… 124
かしわ　黄鶏 …… 11
かしわで　柏手 …… 197
かしをかえる　河岸を変える …… 98
がしんしょうたん　臥薪嘗胆 …… 212
カスタネット …… 151
カステラ …… 11
かずのこ　数の子 …… 11
かぜ　風邪 …… 65
かたくり　片栗 …… 295
かたすかし　肩透かし …… 184
かたずをのむ　固唾をのむ …… 261
かたぼうをかつぐ　片棒を担ぐ …… 261
かたみがせまい　肩身が狭い …… 255
カタル …… 66
かちなのりをあげる
勝ち名乗りを挙げる …… 184
かちゅうのくりをひろう
火中の栗を拾う …… 204
かつお　鰹 …… 278
かっこいい …… 246
かっこう　郭公 …… 283
カッターシャツ …… 43
ガッツポーズ …… 261
かってでる　買って出る …… 174
カッパ …… 43
カップヌードル …… 114
かっぽう　割烹 …… 41
カツレツ …… 12
かつをいれる　活を入れる …… 187
かてい　家庭 …… 270
かていないりこん　家庭内離婚 …… 133
がてん　合点 …… 144
カトレア …… 295
かなくぎりゅう　金釘流 …… 145
カナリア …… 283
かねにいとめはつけない
金に糸目はつけない …… 91
かのじょ　彼女 …… 237
かばやき　蒲焼き …… 12
かばん　鞄 …… 61
カフェオレ …… 12
かぶとをぬぐ　兜を脱ぐ …… 125
カボチャ …… 296
かまいたち　鎌鼬 …… 312
かまとと …… 249
かまぼこ　蒲鉾 …… 12
がまん　我慢 …… 192
かみしも　裃 …… 226
かみしもをぬぐ　裃を脱ぐ …… 50
かみなり　雷 …… 313
ガム …… 13
がむしゃら …… 251
がめつい …… 146
かめのこたわし　亀の子束子 …… 114
カメレオン …… 274
かもい　鴨居 …… 53
かもしか …… 274
かやくめし　加薬飯 …… 13
かやのそと　蚊帳の外 …… 270
カラオケ …… 167
がらくた …… 61
からすうり　烏瓜 …… 296
からすみ　唐墨 …… 13
からまつ　唐松 …… 296
からめて　搦め手 …… 57
がらんどう …… 192
カリスマ …… 234
がりょうてんせい　画竜点睛 …… 212
カルタ …… 167
カルビー …… 108
かれ　彼 …… 237
カレー …… 13
かれし　彼氏 …… 133
かろうし　過労死 …… 133
かわら　瓦 …… 54
かわりみがはやい　変わり身が早い …… 184

カンガルー …… 275
かんきょう　環境 …… 214
かんきょうホルモン　環境ホルモン …… 133
がんくびをそろえる　雁首を揃える …… 261
かんこどりがなく　閑古鳥が鳴く …… 91
がんじがらめ　雁字搦め …… 261
かんしゃく　癇癪 …… 66
かんぜい　関税 …… 91
カンツォーネ …… 151
かんなづき　神無月 …… 74
かんぬき　閂 …… 54
かんねん　観念 …… 192
かんのむし　疳の虫 …… 66
かんばんにする　看板にする …… 92
かんびょう　看病 …… 66
かんぺき　完璧 …… 204
がんもどき　雁擬き …… 13
かんりょう　官僚 …… 81
かんれき　還暦 …… 247
かんろく　貫禄 …… 85
きざ　気障 …… 249
きさらぎ　如月 …… 74
きじ　雉 …… 284
きしめん …… 14
きじゅ　喜寿 …… 247
ぎしんあんき　疑心暗鬼 …… 255
きちょうめん　几帳面 …… 57
きつつき　啄木鳥 …… 284
きつね　狐 …… 275
きぬかつぎ　衣被ぎ …… 14
キネマ …… 121
きのう　昨日 …… 73
ギプス …… 66
ぎぼうし　擬宝珠 …… 296
きみ　君 …… 237
ぎむ　義務 …… 214
きゃくしょく　脚色 …… 157
ぎゃくせつ　逆説 …… 214
きゃくほん　脚本 …… 157
きゃっかん　客観 …… 215
きゃっこうをあびる　脚光を浴びる …… 161
キャディー …… 177
キャノン …… 108
キャビア …… 14
キャベツ …… 296
キャラバンシューズ …… 115
キャリアウーマン …… 134
ギャル …… 230
きゆう　杞憂 …… 205
きゅうかんちょう　九官鳥 …… 284
きゅうかんび　休肝日 …… 41
ぎゅうじる　牛耳る …… 205
きゅうせいしゅ　救世主 …… 201
ぎゅうひ　求肥 …… 14
きゅうり　胡瓜 …… 296
きょうこう　恐慌 …… 215
きょうさいか　恐妻家 …… 134
きょうめい　共鳴 …… 215
きょくめん　局面 …… 171
キヨスク …… 92
ぎょする　御する …… 288
きらほしのごとく　綺羅星の如く …… 50
きりきりまい　きりきり舞い …… 261
きりこうじょう　切り口上 …… 161
きりたんぽ …… 15
きりふだ　切り札 …… 174
きりもり　切り盛り …… 39
ギロチン …… 87
きわめつき　極め付き …… 224
ぎんこう　銀行 …… 92
きんじて　禁じ手 …… 171
きんじとうをうちたてる
金字塔を打ち立てる …… 57
きんしょうばい　錦松梅 …… 108
きんせんにふれる　琴線に触れる …… 154
きんだんのこのみ　禁断の木の実 …… 201
きんちゃく　巾着 …… 61
きんつば　金鍔 …… 15
きんとん　金団 …… 15
きんぴらごぼう　金平牛蒡 …… 15
きんぼし　金星 …… 184
クイズ …… 167
クーデター …… 82
くぎをさす　釘を刺す …… 58
くさわけ　草分け …… 234
くすだま　薬玉 …… 70
くそみそにいう　糞味噌に言う …… 39
くだをまく　管を巻く …… 51
ぐち　愚痴 …… 192
くちうらをあわせる
口裏を合わせる …… 199
くちなし　梔子 …… 296

くちびをきる　口火を切る …… 125
くつわをならべる　轡を並べる …… 288
ぐびじんそう　虞美人草 …… 297
くびったけ　首っ丈 …… 255
くびっぴき　首っ引き …… 170
くま　熊 …… 275
くまがいそう　熊谷草 …… 297
くよう　供養 …… 188
くらがえ　鞍替え …… 288
クラクション …… 101
グラタン …… 16
グラマー …… 246
クラムチャウダー …… 16
くりあわせる　繰り合わせる …… 51
クリケット …… 178
クリスマス …… 200
ぐるになる …… 138
グルメ …… 41
クレパス …… 115
クレヨン …… 156
ぐれる …… 138
くろいきり　黒い霧 …… 146
くろうと　玄人 …… 234
くろうとはだし　玄人はだし …… 240
クロール …… 178
グロテスク …… 220
くろまく　黒幕 …… 161
クロワッサン …… 16
くわばらくわばら　桑原桑原 …… 205
グンゼ …… 109
ぐんばいをあげる　軍配を上げる …… 125
けいえんする　敬遠する …… 262
けいぐ　敬具 …… 78
けいこ　稽古 …… 262
けいざい　経済 …… 92
けいさつ　警察 …… 87
げいじゅつ　芸術 …… 215
けいむしょ　刑務所 …… 87
げきが　劇画 …… 134
けぎらいする　毛嫌いする …… 288
げきりんにふれる　逆鱗に触れる …… 205
げきをとばす　檄を飛ばす …… 205
けげん　怪訝 …… 256
げこ　下戸 …… 85
けたちがい　桁違い …… 224
げたをあずける　下駄を預ける …… 262
ケチャップ …… 16
けっきょく　結局 …… 171
けつぜい　血税 …… 92
けったくそわるい　けったくそ悪い …… 199
げばひょう　下馬評 …… 288
ゲリラ …… 122
けりをつける …… 145
げんかん　玄関 …… 193
げんじな　源氏名 …… 147
げんしょう　現象 …… 215
げんだいっこ　現代っ子 …… 147
けんちんじる　巻繊汁 …… 16
げんのしょうこ　現の証拠 …… 297
けんぽう　憲法 …… 88
けんもほろろ …… 251
けんり　権利 …… 215
こういってん　紅一点 …… 270
こうえん　公園 …… 215
こうがん　厚顔 …… 249
こうこつのひと　恍惚の人 …… 147
こうざ　高座 …… 157
こうてい　肯定 …… 216
こうどう　講堂 …… 193
こうぼく　公僕 …… 234
こうやどうふ　高野豆腐 …… 17
コーチ …… 178
ゴールデンウィーク …… 134
コールドゲーム …… 178
こおろぎ …… 287
ごがつびょう　五月病 …… 67
こがらし　凩 …… 226
こがらし　木枯し …… 313
こき　古希 …… 247
ごきげんよう　ご機嫌よう …… 78
ごきぶり …… 287
こくべつしき　告別式 …… 134
コクヨ …… 109
こけおどし　虚仮脅し …… 193
こけし …… 167
こけにする　虚仮にする …… 262
こけんにかかわる　沽券に関わる …… 99
こしぎんちゃく　腰巾着 …… 234
こしくだけ　腰砕け …… 184
ごじっぽひゃっぽ　五十歩百歩 …… 205
こしょう　胡椒 …… 297
こじん　個人 …… 216

ゴスペル …… 200
コスモス …… 297
ごたくをならべる　御託を並べる …… 199
ごちそう　ご馳走 …… 41
ごちそうさま　ご馳走様 …… 78
コックピット …… 101
コップのなかのあらし
コップの中の嵐 …… 147
ごてにまわる　後手にまわる …… 172
コニカミノルタ …… 109
コニャック …… 17
このわた　海鼠腸 …… 17
こはるびより　小春日和 …… 313
ごふく　呉服 …… 43
こぶし　辛夷 …… 297
こぶする　鼓舞する …… 262
コブラ …… 275
ごへいかつぎ　御幣担ぎ …… 198
ごぼうぬき　ごぼう抜き …… 262
こま　独楽 …… 167
ごま　胡麻 …… 297
こまたがきれあがる
小股が切れ上がる …… 246
こまつな　小松菜 …… 298
ごまをする　胡麻を擂る …… 40
ごめんなさい …… 78
ごりおし　ごり押し …… 263
ごりやく　ご利益 …… 188
ゴリラ …… 275
コレステロール …… 67
コレラ …… 67
ごろつき …… 240
コロッケ …… 17
ごんげ　権化 …… 193
ごんごどうだん　言語道断 …… 212
コンソメ …… 17
ゴンドラ …… 101
こんにちは …… 78
コンビニ …… 93
こんぶ　昆布 …… 298
コンペイトー　金平糖 …… 17
こんりんざい　金輪際 …… 193

さ行

サーブ …… 178
サーフィン …… 178
サイネリア …… 121
さいはいをふる　采配を振る …… 125
さいはなげられた　賽は投げられた …… 206
サインペン …… 115
さかき　榊 …… 226・298
さかな　肴 …… 18
さかな　魚 …… 278
さかん　左官 …… 85
さきがけ　先駆け …… 125
さぎちょう　左義長 …… 119
さくら …… 138
さくら　桜 …… 298
さくらなべ　桜鍋 …… 18
ざくろ …… 298
さけ　鮭 …… 278
ささ　笹 …… 226
さざんか　山茶花 …… 299
さしがね　差し金 …… 161
ざしき　座敷 …… 54
さしみ　刺身 …… 121
さじをなげる　匙を投げる …… 70
させん　左遷 …… 206
サッカー …… 178
さつき　皐月 …… 74
さつきばれ　五月晴れ …… 313
ざっし　雑誌 …… 104
ザッハトルテ …… 18
さつまあげ　薩摩揚げ …… 18
さといも　里芋 …… 299
サバラン …… 18
さばをよむ　鯖を読む …… 263
サファイア …… 52
サブレ …… 18
サボテン …… 299
サボる …… 138
ザボン …… 299
さみだれ　五月雨 …… 313
サムネイル …… 104
さやあて　鞘当て …… 125
さようなら …… 78
さより …… 278
さらば …… 79
サラリーマン …… 231
さるすべり …… 299
サルビア …… 299
さんじゅ　傘寿 …… 247

さんしょう　山椒 …… 300
さんすくみ　三竦み …… 220
サンタクロース …… 200
さんてんせいやく　参天製薬 …… 109
サンドイッチ …… 19
サントリー …… 110
さんびょうしそろう　三拍子そろう …… 154
さんぺいじる　三平汁 …… 19
さんま　秋刀魚 …… 278
ざんまい　三昧 …… 193
さんまいめ　三枚目 …… 162
さんみいったい　三位一体 …… 201
シーザーサラダ …… 19
シーチキン …… 115
ジープ …… 101
ジーンズ …… 44
ジェットスキー …… 115
シェパード …… 275
しおたれる …… 256
しおまねき　潮招 …… 281
しおり …… 142
じがじさん　自画自賛 …… 213
しかつめらしい …… 252
しかと …… 174
じかん　時間 …… 73
しぎ　鴫 …… 226
しきいがたかい　敷居が高い …… 58
しきりなおし　仕切り直し …… 185
しくはっく　四苦八苦 …… 213
シクラメン …… 300
しぐれに　時雨煮 …… 19
しじみ …… 281
ししゃも …… 279
しじゅうから　四十雀 …… 284
ししんちゅうのむし
獅子身中の虫 …… 235
しせんをこえる　死線を越える …… 147
じだんだをふむ　地団駄を踏む …… 263
しちめんちょう　七面鳥 …… 284
しちりん　七輪 …… 37
しつけ　躾 …… 226
しっぺがえし　しっぺ返し …… 193
しっぽく　卓袱 …… 19
しっぽをだす　尻尾を出す …… 263
じてん　事典 …… 142
じてんしゃそうぎょう　自転車操業 …… 134
してんのう　四天王 …… 235
しない　竹刀 …… 122
しながわまき　品川巻 …… 20
しなん　指南 …… 206
しにいたるやまい　死に至る病 …… 202
しにせ　老舗 …… 93
しにたい　死に体 …… 185
しのぎをけずる　鎬を削る …… 126
しのつくあめ　篠突く雨 …… 313
しばづけ　柴漬け …… 20
じばらをきる　自腹を切る …… 93
しほん　資本 …… 93
しめんそか　四面楚歌 …… 213
しもたや　仕舞屋 …… 99
しもつき　霜月 …… 74
ジャージ …… 44
シャープペンシル …… 61
ジャガー …… 276
しゃかい　社会 …… 216
しゃくしじょうぎ　杓子定規 …… 40
しゃくとりむし　尺取虫 …… 287
しゃくやく　芍薬 …… 300
しゃちこばる　しゃちこ張る …… 58
シヤチハタ …… 110
じゃっかん　弱冠 …… 230
ジャックナイフ …… 61
しゃにかまえる　斜に構える …… 187
しゃば　娑婆 …… 272
シャボンだま　シャボン玉 …… 168
しゃもじ …… 37
しゃようぞく　斜陽族 …… 147
しゃり …… 20
シャンソン …… 151
シャンパン …… 20
じゆう　自由 …… 216
シュークリーム …… 20
じゅうしまつ　十姉妹 …… 284
しゅうはをおくる　秋波を送る …… 264
しゅぎ　主義 …… 216
しゅっせ　出世 …… 272
しゅっちょう　出張 …… 126
しゅつば　出馬 …… 126
ジュバン　襦袢 …… 44
じゅんぷうまんぱん　順風満帆 …… 220
しょうかどうべんとう　松花堂弁当 …… 20
しょうぎだおし　将棋倒し …… 172

じょうしき　常識……216
しょうしゃ　商社……93
じょうじゅ　上寿……247
しょうじんりょうり　精進料理……21
じょうせき　定石……172
しょうせつ　小説……142
じょうだん　冗談……194
しょうちく　松竹……110
しょうちょう　象徴……217
しょうねんば　正念場……194
しょうひょう　商標……94
じょうひん　上品……194
ジョーロ　如雨露……62
しょくしがうごく　食指が動く……206
しょせん　所詮……224
ジョッキー……179
しょっちゅう……145
しょっぴく……88
じょのくち　序の口……185
じょばん　序盤……172
しらかわよふね　白河夜船……213
しらける……256
しらす　白州……88
しらたき　白滝……21
しらはのやがたつ　白羽の矢が立つ……206
しらみつぶし　虱潰し……264
しりうまにのる　尻馬に乗る……289
シルエット……44
しろうと　素人……235
しろつめくさ　白詰草……300
しろはたをあげる　白旗を上げる……126
しろぼし　白星……185
しわす　師走……74
じんかく　人格……217
じんがさぎいん　陣笠議員……126
しんがり　殿……127
しんきろう　蜃気楼……313
しんけんしょうぶ　真剣勝負……187
しんじんるい　新人類……135
じんせいかん　人生観……217
じんちゅうみまい　陣中見舞い……127
しんぶん　新聞……104
じんべい　甚平……44
じんべいざめ　じんべい鮫……279
しんりんよく　森林浴……135
すいか　西瓜……300
ずいきのなみだ　随喜の涙……256
すいこう　推敲……206
すいせん　水仙……300
すいとん　水団……21
スカッシュ(飲み物)……21
スカッシュ(スポーツ)……179
スキー……179
すきやき　鋤焼き……21
スクープ……104
スケート……179
スケープゴート……202
すけだち　助太刀……127
スケッチ……156
すけろくずし　助六鮨……162
すごろく　双六……168
ずさん　杜撰……207
すし　鮨……22
すじがねいり　筋金入り……58
すずかけのき　すずかけの木……301
すずなり　鈴生り……198
ずだぶくろ　頭陀袋……62
スタミナ……246
ずっこける……138
すっぱぬく　すっぱ抜く……127
すていし　捨て石……172
すてぜりふ　捨て台詞……162
すててこ……45
ステンドグラス……54
ストレス……67
スナック……22
スニーカー……45
ずにのる　図に乗る……194
スパイ……232
スパゲッティ……22
スパルタしき　スパルタ式……207
スピッツ……276
スポーツ……179
ずぼし　図星……127
ずぼら……249
すみにおけない　隅に置けない……240
すみません……79
すみれ……301
スローガン……82
ずわいがに　ずわい蟹……281
せいき　世紀……217
せいじ　政治……82

せいてんのへきれき　青天の霹靂…221
せきすいかがくこうぎょう
積水化学工業…110
せきのやま　関の山…224
セクハラ…88
せけん　世間…272
セコム…110
セスナ…115
せちがらい　世知辛い…272
せっかく　折角…207
せっかん　折檻…207
せったい　接待…264
ぜったい　絶対…217
せつな　刹那…73
せっぱつまる　切羽詰まる…127
せつぶん　節分…119
せとぎわ　瀬戸際…221
せびろ　背広…45
せまきもん　狭き門…202
セメダイン…116
ゼロックス…116
セロテープ…116
せん　腺…226
ぜんざい　善哉…22
せんしゅうらく　千秋楽…154
せんてをうつ　先手を打つ…172
せんてん　先天…217
ぜんなんぜんにょ　善男善女…240
せんぶり　千振…301
せんべんをつける　先鞭をつける…207
せんぽう　先鋒…128
せんりゅう　川柳…142
せんりょう　千両…301
ぞうげのとう　象牙の塔…148
そうすかん　総すかん…256
そうそう　草々…79
ぞうに　雑煮…22
そうへき　双璧…207
そうめん　素麺…23
そうりょうのじんろく
総領の甚六…240
ソーラーカー…101
ぞっこん…256
そつじゅ　卒寿…247
そでにする　袖にする…51
ソナタ…151
ソニー…111
そば　蕎麦…301
そばかす…246
そめいよしの　染井吉野…302
そらまめ　空豆…302
そりがあわない　反りが合わない…128

た行

タートルネック…45
ダービー…168
たい　鯛…279
だいいちいんしょう　第一印象…256
だいがくノート　大学ノート…62
だいく　大工…86
たいこうぼう　太公望…208
だいこくばしら　大黒柱…59
たいこばんをおす　太鼓判を押す…99
だいごみ　醍醐味…194
だいこんやくしゃ　大根役者…157
たいしゅう　大衆…272
だいじょうだんにかまえる
大上段に構える…187
だいなし　台無し…194
ダイニングキッチン…54
だいはちぐるま　大八車…62
ダイハツこうぎょう　ダイハツ工業…111
たいふう　台風…314
たいへいらく　太平楽…162
たいまつ　松明…62
たいまんをはる　たいまんを張る…139
ダイヤモンド…52
だいろっかん　第六感…256
たかがしれる　高が知れる…225
たががはずれる　箍が外れる…40
たかねのはな　高嶺の花…221
たかびしゃ　高飛車…172
タキシード…45
たくあんづけ　沢庵漬け…23
タクシー…101
たこ　蛸…281
たこはいとう　蛸配当…94
ださい…139
たしょうのえん　他生の縁…271
だしんする　打診する…70
たすけぶねをだす　助け船を出す…264
たそがれ　黄昏…73

だそく　蛇足……208
ただいま……79
だだをこねる　駄々を捏ねる……264
たちうお　太刀魚……279
たちうち　太刀打ち……128
たちおうじょう　立ち往生……208
たっきゅうびん　宅急便……116
たづくり　田作り……23
たっしゃ　達者……241
たつせがない　立つ瀬がない……252
たつたあげ　竜田揚げ……23
たづなをしめる　手綱を締める……289
タッパーウェア……116
ダッフルコート……45
たつまき　竜巻……314
だて　伊達……241
たてをつく　楯を突く……128
たなあげ　棚上げ……99
たなおろし　棚卸し……94
たにまち　谷町……185
たぬき　狸……276
だび　荼毘……188
タフガイ……241
だふや　だふ屋……139
タブロイド……104
たまにきず　玉に瑕……241
たまむしいろ　玉虫色……221
だめ　駄目……173
たら　鱈……226
たらいまわし　たらい回し……162
だらしない……249
たらばがに　たらば蟹……281
たらふく……41
ダリア……302
たりきほんがん　他力本願……213
だんあつ　弾圧……82
だんかいのせだい　団塊の世代……135
たんかをきる　啖呵を切る……70
タンクトップ……46
たんごのせっく　端午の節句……119
たんぜん　丹前……46
だんち　団地……54
だんちょう　断腸……208
たんとうちょくにゅう　単刀直入……213
だんな　旦那……228
タンバリン……151
ダンプカー……102
たんぺいきゅう　短兵急……128
だんボール　段ボール……62
たんぽぽ……302
だんまつま　断末魔……195
ちかてつ　地下鉄……102
ちくぜんに　筑前煮……23
ちくばのとも　竹馬の友……170
ちじ　知事……232
ちどりあし　千鳥足……264
チフス……67
ちまき　粽……24
ちゃきちゃき……241
ちゃばん　茶番……163
チャボ……285
ちゃらんぽらん……250
ちゃんこなべ　ちゃんこ鍋……24
ちゃんぽん(食べ物)……24
ちゃんぽん……154
ちゅうふう　中風……67
チューリップ……302
ちょうけし　帳消し……99
ちょうちんもち　提灯持ち……235
ちょうようのせっく　重陽の節句……119
チョーヤうめしゅ　チョーヤ梅酒……111
ちよがみ　千代紙……168
ちょっかいをだす
　ちょっかいを出す……265
ちょろい……225
ちょんぼ……174
ちんけ……175
ちんぴら……139
つかのま　束の間……73
つきなみ　月並み……145
つきみそう　月見草……302
つくし　土筆……303
つくだに　佃煮……24
つくね……24
つけめ　付け目……175
つけやきば　付け焼き刃……265
つじ　辻……226
つじつまがあう　辻褄が合う……51
つつがない……221
つばき　椿……303
つばぜりあい　鍔迫り合い……128
つぶしがきく　潰しが効く……241

ツベルクリン …… 68
つぼをおさえる　壺を押さえる …… 71
つまはじき　爪弾き …… 195
つみれ …… 25
つや　通夜 …… 188
つゆ　梅雨 …… 314
つゆはらい　露払い …… 185
つんどく　積ん読 …… 135
てあて　手当 …… 94
ティーシャツ　Tシャツ …… 46
ディーゼルエンジン …… 102
ていおうせっかい　帝王切開 …… 208
ていしゅ　亭主 …… 59
ティッシュペーパー …… 63
ていねい　丁寧 …… 265
デカ …… 139
てきにしおをおくる　敵に塩を送る …… 209
てきや　てき屋 …… 139
てぐすねをひく　手薬練を引く …… 129
でくのぼう　木偶の坊 …… 163
てこずる …… 265
デザート …… 25
てしおにかける　手塩に掛ける …… 40
でたとこしょうぶ　出たとこ勝負 …… 175
てだまにとる　手玉に取る …… 163
でたらめ …… 175
てつがく　哲学 …… 218
デッサン …… 156
てっちり …… 25
てっついをくだす　鉄槌を下す …… 59
てっぽうだま　鉄砲玉 …… 129
テトラポッド …… 116
テニス …… 179
てにをは …… 145
デパート …… 94
テフロン …… 117
デマ …… 82
てまえ　手前 …… 237
てまえみそ　手前味噌 …… 40
テリア …… 276
テレビ …… 105
テロ …… 82
てんいむほう　天衣無縫 …… 213
でんがく　田楽 …… 25
てんぐになる　天狗になる …… 209
てんてこまい　てんてこ舞い …… 163
てんとうむし　天道虫 …… 287
てんのうざん　天王山 …… 209
テンプラ　天麩羅 …… 25
でんぽう　電報 …… 105
てんやわんや …… 148
でんわ　電話 …… 105
トイレ …… 55
とうかくをあらわす　頭角を現す …… 242
とうがたつ　薹が立つ …… 242
とうき　投機 …… 95
どうぐ　道具 …… 63
とうげ　峠 …… 226
とうだいもとくらし　灯台下暗し …… 252
どうだんつつじ　満天星 …… 303
どうどうめぐり　堂々巡り …… 195
とうもろこし　玉蜀黍 …… 303
どうらく　道楽 …… 195
とうりゅうもん　登竜門 …… 209
とうりょう　棟梁 …… 59
ドーピング …… 180
とがき　ト書き …… 157
とくさ　木賊 …… 303
とことん …… 163
ところてん　心太 …… 26
どさくさ …… 175
どさまわり　どさ回り …… 157
としま　年増 …… 229
としよりのひやみず
年寄りの冷や水 …… 265
どたんば　土壇場 …… 90
とちる …… 140
どっこいしょ …… 80
ドッジボール …… 180
トトカルチョ …… 168
とどのつまり …… 225
とばっちり …… 266
トマト …… 304
トライアスロン …… 180
トラック …… 102
とらのこ　虎の子 …… 95
とらのまき　虎の巻 …… 209
ドラム …… 151
どらやき　どら焼き …… 26
トランプ …… 168
トランペット …… 151
とりい　鳥居 …… 197

とりかぶと　鳥兜 …… 304
とりつくしまもない
取り付く島もない …… 252
とりはだがたつ　鳥肌が立つ …… 257
トロイのもくば　トロイの木馬 …… 209
トローチ …… 68
どろじあい　泥仕合 …… 163
ドロップ …… 26
どろなわしき　泥縄式 …… 90
どろん …… 164
どんぐり　団栗 …… 304
とんちき …… 242
どんちゃんさわぎ　どんちゃん騒ぎ …… 164
とんちんかん …… 242
とんでもない …… 222
どんでんがえし　どんでん返し …… 164
とんとんびょうし　とんとん拍子 …… 164
どんぴしゃり …… 222
どんぶりかんじょう　丼勘定 …… 95
とんぼがえり　とんぼ返り …… 266
とんま …… 242
とんや　問屋 …… 95

な行

ないかく　内閣 …… 83
ないまぜ　綯い交ぜ …… 51
ながすぎたはる　永すぎた春 …… 148
ながちょうば　長丁場 …… 73
ながつき　長月 …… 74
なぎ　凪 …… 226・314
なずな　薺 …… 304
なっとう　納豆 …… 26
なでしこ　撫子 …… 304
ななかまど　七竈 …… 304
ななつどうぐ　七つ道具 …… 129
なのりをあげる　名乗りを上げる …… 129
なまこ　海鼠 …… 281
なりきん　成金 …… 173
なりものいり　鳴り物入り …… 154
なるとまき　鳴門巻 …… 27
なわばり　縄張り …… 59
ニート …… 232
にいなめさい　新嘗祭 …… 120
にお　鳰 …… 226
にくだん　肉弾 …… 148
にこにこ …… 246
にしきのみはた　錦の御旗 …… 129
にそくさんもん　二束三文 …… 95
にそくのわらじをはく
二足の草鞋を履く …… 96
ニッカーボッカー …… 46
ニッカウイスキー　ニッカウヰスキー …… 111
にっちもさっちもいかない
二進も三進もいかない …… 100
にとうりゅう　二刀流 …… 187
にのあしをふむ　二の足を踏む …… 266
にのくがつげない
二の句が継げない …… 154
にのまい　二の舞 …… 164
にべもない …… 252
にやける …… 252
ニューフェース …… 135
にょうぼう　女房 …… 60
にわとり　鶏 …… 285
にんげんドック　人間ドック …… 68
ぬれぎぬ　濡れ衣 …… 210
ネーブル …… 305
ねぎ　葱 …… 305
ネクラ …… 135
ねた …… 140
ねはん　涅槃 …… 189
ねほりはほり　根掘り葉掘り …… 266
ねまわし　根回し …… 266
ねむのき　合歓木 …… 305
ねんぐのおさめどき
年貢の納め時 …… 86
のうがき　能書き …… 71
ノクターン …… 151
のしをつける　熨斗をつける …… 266
のべつまくなし　のべつ幕なし …… 165
のるかそるか　伸るか反るか …… 130
のれん　暖簾 …… 63
のろし　狼煙 …… 122
のろま …… 242

は行

パーサー …… 232
バーテンダー …… 232
パートタイマー …… 232
バーベキュー …… 27
バーベル …… 180
パーマ …… 46

ハイエナ …… 276
バイオリン …… 151
ハイカラ …… 136
ハイキング …… 168
バイキングりょうり　バイキング料理 …… 27
はいく　俳句 …… 143
はいけい　背景 …… 218
はいけい　拝啓 …… 79
ハイツ …… 55
バイブル …… 200
ハイヤー …… 102
はいゆう　俳優 …… 158
パイロット …… 233
パイロットコーポレーション …… 111
ばか　馬鹿 …… 195
はがき　葉書 …… 105
ばきゃくをあらわす　馬脚を現す …… 165
はくがつく　箔が付く …… 242
はくし　博士 …… 233
はくしゃをかける　拍車を掛ける …… 289
はくじゅ　白寿 …… 247
はくしょ　白書 …… 83
バケツ …… 63
はこいりむすめ　箱入り娘 …… 243
はしか　麻疹 …… 68
はしゃぐ …… 267
パジャマ …… 46
はず　筈 …… 130
はすっぱ　蓮っ葉 …… 243
パスポート …… 102
はたいろ　旗色 …… 130
はたけ　畑 …… 226
はたじるし　旗印 …… 130
はたはた …… 279
はたらく　働 …… 226
はちくのいきおい　破竹の勢い …… 222
はちめんろっぴ　八面六臂 …… 213
パチンコ …… 169
はづき　葉月 …… 74
ハッスル …… 136
はっすん　八寸 …… 27
はったり …… 175
ハットトリック …… 180
はっぱをかける　発破を掛ける …… 267
はで　派手 …… 154
はてんこう　破天荒 …… 267
バドミントン …… 180
はなみち　花道 …… 165
はなむけ　餞 …… 120
ハネムーン …… 120
ははこぐさ　母子草 …… 305
ババロア …… 27
はぶりがよい　羽振りがよい …… 96
バブルけいざい　バブル経済 …… 96
バベルのとう　バベルの塔 …… 202
はまぐり　蛤 …… 282
はまなす …… 305
はめをはずす　はめを外す …… 289
ハヤシライス …… 28
はやす　囃す …… 155
はやぶさ　隼 …… 285
ばら …… 305
パラシュート …… 102
バラック …… 55
バリカン …… 47
はりこのとら　張り子の虎 …… 243
はるいちばん　春一番 …… 314
ハルマゲドン …… 202
バレーボール …… 180
パレット …… 156
ハレルヤ …… 200
パン …… 28
バンガロー …… 55
はんげしょう　半夏生 …… 306
はんけん　版権 …… 218
パンジー …… 306
はんじゅ　半寿 …… 247
はんじょうをいれる　半畳を入れる …… 165
バンダイ …… 112
パンチパーマ …… 47
ハンディキャップ …… 181
ばんどういるか …… 276
パントマイム …… 158
パンドラのはこ　パンドラの箱 …… 210
ハンバーグ …… 28
ピアニカ …… 117
ピアノ …… 152
ひいき　贔屓 …… 257
ピーコート …… 47
ピーターパンシンドローム …… 136
ひいらぎ　柊 …… 306
ヒーリング …… 68

ぴかいち　ぴかー …… 176
ひがんばな　彼岸花 …… 306
ひきがね　引き金 …… 130
ひきでもの　引き出物 …… 120
ビキニ …… 47
ピクニック …… 169
ひぐらし …… 287
ピケ …… 83
ひげき　悲劇 …… 158
ひこうき　飛行機 …… 103
ビスケット …… 28
ピストル …… 122
ひだりまえになる　左前になる …… 51
ピッチ …… 181
ヒッチハイク …… 169
ひっぱりだこ　引っ張りだこ …… 222
ヒッピー …… 230
ひつまぶし　櫃まぶし …… 28
ひとしお　一入 …… 52
ひとすじなわではいかない
一筋縄ではいかない …… 267
ひとはたあげる　一旗揚げる …… 131
ひとはだぬぐ　一肌脱ぐ …… 52
ひとよせパンダ　人寄せパンダ …… 136
ひとりしずか　一人静 …… 306
ひにく　皮肉 …… 195
ひのきぶたい　檜舞台 …… 165
ひのくるま　火の車 …… 96
ひばなをちらす　火花を散らす …… 131
ひばり　雲雀 …… 285
ひぶたをきる　火蓋を切る …… 131
ビフテキ …… 29
ひまわり　向日葵 …… 306
ひもじい …… 257
ひやかす　冷やかす …… 267
ヒヤシンス …… 307
ビヤホール …… 96
ひややっこ　冷や奴 …… 29
びよういん　美容院 …… 47
ひょうじゅんご　標準語 …… 136
ひょうそくがあわない
平仄が合わない …… 146
ひょうへん　豹変 …… 253
ひよこ …… 285
ひらめ　平目 …… 279
ひるあんどん　昼行灯 …… 243
ピンからキリまで …… 176
びんちょうたん　備長炭 …… 37
ピンはね …… 176
ピンポン …… 181
ファーストフード …… 29
ファイト …… 80
ファクシミリ …… 105
ファシズム …… 83
ファミコン …… 117
フィクサー …… 236
ブイヤベース …… 29
ふうぎり　封切り …… 158
ブーゲンビレア …… 307
プータロー …… 233
フーテン …… 233
フェーンげんしょう　フェーン現象 …… 314
フェンシング …… 181
フォアグラ …… 29
ふぐ　河豚 …… 280
ふくいん　福音 …… 201
ふくごうおせん　複合汚染 …… 148
ふくじんづけ　福神漬け …… 29
ふくすけ　福助 …… 112
ぶこつ　無骨 …… 250
ぶじ　無事 …… 222
ふしぎ　不思議 …… 222
ふじつぼ　富士壺 …… 282
ふしん　普請 …… 55
ふじん　夫人 …… 229
ふじん　婦人 …… 229
ふせ　布施 …… 189
ふせき　布石 …… 173
ぶた　豚 …… 276
ふだつき　札付き …… 100
ぶたにしんじゅ　豚に真珠 …… 202
ふたまたごうやく　二股膏薬 …… 71
ぶっきらぼう …… 253
ぶっちょうづら　仏頂面 …… 246
フットサル …… 181
ふていしゅうそ　不定愁訴 …… 68
ふところがたな　懐刀 …… 131
ふとん　蒲団 …… 63
ふねをこぐ　舟を漕ぐ …… 267
フマキラー …… 112
ふみつき　文月 …… 74
プラチナ …… 52

フラミンゴ …… 285
フランク …… 250
ブランチ …… 41
ブランデー …… 30
ブランド …… 96
フリージア …… 307
フリーター …… 233
ふりだしにもどる　振り出しに戻る …… 170
ブルース …… 152
フルーツポンチ …… 30
ブルペン …… 182
ブルマー …… 47
フレーフレー …… 80
ブレザー …… 48
プレタポルテ …… 48
プレハブ …… 55
ブログ …… 106
ふろしき　風呂敷 …… 63
ブロッコリー …… 307
プロフェッショナル …… 236
ふろふきだいこん　風呂吹き大根 …… 30
ぶんか　文化 …… 218
ぶんこぼん　文庫本 …… 143
ふんぞりかえる　ふんぞり返る …… 253
ふんどしかつぎ　褌担ぎ …… 185
ふんべつ　分別 …… 195
へいけがに　平家蟹 …… 282
べいじゅ　米寿 …… 247
ページ …… 143
へくそかずら　屁糞蔓 …… 307
ベゴニア …… 307
ペスト …… 69
へそくり …… 97
べっぴん　別嬪 …… 247
ベテラン …… 236
へなちょこ …… 243
ペナントレース …… 182
ベランダ …… 55
ペリカン …… 285
ペンギン …… 286
べんけいのなきどころ　弁慶の泣き所 …… 247
ボイコット …… 268
ポインセチア …… 307
ほうがんびいき　判官贔屓 …… 210
ほうそう　放送 …… 106
ほうちょう　包丁 …… 37
ぼうにふる　棒に振る …… 100
ぼうふら …… 287
ほうべん　方便 …… 195
ぼうめい　亡命 …… 83
ほおずき …… 308
ボーナス …… 97
ぼく　僕 …… 236
ボクシング …… 182
ほくそえむ　ほくそ笑む …… 210
ぼけ　木瓜 …… 308
ほこさき　矛先 …… 131
ほごにする　反故にする …… 268
ポシャる …… 140
ほぞをかむ　臍を噛む …… 257
ポタージュ …… 30
ほたてがい　帆立貝 …… 282
ぼたもち　牡丹餅 …… 30
ほたる　蛍 …… 287
ぼたんえび　牡丹海老 …… 282
ぼたんなべ　牡丹鍋 …… 31
ポッカコーポレーション …… 112
ホッケー …… 182
ぼっちゃん　坊っちゃん …… 230
ホットドッグ …… 31
ポップス …… 152
ほとけのざ　仏の座 …… 308
ボブスレー …… 182
ポマード …… 48
ホモ …… 271
ほや …… 282
ほらがとうげをきめこむ
洞ヶ峠を決め込む …… 210
ポラロイド …… 117
ポリバケツ …… 117
ぼる …… 140
ぼろが出る　ぼろが出る …… 52
ポロシャツ …… 48
ポロネーズ …… 152
ぼんくら …… 176
ぽんこつ …… 148
ポンず　ポン酢 …… 31
ボンネット …… 103
ぽんびき　ぽん引き …… 140
ほんめい　本命 …… 199
ほんりょうをはっきする
本領を発揮する …… 86

ま行

マーガレット …… 308
マーマレード …… 31
マイカー …… 149
マウス …… 106
まがぬける　間が抜ける …… 155
マカロニウエスタン …… 136
まくぎれ　幕切れ …… 166
まくのうちべんとう　幕の内弁当 166
まごのて　孫の手 …… 211
マジックインキ …… 117
マジックテープ …… 117
まじめにんげん　まじめ人間 …… 149
ましゃくにあわない　間尺に合わない … 60
マスカット …… 308
またたび …… 309
まったをかける　待ったを掛ける … 173
まつまえづけ　松前漬け …… 31
まどぎわぞく　窓際族 …… 244
まとはずれ　的外れ …… 131
マドレーヌ …… 31
まないた　俎板 …… 38
マニキュア …… 48
まぬけ　間抜け …… 244
マネキン …… 48
まほうびん　魔法瓶 …… 64
ままごと …… 169
マヨネーズ …… 32
マラソン …… 183
まろ　麿 …… 226
まんざい　漫才 …… 158
まんさく …… 309
まんじゅう　饅頭 …… 32
マンション …… 55
マンダム …… 112
まんだら　曼荼羅 …… 189
まんべんなく　満遍なく …… 223
まんぽけい　万歩計 …… 117
みえをきる　見得を切る …… 166
みかど　帝 …… 60
みからでたさび　身から出た錆 …… 131
みくだりはん　三行半 …… 120
みこしをかつぐ　御輿を担ぐ …… 198
ミサ …… 201
ミサイル …… 122
ミシン …… 64
みじん　微塵 …… 195
みずかけろん　水掛け論 …… 171
みずてん　不見転 …… 176
みずばしょう　水芭蕉 …… 309
みすぼらしい …… 253
みぞう　未曾有 …… 196
みそぎ　禊 …… 197
みそっかす　味噌っかす …… 244
みたらしだんご　みたらし団子 …… 32
みちくさをくう　道草を食う …… 289
みっかてんか　三日天下 …… 211
ミツカン …… 113
ミッションスクール …… 201
みつどもえのあらそい
三つ巴の争い …… 268
みっともない …… 247
みなづき　水無月 …… 74
みぼうじん　未亡人 …… 229
みもふたもない　身も蓋もない …… 268
みゃくがある　脈がある …… 71
みゃくらく　脈絡 …… 71
みょうが　茗荷 …… 309
みんげい　民芸 …… 136
みんしゅしゅぎ　民主主義 …… 84
ミント …… 309
みんぽう　民法 …… 88
ムームー …… 49
むきになる …… 257
むくげ　木槿 …… 309
むくどり　椋鳥 …… 286
むざん　無残 …… 223
むしがすかない　虫が好かない …… 257
むしずがはしる　虫酸が走る …… 71
むしゃくしゃ …… 257
むじゅん　矛盾 …… 211
むじんぞう　無尽蔵 …… 196
むすこ　息子 …… 228
むすめ　娘 …… 229
むつき　睦月 …… 74
むつごろう　鯥五郎 …… 280
むてっぽう　無鉄砲 …… 250
むなつきはっちょう　胸付き八丁 …… 223
ムニエル …… 32
むねをかりる　胸を借りる …… 186
むらはちぶ　村八分 …… 120

めいっぱい　目一杯 …… 100
めいわく　迷惑 …… 196
めかけ　妾 …… 229
めかす …… 268
めがてんになる　目が点になる …… 137
めからうろこがおちる
目から鱗が落ちる …… 202
めくじらをたてる
目くじらを立てる …… 258
めじろ　目白 …… 286
めっそうもない　滅相もない …… 196
めっぽう　滅法 …… 196
めはながつく　目鼻が付く …… 223
めやす　目安 …… 225
めりはり　減り張り …… 155
メロン …… 310
モーグル …… 183
もぐら …… 277
モザイク …… 156
もしもし …… 79
もつ …… 32
もっけのさいわい　もっけの幸い …… 199
もったいない …… 258
もとのさやにおさまる
元の鞘に収まる …… 132
もとのもくあみ　元の木阿弥 …… 211
もなか　最中 …… 32
もぬけのから　もぬけの殻 …… 223
もみじ　紅葉 …… 310
もやし …… 310
モラトリアムにんげん
モラトリアム人間 …… 137
モルヒネ …… 69
モルモット …… 277
もんがいかん　門外漢 …… 60
もんじゃやき　もんじゃ焼き …… 33
もんぜんばらい　門前払い …… 90
モンタージュ …… 88

や行

やおちょう　八百長 …… 186
やおもてにたつ　矢面に立つ …… 132
やかん　薬缶 …… 38
やきゅう　野球 …… 183
やきをいれる　焼きを入れる …… 269
やくざ …… 176
やさしい　優しい …… 250
やし　香具師 …… 97
やじうま　野次馬 …… 289
やじる …… 140
やしん　野心 …… 258
やたいぼね　屋台骨 …… 60
やたら …… 155
やつ　奴 …… 237
やつぎばや　矢継ぎ早 …… 132
やつざき　八つ裂き …… 90
やつはし　八つ橋 …… 33
やどろく　宿六 …… 228
やながわなべ　柳川鍋 …… 33
やなぎごし　柳腰 …… 247
やにさがる　やに下がる …… 253
やにわに …… 269
やばい …… 90
やぶいしゃ　藪医者 …… 69
やぶのなか　藪の中 …… 149
やぼ　野暮 …… 244
やまかん　山勘 …… 258
やまとに　大和煮 …… 33
やまのかみ　山の神 …… 230
やまぼうし　山法師 …… 310
やまをかける　山を掛ける …… 269
やめけん　やめ検 …… 89
やもたてもたまらず
矢も楯も堪らず …… 132
やもめ …… 228
やよい　弥生 …… 74
やりだまにあげる　槍玉に挙げる …… 132
やろう　野郎 …… 228
ヤンキー …… 231
ヤンマー …… 113
ゆうずうがきく　融通がきく …… 244
ゆうぜんぞめ　友禅染 …… 49
ユートピア …… 149
ゆうびん　郵便 …… 106
ゆかた　浴衣 …… 49
ゆき　裄 …… 226
ゆきがけのだちん
行きがけの駄賃 …… 100
ゆきだるま　雪だるま …… 169
ゆきひらなべ　行平鍋 …… 38
ゆさん　遊山 …… 196
ゆば　湯葉 …… 33

ゆびきりげんまん　指切りげんまん……169
ゆり　百合……310
よいしょ……80
ようかん　羊羹……34
よこやりをいれる　横槍を入れる……132
よし　葦……121
よたか　夜鷹……286
よたろう　与太郎……244
よつにくむ　四つに組む……186
よめな　嫁菜……310
よりをもどす　縒りを戻す……271
よろん　世論……272
よん　四……121

ら行

ラーメン……34
ライバル……271
ライフル……122
ライラック……311
らくいんをおす　烙印を押す……90
らくがき　落書き……86
らくがん　落雁……34
ラグビー……183
ラジオ……106
らちがあかない　埒が明かない……198
らっこ……277
ラップトップ……106
ラベンダー……311
ラムネ……34
ランジェリー……49
ランドセル……64
リウマチ……69
リクルート……97
りす　栗鼠……277
リストラ……97
りせい　理性……218
りそう　理想……218
リニアモーターカー……103
リベート……98
リムジン……103
リヤカー……64
りゅういんがさがる　溜飲が下がる……71
リュックサック……64
りょうしゅう　領袖……52
リンチ……89
ルビ……143
ルビー……52
ルポライター……143
るり　瑠璃……52
れいせん　冷戦……123
レオタード……49
レジャー……170
レストラン……98
レスリング……183
レタス……311
レトルトしょくひん　レトルト食品……34
レトロ……223
レビュー……159
れんげそう　蓮華草……311
レントゲン……69
ろうぜき　狼藉……269
ろうどうくみあい　労働組合……84
ろうばい　狼狽……258
ろうばしん　老婆心……196
ロートせいやく　ロート製薬……113
ローブデコルテ……49
ろくでなし……244
ロケット……103
ロック……152
ロッテ……113
ロボット……137
ロマンスグレー……149
ろれつがまわらない
呂律が回らない……155

わ行

ワーカホリック……137
わかさぎ……280
わきがあまい　脇が甘い……186
ワクチン……70
ワコールホールディングス……113
わざあり　技あり……187
わしづかみ　鷲掴み……269
わすれなぐさ　勿忘草……311
わたし　私……236
わたりにふね　渡りに船……196
ワッフル……35
わりかん　割り勘……98
ワルツ……152
わをかける　輪を掛ける……223
ワンパターン……269
ワンマン……253

●主な参考文献●

日本国語大辞典　第二版（小学館）
日本語源大辞典　　前田富祺監修（小学館）
語源大辞典　　堀井令以知編（東京堂出版）
暮らしのことば語源辞典　　山口佳紀編（講談社）
日常語の由来辞典　　武光誠著（東京堂出版）
語源ものしり事典　　樋口清之監修（大和出版）
江戸語大辞典　　前田勇編（講談社）
新日本古典文学大系（岩波書店）
漢字語源辞典　　藤堂明保著（学燈社）
大漢語林　　鎌田正・米山寅太郎著（大修館書店）
字統　　白川静著（平凡社）
明治大正新語俗語辞典　　樺島忠夫・飛田良文・米川明彦編（東京堂出版）
明治・大正・昭和の新語・流行語辞典　　米川明彦編著（三省堂）
これも日本語！あれもニホン語？　　米川明彦著（日本放送出版協会）
20世紀のことばの年表　　加藤迪男編（東京堂出版）
現代用語20世紀事典（『現代用語の基礎知識』1998年版別冊付録）（自由国民社）
新語・造語の生みの親　ことばの謎研究会著（青春出版社）
英語語源辞典　　寺澤芳雄編集主幹（研究社）
The Oxford Dictionary of English Etymology（Oxford University Press）
角川外来語辞典　　あらかわそおべえ著（角川書店）
外来語語源辞典　　堀井令以知編（東京堂出版）
小学館ロベール仏和大辞典（小学館）
くらしの仏教語豆事典　　辻本敬順著（本願寺出版社）
たべもの語源辞典　　清水桂一編（東京堂出版）
衣食住語源辞典　　吉田金彦編（東京堂出版）
語源辞典　動物編　　吉田金彦編著（東京堂出版）
語源辞典　植物編　　吉田金彦編著（東京堂出版）
花の名前　　L.ギィヨ・P.ジバシエ著　飯田年穂・瀬倉正克訳（八坂書房）
近代事物起源事典　　紀田順一郎著（東京堂出版）
社名・商品名検定　キミの名は　　朝日新聞be編集グループ著（朝日新聞社）
誰かに教えたくなる「社名」の由来　　本間之英著（講談社）
日本民俗大辞典　　福田アジオ他編（吉川弘文館）
室内と家具の歴史　　小泉和子著（中央公論社）
日本民具辞典　　日本民具学会編（ぎょうせい）
最新スポーツ大事典　　日本体育協会監修　岸野雄三他編（大修館書店）
図解スポーツ大百科　　フランソワ・フォルタン編著　室星隆吾監訳（悠書館）
絵でよむ江戸のくらし風俗大事典　　棚橋正博・村田裕司編（柏書房）

［著者］**西谷裕子**（にしたに・ひろこ）

1948年生まれ。教職、出版社勤務を経て独立。主に辞典の執筆・編集に携わる。『日本国語大辞典 第二版』（小学館）、『集英社国語辞典』（集英社）などの執筆のほか、編著書に『勘違いことばの辞典』『四季のことば辞典』『たべものことわざ辞典』『勘違い慣用表現の辞典』『「言いたいこと」から引ける慣用句・ことわざ・四字熟語辞典』『「言いたいこと」から引ける大和ことば辞典』など（以上、東京堂出版）。

［監修］**米川明彦**（よねかわ・あきひこ）

1955年生まれ。大阪大学大学院博士課程修了。学術博士。梅花女子大学名誉教授。編著書に『集団語辞典』『業界用語辞典』『日本俗語大辞典』『日本語慣用句辞典』『集団語の研究 上巻』（以上、東京堂出版）『明治・大正・昭和の新語・流行語辞典』（三省堂）『現代若者ことば考』（丸善）『若者語を科学する』『手話言語の記述的研究』（明治書院）『日本語－手話辞典』（全日本ろうあ連盟、第17回新村出賞受賞）『手話ということば』（PHP研究所）など多数。

身近なことばの**語源辞典**

2009年11月9日　初版第1刷　発行
2025年9月10日　初版第3刷　発行

著者　西谷裕子
監修　米川明彦

発行者　石川和男
発行所　株式会社 小学館
〒101-8001　東京都千代田区一ツ橋2－3－1
電話　編集 03-3230-5170　販売 03-5281-3555
印刷所　共同印刷株式会社
製本所　株式会社 若林製本工場

編集協力　兼古和昌

制作／月原薫　宣伝／一坪泰博
販売／北森碧　編集／小林尚代・大江和弘

　ISBN978-4-09-504178-0